der Wog

ro
ro
ro

Janice Kaplan

Das große Glück
der kleinen Dinge

Wie Dankbarkeit mein Leben veränderte

Aus dem Englischen von
Katharina Förs und Barbara Steckhan

Rowohlt Taschenbuch Verlag

Deutsche Erstausgabe

Veröffentlicht im Rowohlt Taschenbuch Verlag,

Reinbek bei Hamburg, November 2016

Copyright © 2016 by Rowohlt Verlag GmbH,

Reinbek bei Hamburg

Die amerikanische Originalausgabe erschien 2015

unter dem Titel «The Gratitude Diaries.

How a Year Looking on the Bright Side Transormed My Life»

bei Dutton, Penguin Group, USA.

Copyright © 2015 by Janice Kaplan

Redaktion Angela Troni

Umschlaggestaltung ZERO Werbeagentur, München

Umschlagabbildung FinePic®, München

Satz Scala PostScript, InDesign

Gesamtherstellung CPI books GmbH, Leck, Germany

ISBN 978 3 499 62729 3

2016

*Innigen Dank an Barnaby Marsh für seine
Weisheit, seine Energie und seine Ideen. Er
hat mich dazu gebracht, auf ganz neue Weise
über Dankbarkeit nachzudenken, und dafür
bin ich ihm ewig ... dankbar.*

Inhalt

Vorwort

In Anbetracht der Tatsache, dass es bei dem neuen Projekt, an dem ich arbeite, um Dankbarkeit geht, hätte dieser Aprilmorgen eigentlich mit Sonnenschein und Vogelgezwitscher beginnen müssen, ebenso mit Freunden, die in meinem Wohnzimmer «Kumbaya» anstimmen.

Stattdessen ging alles schief, was nur schiefgehen konnte.

Trotzdem gelang es mir, ein paar Sonnenstrahlen zu entdecken.

Es fing damit an, dass mein alter Volvo nicht anspringen wollte und auch das Starthilfekabel wirkungslos blieb. Der Nachbar, der herüberkam, um mir zu helfen, rettete meinen Tag, indem er mich zum 20 Minuten entfernten Bahnhof fuhr. In der Stadt angekommen, trat ich genau in dem Augenblick auf den nassen, windgepeitschten Bürgersteig, als ein Bus in vollem Tempo durch eine Riesenpfütze fuhr und mich ein dicker Schwall des schlammigen Wassers traf.

«Iiiih!», schrie ich, obwohl durchaus auch etwas Deftigeres angebracht gewesen wäre.

Ein paar Passanten gaben mitfühlende Laute von sich, aber ich wollte nicht aussehen wie eine Überlebende eines Querfeldeinrennens, wenn ich zu der wichtigen Besprechung ging.

Mein bevorzugter J.-Crew-Laden war nur ein paar Straßenzüge entfernt, also eilte ich hin, kaufte spontan einen Rock mit gewagtem Druckmuster und zog mich in der Umkleidekabine um.

Ich schaffte es gerade noch rechtzeitig zu dem bevorstehenden Meeting, traf dabei allerdings auf einen Manager, dessen Bräune aus der Tube stammte und der eindeutig zu viel Haarfestiger benutzte. Er schrieb SMS, während ich mit ihm redete, und schaffte es erst am Ende, den Kopf zu heben. «Hey, Sie sehen echt scharf aus in dem Rock», erklärte er.

Da ich mich nicht auf einer Dating-Plattform anpries, sondern für ein neues Projekt warb, hätte ich wütend sein müssen. Stattdessen lachte ich. Dabei dachte ich, dass es mir zum Glück erspart blieb, mit einem Mann zusammenzuarbeiten, der mehr für Haarpflegeprodukte ausgab als ich.

Anschließend ging ich mit meiner besten Freundin Susan, die ich als Achtjährige in einem Sommerlager kennengelernt hatte, einen Kaffee trinken. Sie ist extrem kritisch, gnadenlos offen und immer auf meiner Seite.

«Du musst ja völlig fertig sein», sagte sie, nachdem ich von meinem Tag erzählt hatte.

«Nein, gar nicht. Ich bemühe mich, es positiv zu sehen.»

«Was ist denn bitte an einem kaputten Auto positiv?»

Ich holte tief Luft. Das war zu schaffen. «Der Wagen ist 14 Jahre alt und hat mehr als 240 000 Kilometer auf dem Buckel. Ich hätte nie gedacht, dass er überhaupt so lange hält. Viel wichtiger ist doch, dass ich einen so netten Nachbarn habe, der mir geholfen hat.»

«Ja, das war toll», gab Susan zu. «Und was ist mit dem Bus, der dich nassgespritzt hat?»

«Sieh es mal von der lustigen Seite. Der dämliche Manager hat mir ein Kompliment wegen meines Rocks gemacht. Was für ein Glück, dass ich mir ein neues Outfit kaufen konnte, ohne eine Bank überfallen zu müssen.»

Susan kippte zwei Beutel Süßstoff in ihren Kaffee und rührte mit Schwung um. Jahrelang hatte sie mich lamentieren hören, ich bräuchte mehr Geld. Sie musste sich erst noch darauf einstellen, dass ich nun zufrieden war mit dem, was ich besaß.

«Ich bin deine beste Freundin. Mir gegenüber kannst du meckern und jammern, so viel du willst.»

«Mir ist gar nicht nach Jammern», entgegnete ich – und war darüber ebenso überrascht wie sie. «Ich kann nun mal nicht ändern, was geschehen ist, deshalb ändere ich lieber, wie ich darüber denke, und fühle mich gut dabei.»

Susan trank einen großen Schluck Kaffee. Sie ist sehr ehrgeizig und knallhart. Trotz ihrer großen Erfolge im Job steht sie oft unter Druck, ist gestresst und manchmal sogar deprimiert. Wie wir alle beschäftigt sie sich meist dermaßen konzentriert mit dem, was sie anstrebt, dass sie vergisst, über das glücklich zu sein, was sie schon hat. Jetzt fürchtete ich, ihr mit meiner guten Laune auf die Nerven zu gehen. Aber sie hob nur eine Augenbraue.

«Wenn das von dem Dankbarkeitszeugs kommt, an dem du gerade arbeitest, dann brauche ich das wohl auch. Wo kann man sich anmelden?»

Es war an der Zeit, mein Geheimnis zu lüften. Also schrieb ich auf eine Serviette: *Drei Dinge, für die ich heute dankbar bin.* Dann schob ich die Serviette über den Tisch und gab Susan einen Stift.

«Füll das aus», sagte ich.

Susan starrte so lange auf die Serviette, dass ich sie schließlich wieder an mich nahm, *Drei Dinge* durchstrich und stattdessen schrieb: *Eine Sache.*

«Fangen wir mit der einfachen Version an», sagte ich.

Genau so hatte ich selbst ein paar Monate zuvor begonnen. Inzwischen wusste ich, dass es genügte, jeden Tag eine Sache aufzuschreiben, die mich dankbar stimmte, um meine Grundhaltung allem gegenüber zu verändern. Ein strahlender Sonnenuntergang. Die Umarmung einer guten Freundin. Ein erster Hauch von Frühling.

Eine Sache.

Die findet doch nun wirklich jeder.

I
Winter: Liebe, Ehe und Familie

*Lasst uns dankbar sein gegenüber
Menschen, die uns glücklich machen.
Sie sind die liebenswerten Gärtner,
die unsere Seele zum Blühen bringen.*

MARCEL PROUST

1

Ich will nicht immer die Undankbare sein

Dankbar, mit dem neuen Jahr ein Leben voller Dankbarkeit beginnen zu können

Glücklich, weil ich jetzt weiß, dass Dankbarkeit Stress vermindern, den Schlaf verbessern und mich glücklicher machen kann

Froh über dieses hübsche Tagebuch, das ich nur mit guten Gedanken füllen werde

Mein Wunsch nach einem Leben voller Dankbarkeit erwachte an einem Silvesterabend kurz vor Mitternacht. Die Finger um ein Champagnerglas geklammert und ein festgefrorenes Lächeln auf den Lippen, stand ich auf einer Party. Eigentlich hätte ich mir bewusst machen sollen, wie gut es mir ging, stattdessen zählte ich die Minuten, bis ich endlich nach Hause aufbrechen konnte. Wegen meiner extrem hohen High Heels taten mir die Füße weh, und mir dröhnte der Kopf von der lauten Musik. Ich trug mein kleines Schwarzes, das ein bisschen zu eng war, und konnte es kaum erwarten, mir zu Hause die Miederwäsche vom Leib zu reißen.

Im Fernseher in der Ecke lief *New Year's Rockin' Eve*, die traditionelle Silvestersendung, und als ich sah, wie erst die Leute in Kalifornien jubelten, dann die Menschen in Washington miteinander anstießen und schließlich in Boston die Massen ausgelassen tobten, fragte ich mich, ob ich als Einzige in ganz Amerika nicht in Feierlaune war. Vielleicht waren die anderen aber auch nur bessere Schauspieler.

In New York stießen ungefähr eine Million Menschen einen donnernden Schrei aus, als es auf Mitternacht zuging und am Times Square der Ball langsam am Wolkenkratzer herabsank. Es herrschten ungefähr sieben Grad minus, und da die Menge von mobilen Metallzäunen in Schach gehalten wurde und keine Dixi-Klos in Reichweite waren, konnte man verstehen, dass sie Mitternacht herbeifieberte. Das neue Jahr auf der Toilette zu begießen würde in jeder Hinsicht eine große Erleichterung sein.

Der Ball hatte sein Ziel erreicht, und unter dem Konfettiregen leuchtete auf der Anzeigetafel das neue Datum auf.

«Ein gutes neues Jahr!»

Mein Mann Ron küsste mich kurz auf die Wange, und wir stießen miteinander an.

Nun, da die Spannung verflogen war, schien niemand mehr recht zu wissen, was er mit sich anfangen sollte. Im Fernsehen senkte sich der Ball bereits in der x-ten Wiederholung, als handelte es sich um die Mondlandung oder den entscheidenden Touchdown beim Super Bowl. Nicht weit von mir an der Bar schenkte sich eine Frau ein weiteres Glas Champagner ein. Ihre Wimperntusche war verschmiert, Tränen liefen ihr über die Wangen.

«Alles in Ordnung?», fragte ich.

«Nein.» Sie wischte sich über die Augen. «Ich hasse Silvester. Warum macht man sich vor, alles wäre anders, nur weil der Zeiger über die Zwölf gerückt ist? Der Prinz mit seinem Schuh ist auch nicht vorbeigekommen und hat mich zur Prinzessin gemacht.»

Ich beschloss, mit ihr lieber nicht über die Details von Aschenputtel zu streiten (nein, meine Gute, um Mitternacht hat sie den Schuh *verloren* und sich von einer Prinzessin wieder in ein normales Mädchen verwandelt), und wandte mich ab. Ihre Frage aber ließ mich nicht mehr los. Würde sich tatsächlich etwas ändern? Wir feiern Silvester mit großen Hoffnungen und wahnsinnigen Erwartungen – was (abgesehen von der Miederwäsche) der Grund dafür sein mag, dass sich so viele Menschen unwohl fühlen. Die Frau hatte recht: Das Leben wurde nicht besser, bloß weil man ein Kalenderblatt umgeschlagen hatte.

Objektiv gesehen ging es mir gut, das wusste ich. Ich hatte zwei wunderbare Söhne, einen attraktiven Ehemann, einen interessanten Beruf und gute Freunde. Doch wie so viele von uns konzentrierte ich mich eher auf die negativen Seiten meines Lebens als auf die positiven. Die vergangenen zwölf Monate waren ohne Probleme verlaufen, allerdings auch ohne Höhen, die mich veranlasst hätten, außer mir vor Freude durch die Straßen zu tanzen. Ich stellte mir vor, wie ich den Silvesterabend in einem Jahr verbringen würde. Was brauchte ich, um zu Mitternacht in einem Jahr glücklicher zu sein, als ich es augenblicklich war? Vielleicht würde ich in den kommenden zwölf Monaten im Lotto gewinnen, in ein Südseeparadies umziehen oder einen Bestseller schreiben. Aber würde sich dadurch wirklich etwas ändern? Ich hörte mich bereits murren, die Steuern auf den Gewinn seien viel zu hoch, die Sonne auf Maui brenne zu heiß, und sechs Wochen auf der Bestsellerliste seien kaum zufriedenstellend.

Wenn das kommende Jahr nach dem Muster des vergangenen Jahres ablief, würden zahlreiche gute und weniger gute Dinge passieren. Ich hatte kürzlich eine landesweite Umfrage zum Thema Dankbarkeit betreut und in der Talkshow *Today* darüber berichtet. Die Umfrage hatte mich nachdenklich gestimmt und angeregt, mich intensiver mit den Auswirkungen einer positiven Einstellung zu befassen. Daher wusste ich, dass meine Gefühle beim nächsten Jahresrückblick vermutlich weniger von den tatsächlichen Ereignissen abhängen würden als von der Stimmung, Gemütsverfassung und Haltung, mit der ich jedem einzelnen Tag gegenübertrat. Nicht die Umstände waren entscheidend, sondern meine Art und Weise, damit umzugehen. Ich konnte tatenlos darauf warten, dass etwas Wunderbares passierte – und daran dann immer noch etwas auszusetzen haben. Oder ich akzeptierte, was geschah, und versuchte allem ein bisschen mehr Wertschätzung entgegenzubringen.

Als ich meinen Mantel holte, traf ich auf die Frau, die nicht länger Aschenputtel sein wollte.

«Ich wünsche Ihnen alles Gute für das neue Jahr», sagte ich.

«Das nützt auch nichts mehr», entgegnete sie.

«Vielleicht können Sie etwas tun, um es besser zu machen. Übrigens ein hübscher Mantel, den Sie da haben», sagte ich, als sie einen braunen Lammfellmantel überstreifte.

«Ach, der ist schon alt. Ich hätte lieber einen neuen. Ihrer ist viel hübscher.»

Ich hätte sie darauf hinweisen können, dass meiner kaum neuer war als ihrer und einen Fleck auf dem Ärmel hatte, aber ich hielt mich zurück. Hatte ich nicht gerade beschlossen, meine Stimmung, Gemütsverfassung und Haltung zu ändern?

Mein Mantel war plötzlich ein Symbol für mein Leben: Ich besaß ihn, also galt es ihn auch zu schätzen. Ich wollte nicht länger undankbar sein.

«Er ist weich und warm», sagte ich fröhlich und schob die Hände in die Taschen. Sogleich glitt mein Finger in ein Loch. Aber weder das Loch noch ein Fleck oder ein unordentlicher Saum konnte mich bremsen. Wenn ich am kommenden Silvester glücklicher sein wollte als an diesem, musste ich noch heute anfangen, meine Einstellung zu ändern.

Am nächsten Morgen wachte ich früher auf als beabsichtigt. Die milde Wintersonne schien durch die Plisseerollos in unserer Wohnung im Zentrum Manhattans. Vor knapp zwei Jahren waren wir in die Stadt gezogen, nachdem wir lange Zeit in einem Vorort gewohnt hatten, und wir liebten die großen Fenster und die Aussicht auf den Fluss. (Meine erwachsenen Söhne hatten gescherzt, wir hätten den einzigen Platz in der Stadt gefunden, an dem man sich fühle wie in den Außenbezirken.) Die Wettervorhersage hatte vor einem Schneesturm gewarnt, dabei war der Winter ohnehin schon extrem schneereich und kalt. Doch ich zwang mich, innezuhalten und die wenigen Sonnenstrahlen zu genießen, die durch die stahlgrauen Wolken drangen.

Als ich aus der Küche Geschirrklappern hörte, zog ich rasch eine Jeans und ein T-Shirt an und gesellte mich zu Ron, der das Frühstück machte. Obwohl wir an dem Morgen allein waren, hatte er so viele Lebensmittel auf der Arbeitsplatte ausgebreitet, dass eine ganze Armee satt geworden wäre.

«Findest du mich eigentlich undankbar?», fragte ich.

«Du brauchst dich nicht zu bedanken, wenn ich Arme Ritter brate», antwortete er und drehte die Toastscheibe um, die in der Pfanne brutzelte. «Es macht mir Spaß.»

«Ich meine größere Dinge als das Frühstück. Findest du, ich sollte es mehr würdigen ... was ich habe im Leben?»

«Oh, im Leben.» Er starrte in die Pfanne, offenbar damit beschäftigt, einen hausgemachten Sinnspruch zusammenzubrutzeln. «Vielleicht ist es dir wirklich nicht so viel wert, wie es sollte. Du siehst eher die Fehler als das Gute.»

«Ich will mich bemühen, von jetzt an dankbarer zu sein», erklärte ich. «Das ist mein Vorsatz für dieses Jahr. Ich glaube, es wird mich glücklicher machen. Vielleicht sogar uns beide.»

«Einen Versuch ist es wert», meinte er.

Das war alles. Mein Entschluss stand fest. Wir würden sehen, was sich daraus ergab.

Ron legte den Pfannenheber beiseite, und heißes Fett tropfte auf die Arbeitsplatte. Ich wollte schon etwas sagen, biss mir dann aber auf die Zunge. Wenn ich eher das Gute sehen wollte als die Fehler, dann sollte ich den kleinen Buttersee auf der Granitplatte wohl besser ignorieren und stattdessen auf den Duft von warmem Zimt und Vanille achten, der durch den Raum zog. Ich schloss die Augen und machte mir bewusst, was für ein großes Glück es war, einen Mann zu haben, der früh aufstand, Eier und Milch verquirlte, Brotscheiben hineintunkte und das Ganze dann briet. Deshalb behielt ich auch für mich, dass ich viel lieber Haferflocken gegessen hätte.

Am Nachmittag ging ich in den Supermarkt, und während ich den Einkaufswagen durch die Gänge schob, ertönte Joni Mitchells «Big Yellow Taxi», jener Klassiker, in dem sie beklagt, dass wir die Dinge meist erst dann wertschätzen, wenn sie nicht mehr da sind. Ich summte die Melodie mit. Gewöhnlich hat die Musik im Gang mit der Tiefkühlkost keinen Einfluss auf wichtige Lebensentscheidungen, ich nahm sie jedoch als Zeichen, dass ich auf dem richtigen Weg war. Zahlreiche Künstler, von Bob Dylan bis zu den Counting Crows, haben Joni Mitchells Song nachgespielt, denn egal, in welchem Musikstil, die Botschaft trifft einen Nerv. Viel zu oft hat man etwas ganz Wunderbares direkt vor der Nase, ohne es zu erkennen, und merkt es erst, wenn der Geliebte gegangen, der Moment vorüber oder die Rose verwelkt ist.

Mit einem Paket Schokoladeneis in der Hand stand ich da und schwor mir, nicht länger abzuwarten und hinterher das Verlorene zu betrauern. Ich wollte vielmehr würdigen, was ich hatte, und im bevorstehenden Jahr nicht die Schattenseiten sehen, sondern das Licht.

Wieder zu Hause, begann ich mein Leben in Dankbarkeit zu planen. Als Journalistin machte ich sogleich ein Projekt daraus, das es zu erforschen und zu untersuchen galt. Ich wollte mich Monat für Monat auf ein Thema konzentrieren, etwa Ehe, Familie, Freunde oder Arbeit, und mein Leben wie eine Sozialwissenschaftlerin unter die Lupe nehmen. Ich wollte wissen, was geschah, wenn ich Dankbarkeit zu einer Grundhaltung machte. Anstatt es nebenherlaufen zu lassen, hatte ich die Absicht, mich voll und ganz in das Thema reinzuknien, so viele Informationen wie möglich zu sammeln, die Ergebnisse aufzuzeichnen und darüber zu berichten. Ich würde, wann immer nötig, Hilfe von Experten und Psychologen einholen sowie Bücher von Philosophen, Psychologen und Theologen lesen. Der römische Philosoph Cicero hat bekanntlich gesagt: «Dankbarkeit ist nicht nur die größte aller Tugenden, sondern die Mutter von allen.» Wenn das stimmte, würde ich durch mein Projekt dann vielleicht auch ehrlicher, mutiger und großzügiger werden?

Als ich in den nächsten Tagen anderen davon erzählte, nickten sie wissend. Viele betonten, dass sie sich ebenfalls um mehr Dankbarkeit und eine positivere Ausrichtung bemühten. Ich hatte allerdings den Eindruck, dass es ihnen nicht sonderlich gut gelang.

«Sicher, du hast ein tolles Leben. Aber wie dankbar warst du letzten Dienstag, als du Feierabend gemacht hast?», fragte ich mehrere meiner Bekannten.

Sie lachten unsicher, und eine fragte sogar: «Woher weißt du das mit letztem Dienstag?»

Ich brauchte keine Hellseherin zu sein, um zu wissen, dass es vergangenen Montag nicht anders gewesen war. Wenn wir uns das große Ganze anschauen, fällt Dankbarkeit nicht sonderlich schwer. Im Alltag dagegen bringt uns hier ein Kunde auf die Palme, macht da der Chef eine dumme Bemerkung, und bei den Kindern in der Schule gehen Kopfläuse um – wir verlieren uns allzu oft in ärgerlichen Kleinigkeiten.

Ich wusste von diesem Zwiespalt aus der zuvor erwähnten Umfrage, die von der John-Templeton-Stiftung finanziert worden war. Demnach leiden die meisten von uns unter diesem inneren Widerspruch und wissen, dass sie eigentlich dankbar sein müssten. Aber irgendetwas hält sie davon ab. In der Umfrage vertraten 94 Prozent der interviewten Amerikaner die

Meinung, dass dankbare Menschen ein erfüllteres und glücklicheres Leben führen, doch nicht einmal die Hälfte der Befragten gab an, auch regelmäßig ihre Dankbarkeit auszudrücken.

Die Diskrepanz, die sich hier zeigt, versteht selbst der mathematisch Unbegabteste. Wir wissen, dass es etwas gibt, das uns glücklicher macht – warum probieren wir es dann nicht auf der Stelle aus? Es ist, als würde mitten auf einer Wiese ein magischer Glücksstein liegen, und die Hälfte von uns macht sich nicht die Mühe, hinzugehen und ihn aufzuheben. Ich gehörte ebenfalls zu jenen, die auf der Wiese herumliefen, ohne auch nur in die Nähe des magischen Steins zu kommen. Dabei wusste ich ganz genau, dass es ihn gab. Irgendwie beschäftigte er mich ständig. Aber immer kam etwas dazwischen.

Ich hätte mich vielleicht nie mit Dankbarkeit beschäftigt, wenn mich Barnaby Marsh, einer der Leiter der John-Templeton-Stiftung, nicht zwei Jahre zuvor auf dieses Thema gebracht hätte. Wir lernten uns zufällig kennen, als wir bei einem Wohltätigkeitsempfang nebeneinandersaßen. Einige Monate später lud er mich zu einem höchst vornehmen Nachmittagstee ein, um einige der Anliegen zu erörtern, die der Stiftung wichtig waren. Ich hatte erst kürzlich meine Spitzenposition bei einer Zeitschrift verloren und befand mich noch in der Phase, in der man mit der ganzen Welt hadert. Doch kaum erwähnte Barnaby Dankbarkeit (in Großbuchstaben), wurde ich hellhörig. Dankbar zu sein erschien mir überaus verlockend – ein guter Ersatz für Vorwürfe, Empörung und Groll. Weil ich gern mehr darüber erfahren wollte, regte ich die Umfrage an. Am Ende des Nachmittags hatte ich zu einer völlig neuen Geisteshaltung gefunden (und wusste nun sogar Gurkensandwichs zu schätzen).

Als ich mich in die Recherche für die Umfrage vertiefte,

wurde mir klar, dass dankbar sein und glücklich sein nicht dasselbe ist. Üblicherweise freuen wir uns, wenn etwas Nettes passiert, etwa wenn uns ein Freund Blumen schickt oder wir einen Nachmittag im Park verbummeln. Derartige Momente sind jedoch zerbrechlich und flüchtig. Und was geschieht, wenn sie vorüber sind? Dankbarkeit hingegen bezieht sich nicht auf konkrete Ereignisse und ist deshalb von Dauer, also nicht von Veränderungen und widrigen Umständen beeinflussbar. Man braucht dafür ein aktives emotionales Engagement. Dankbarkeit lässt sich nicht passiv empfinden, sondern erfordert Innehalten und ein bewusstes Erleben dieses Gefühls. So entsteht ein innerer Reichtum, der nicht nur in guten Zeiten spürbar ist, sondern auch in schlechten überdauert.

Meine Karriere hatte sich im Lauf der Jahre auf drei Säulen gestützt: Fernsehen, Zeitschriften und Bücher. Ich war Produzentin diverser Fernsehshows und sogar Autorin einiger beliebter Sondersendungen, ich betreute als Chefredakteurin *Parade* (damals die Zeitschrift mit der höchsten Auflagenzahl in den USA) und schrieb ein Dutzend Romane, darunter zwei Bestseller. Auf dem Papier eine tolle Karriere, doch nichts von alledem erzeugte in mir das Gefühl: Ich habe es geschafft. Erfolg im Job bedeutet, nach immer mehr zu streben. Ist ein Ziel erreicht, peilt man sogleich das nächste an. Dankbarkeit hingegen verlangt einen anderen Ansatz: den Augenblick zu genießen, ohne in Gedanken schon beim nächsten Schritt zu sein.

Beides verbinden

Es ist niemals leicht, das zu schätzen, was man hat. Wir neigen viel eher dazu, nach anderen zu schauen und zu denken, wie glücklich sie sind oder wie angenehm es wäre, an ihrer Stelle zu sein und ihren Erfolg zu haben. Doch was wir wirklich empfinden, entspricht nur selten dem, was uns äußerlich anzumerken ist.

Bis vor kurzem wurde Dankbarkeit zwar in der Philosophie behandelt, aber nicht von der Psychologie erforscht. Seit etwa zwölf Jahren hat sich das geändert; Wissenschaftler befassen sich mit dem Thema und bemühen sich um seriöse Studien. Mit erstaunlichen Ergebnissen. Immer wieder stellte man in den Untersuchungen einen Zusammenhang zwischen Dankbarkeit und einem höheren Maß an Glück sowie einem geringeren Grad an Niedergeschlagenheit und Stress fest. Ein im *Journal of Clinical Psychology* erschienener Artikel, der die gesamte hierzu verfügbare Literatur untersucht, dokumentiert, dass Dankbarkeit von allen erforschten Persönlichkeitsmerkmalen womöglich am engsten mit psychischer Gesundheit und einem glücklichen Leben verbunden ist. Die Schlussfolgerung lautet: «Ungefähr 18,5 Prozent des individuellen Glückslevels eines Menschen lassen sich von dem Maß an Dankbarkeit ableiten, das er empfindet.»

Diese Information ließ mich stutzen. Um 18,5 Prozent glücklicher zu sein bedeutet eine gewaltige Steigerung. In einer spontanen Schätzung legte ich mein persönliches Glückslevel auf 74 Prozent fest. Mit erhöhter Dankbarkeit könnte ich 92,5 Prozent und damit einen Platz im Spitzenfeld erreichen.

Was genau war nötig, um dorthin vorzustoßen? Einig waren sich die Studien über den hohen Nutzen eines Dankbarkeitstagebuchs. Wenn jemand Abend für Abend (oder auch nur einige Male pro Woche) drei Dinge niederschreibt, für die er dankbar ist, steigert dies sein Wohlbefinden und senkt die Gefahr einer Depression. Dieses Resultat wurde mehrfach bestätigt. Ein Dankbarkeitstagebuch hat darüber hinaus einen äußerst positiven Einfluss auf die Qualität des Schlafs.

Die erwähnten Studien betreute unter anderem der Psychologe Dr. Robert Emmons von der University of California in Davis. Schon sehr früh mit dem Thema Dankbarkeit befasst, avancierte der Wissenschaftler bald zu einem der weltweit führenden Experten auf dem Gebiet – vielleicht auch, weil es damals außer ihm niemanden gab. Eine seiner Erkenntnisse lautet, dass man keine positiven Ereignisse im Leben braucht, um Dankbarkeit zu empfinden. Dankbare Menschen setzen die Dinge, die sie erleben, vielmehr in einen neuen Zusammenhang. «Sie konzentrieren sich nicht auf das, was ihnen fehlt, sondern achten ganz gezielt auf das, was sie haben», erklärte er mir.

Dieser Prozess, im Fachjargon *reframing* genannt, kann vielerlei Formen annehmen. Neulich verbrachte ich einen Tag mit Michelle Pfeiffer, der für ihre strahlende Schönheit bekannten Schauspielerin und Golden-Globe-Gewinnerin (man erinnere sich nur an den schimmernden schwarzen Anzug, den sie als Catwoman trug). Weil ich für eine Frauenzeitschrift die Titelstory über sie schreiben sollte, gestattete ich mir die Frage, mit welchen Gefühlen sie das Älterwerden wahrnehme. Noch immer von atemberaubender Schönheit (ich würde auf der Stelle mit ihr tauschen), gab sie zu, dass man sich mit Mitte 50 hin und wieder nach der Pfirsichhaut und dem straffen Körper der Jugend sehne. Wir betrachteten ein Foto aus ihrem berühmten Film *Scarface*, in dem sie im Alter von 25 Jahren neben Al Pacino die Hauptrolle gespielt hatte.

«Wie fest mein Busen damals noch war», bemerkte sie mit

einem trockenen Lächeln, als sie sich in dem tiefausgeschnittenen Kleid sah.

Aber sie empfand dabei keinen Neid. Vielmehr ging sie darauf ein, wie verängstigt und unsicher sie an jedem einzelnen Drehtag gewesen war und wie froh sie sein konnte, jetzt viel mehr Selbstbewusstsein zu haben. Offenbar ändert sich mit den Jahren, welche Dinge man mit Dankbarkeit wahrnimmt. Die Kunst besteht darin, zu erkennen, was man hat, wenn man es gerade hat.

«Ich führe eine wirklich glückliche Ehe. Ich habe eine wunderbare Familie und eine Handvoll echt guter Freunde. Darüber hinaus liebe ich meine Arbeit, was ich als Glück und Segen zugleich empfinde. Mein Leben hat also einen Sinn, wenn ich morgens aufstehe, und ich vermeide den Blick in den Spiegel», fügte sie mit einem Lächeln hinzu.

Das war ein ganz wunderbares und instinktives Beispiel für *reframing*: die Bereitschaft, sich auf die positiven Seiten des Älterwerdens zu konzentrieren. Warum halte ich es nicht wie Michelle Pfeiffer, ignoriere die Falten und konzentriere mich auf die Freuden des Lebens?, dachte ich nur.

Im Großen wie im Kleinen das Gute zu erkennen kann allerdings eine echte Herausforderung sein, denn eine Grundregel besagt, dass negative Ereignisse die positiven überschatten. Wenn einem zehn tolle Dinge am Tag widerfahren und einmal etwas Schlechtes, werden die meisten von uns ihrem Partner beim Abendessen von dem weniger schönen Vorfall erzählen. Evolutionär gesehen, so der Wirtschaftswissenschaftler und Nobelpreisträger Daniel Kahneman, hat unsere Fokussierung auf negative Ereignisse durchaus einen Sinn. Indem sich unsere Vorfahren Aussehen und Geschmack einer giftigen

Beere einprägten und ihre Gefährten davor warnten, sicherten sie ihr Überleben. Die Beschreibung von zehn leckeren Beeren verbesserte ihre Überlebenschancen hingegen nicht. Heute praktizieren wir schlicht die neuzeitliche Variante dieses Verhaltens, wie man bei Eltern beobachten kann, die ihren Sprössling wegen einer Fünf tadeln, ohne die vier Einsen davor groß zu würdigen.

Zahlreiche Wissenschaftler haben diese «Negativitätsverzerrung» genannte Theorie mit einem bunten Sammelsurium an Beispielen illustriert. Der Psychologe Paul Rozin etwa erklärte anschaulich, wie uns eine einzige Küchenschabe die Freude an einer ganzen Schale Kirschen verdirbt, während eine einzelne Kirsche keineswegs dazu beiträgt, den negativen Eindruck einer Schale mit Küchenschaben zu verbessern. Welche Macht ein einziger negativer Kommentar ausüben kann, zeigt sich unter anderem in den sozialen Medien. Nehmen Sie nur ein beliebiges Bewertungsportal, und überlegen Sie, ob Sie in einem Lokal frühstücken würden, in dem die Crêpes zwar lecker schmecken, aber einem Besucher von einem schlechten Ei (wie er behauptet) übel geworden ist. Oder würden Sie in einem Hotel übernachten, in dem ein Gast das zu enge Zimmer mit einer schmutzigen Toilette und einer tropfenden Dusche bemängelt, obwohl mehrere andere Urlauber die bequemen Betten und den Meerblick loben?

Einige Psychologen, die sich mit diesem Thema befasst haben, gehen davon aus, dass vier positive Aussagen nötig sind, um eine negative auszugleichen, andere sprechen gar von fünf. Letztlich hängt das auch von der jeweiligen Person und davon ab, wie eindringlich die Aussage ist. Doch niemand geht von weniger als drei positiven Kommentaren aus, um einen negativen zu entmachten. (Im Gespräch mit unserem Partner sollten wir uns das immer vor Augen halten.)

Dies führt uns zurück zum Dankbarkeitstagebuch, das offenbar ein Gegenmittel zur instinktiven Ausrichtung unseres Gehirns auf giftige Beeren und Küchenschaben ist. Am Ende des Tages (im wörtlichen Sinn) an all das zu denken, was uns dankbar macht, hat die Kraft, in unserer Vorstellung das Bild von einem weichen Bett und süßen Früchten und damit von Kirschen anstelle von Küchenschaben wachzurufen. Mir gefiel das Konzept, und ich verstand, wie man damit die Ereignisse des Tages in einen neuen Zusammenhang setzt. Allerdings geschieht es nicht von allein.

Ich habe Tagebuch geführt, seit ich einen Stift halten konnte, und früher schrieb ich meist Einträge, wenn ich gereizt, wütend oder sauer war. Die Kunstlederbücher aus meiner Grundschulzeit mit der sorgfältigen aufgemalten Warnung «Streng geheim!» auf dem Einband besitze ich noch heute. Später nutzte ich für meine privaten Ergüsse gewöhnliche linierte Notizbücher mit Pappdeckel, wie man sie überall kaufen kann.

Vor einigen Jahren fand ich ein Dutzend davon ganz hinten in einem Abstellraum wieder. Was für ein kostbarer Schatz von Erinnerungen! Auf der Stelle setzte ich mich hin und begann darin zu schmökern, doch anstelle glücklicher Memoiren aus meiner Jugend las ich zu meiner Verblüffung seitenweise Aufzeichnungen voller Groll und egozentrischem Weltschmerz. Erlebnisse, nach denen ich wütend, verärgert oder in Rage war, überlagerten alles andere. Was war mit all den glücklichen Ereignissen? Ich hatte so viele wunderbare Momente erlebt – ja, ganz ehrlich! –, mir jedoch nicht die Mühe gemacht, sie aufzuschreiben.

Während ich in den Tagebüchern schmökerte, kam mir in den Sinn, dass sie auch anderen in die Hände fallen könnten. Doch ich wollte in meinem Mann oder meinen Kindern nicht den Eindruck entstehen lassen, dass das mein Leben gewesen war. Nicht einmal in mir sollte dieser Eindruck entstehen. Es ging mir keineswegs ums Umschreiben meiner Geschichte, ich hatte sie beim ersten Mal lediglich falsch aufgezeichnet. Also packte ich die bitterstoffhaltigen Tagebücher in eine große Mülltüte und ließ sie auf Nimmerwiedersehen, wie ich hoffte (oder hätte ich besser den Kamin in Betracht ziehen sollen?), auf einer Müllkippe verschwinden.

Ein Dankbarkeitstagebuch hätte eine ganz andere Aura und müsste niemals im wörtlichen wie im übertragenen Sinn auf dem Müllhaufen der Geschichte landen. Wenn Dr. Emmons und seine Kollegen recht hatten, würde es mir ohne großen Aufwand zu einem besseren Leben verhelfen. Die Vorstellung war reizvoll, doch als Journalistin erschien mir ein Dankbarkeitstagebuch auch ein bisschen ... schwammig. Ein Notizbuch voller schwärmender Worte über den prächtigen Sonnenuntergang oder den Duft frischaufgebrühten Kaffees klang eher nach einem Roman von Nicholas Sparks (an dem eigentlich auch nichts auszusetzen ist).

Ich rief meine Freundin Shana an – ein Mensch mit unerschöpflicher Energie (sie unterrichtet Zumba, und zwar nur zum Spaß), fröhlich, positiv und ganz bestimmt nicht schwammig. Mit ihren 35 Jahren ist sie eine kluge Geschäftsfrau, die ständig neue Unternehmen gründet und seit Jahren ein Dankbarkeitstagebuch führt.

«Ich finde es prima, dass du so ein Buch anlegen willst. Dankbarkeit spielt für mich momentan eine immens wichtige Rolle», sagte sie, als ich ihr von meinem Vorhaben erzählte.

Shana und ihr Mann hatten gerade ein neues Haus in New Haven bezogen, doch da sie einige Termine in Manhattan hatte, verabredeten wir uns in einer Tapas-Bar in der Nähe der Grand Central Station. Fröhlich wie immer stürmte Shana ins Lokal, und nachdem wir die wichtigsten Neuigkeiten abgehandelt hatten (zum Beispiel ihre Badezimmerfliesen), erzählte sie mir von ihrem Dankbarkeitstagebuch. Jeden Abend notierte sie eine Sache, die sie mit Dankbarkeit erfüllte. Nur eine einzige! Auch wenn sie noch so beschäftigt oder müde war, für die paar Zeilen reichte es immer. Das Wissen, dass sie abends noch etwas niederschreiben musste, beeinflusste ihre Stimmung während des gesamten Tages, wie sie festgestellt hatte.

Während wir uns unterhielten, nahm sie eine der Tapas – eine kleine Scheibe Bauernbrot mit Orangenblütenhonig, Feigen und einem Klecks Sahne – und biss genießerisch ein Stück ab.

«Mmh! Das hier ist ein gutes Beispiel», sagte sie und leckte sich einen Rest Honig von der Lippe. «Dieses Brot ist so köstlich, dass ich mir vorstellen könnte, es in mein Tagebuch aufzunehmen. Aber wahrscheinlich werde ich heute eher über das Treffen mit dir schreiben.»

«Gegen ein Feigen-Montadito komme ich natürlich nicht an», protestierte ich lachend.

Aber ich verstand, was sie damit sagen wollte. Indem sie sich auf die Dinge konzentrierte, die in ihr ein Gefühl der Dankbarkeit weckten, sah Shana alles in einem anderen Licht. Entwicklungsgeschichtlich haben wir vielleicht die Tendenz, nach Problemen und Gefahren Ausschau zu halten, Shana hingegen hatte ihr instinktbasiertes Verhalten geändert. Sie achtete auf alles, was ihren Tag positiv machte. Und wenn sie mal nichts fand – auch das kommt vor –, suchte sie nach einer Möglichkeit, die Ereignisse des Tages anders zu bewerten.

«Manchmal habe ich eine schlechte Phase, und mir fällt einfach nichts ein, das mich dankbar stimmt», gab sie zu. «Dann schreibe ich eben, ich sei dankbar, dass es nicht stärker geregnet hat oder dass ich zwei gesunde Beine habe. Ehrlich, so weit war ich tatsächlich schon mal: dankbar, zwei gesunde Beine zu haben.»

Als ich Shana von den vernichteten Tagebüchern berichtete, nickte sie heftig. Sie hatte ebenfalls als Teenager ihre tiefsten Gefühle festgehalten und in melodramatischen Einträgen geschildert, wie sie die Last der Welt auf ihren Schultern trug. «Du weißt schon: *Meine Seele leidet, in mir ist alles grau, so grau wie die Wolken, die über den Himmel ziehen*», zitierte sie.

Wir beide lachten wissend.

Aber vermittelten Shanas Einträge von heute ein besseres Bild von der Wirklichkeit als die von früher, die von Weltschmerz bestimmt waren?

Als ich ihr diese Frage stellte, lächelte sie und zitierte die berühmte Zeile aus Hamlet: «*An sich ist nichts weder gut noch böse. Das Denken macht es erst dazu.*»

Man braucht kein Shakespeare-Kenner zu sein, um Hamlets Gedanken nachvollziehen zu können. Als der Prinz in melancholischer Stimmung im zweiten Akt seine alten Freunde Rosencrantz und Guildenstern trifft und ihnen erklärt, Dänemark sei ein Gefängnis, sind sie verdutzt, denn sie finden am Palast, so wie er ist, eigentlich nichts auszusetzen. Hamlet zuckt kurz mit den Achseln (jedenfalls hat Jude Law das getan, als ich ihn am Broadway in dieser Rolle sah) und sagt den Satz über die Dinge, die erst durch unsere Wahrnehmung zu etwas Gutem oder Bösen werden. Könige werden umgebracht, Geister zeigen sich, Mütter nehmen sich einen neuen Ehemann – schmerzlich (oder auch nicht) werden diese Ereignisse erst durch das Licht, in dem wir sie betrachten. Hätte jemand Hamlet empfohlen, ein Dankbarkeitstagebuch zu führen, wäre er sich vielleicht stärker des Glücks bewusst gewesen, ein Prinz zu sein und eine derart schöne Freundin wie Ophelia zu haben. Eigentlich war sein Leben gar nicht so übel.

Aus irgendeinem Grund vertrauen wir dem Leid eher als dem Glück. Es fasziniert uns, wenn Hamlet völlig verzweifelt über die Bühne wandert und überlegt, ob sein Leben lebenswert sei. «Sein oder Nichtsein», klingt ja auch viel tiefschürfender als: «Mensch, was habe ich für ein Glück im Leben!»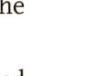

Aber was ein gutes Drama für die Bühne abgibt, ist noch lange kein Drehbuch für ein glückliches Leben.

«Gut, dann werde ich den ersten Schritt tun und ein Dankbarkeitstagebuch führen», erklärte ich Shana. «Irgendwelche Vorschläge?»

«Kauf dir ein hübsches», sagte sie, als wir uns zum Abschied umarmten.

Einige Tage später – ich war gerade in unserem Wochenendhaus im Nordwesten von Connecticut – fuhr ich den Nachbarort, um mich ein bisschen zu zerstreuen. Es herrschte stürmisches Winterwetter, und ich wäre eigentlich viel lieber in der Karibik gewesen, doch nun machte ich mir bewusst, wie schön der Schnee auf den gefrorenen Feldern glitzerte. Mit den roten Bauernhäusern als Tupfen wirkte die Landschaft wie ein Gemälde. Ich besuchte eine Kunstgalerie, die ich mochte, und ging danach in mein Lieblingsgeschäft, das Tee, Teekannen und andere ausgefallene Geschenkartikel anbietet. Beim Herumstöbern entdeckte ich neben der Kasse einige bunte Notizbücher.

Da fiel mir Shanas Ratschlag wieder ein. Ich hatte eine Menge Notizbücher zu Hause, doch um ein Dankbarkeitstagebuch zu führen, brauchte ich etwas Besonderes, etwas, das ich mir bewusst dafür gekauft hatte, kein Überbleibsel aus einem Geschenkpaket. Ich entschied mich für ein Exemplar mit einem geometrischen grünen, frisch und hell wirkenden Muster. Es war zu hübsch, um etwas anderes als positive Gedanken aufzunehmen.

Ehe ich mich an jenem Abend schlafen legte, holte ich das Notizbuch hervor und schlug es auf. Ein bisschen genierte ich mich, ehe ich schrieb: *Ich bin dankbar für* ... Dann hielt ich inne.

In Gedanken ließ ich noch einmal den Tag Revue passieren. Sollte ich mich auf die großen Dinge konzentrieren oder auf die kleinen? Ein Reisereporter, den ich ganz gut kenne, hatte mir einmal amüsiert erzählt, dass er in der ersten Radioreportage seines Lebens über Paris berichtet hatte, während er jetzt, zehn Jahre später, an einem Feature über seine bevorzugte Apfeltarte in einem kleinen Bistro im 7. Pariser Arrondissement saß. Mit anderen Worten: Besser, man konzentriert sich auf das Wesentliche.

Ich bin dankbar für ...

... *die Möglichkeit, mit diesem Buch mein Jahr voller Dankbarkeit zu beginnen*, schrieb ich.

Ich wollte schon hinzufügen: *Obwohl ich nicht weiß, ob es funktionieren wird*, aber dann hielt ich mich zurück. Ausgewogenheit, Einwände oder nuancierte Abwägungen hatten in meinem Dankbarkeitstagebuch nichts zu suchen. Es war völlig in Ordnung, wenn ich einseitig blieb. Niemand würde die Einträge auf Objektivität überprüfen.

Ich legte das Notizbuch so auf den Schreibtisch, dass es auffiel. Bislang waren Experten der Ansicht, es dauere lediglich 21 Tage, bis sich eine neue Gewohnheit eingespielt hat, in einer jüngeren Studie des University College in London kamen die Wissenschaftler jedoch zu dem Schluss, dass die meisten von uns mehr als zwei, manche sogar bis zu sechs Monate brauchen, um eine echte Verhaltensänderung zu etablieren. Ich hoffte also, dass meine neue dankbare Grundhaltung irgendwann im Lauf des Jahres für mich zur Selbstverständlichkeit werden würde. Gegenwärtig jedenfalls wollte ich den Prozess als solchen genießen – und Abend für Abend ein Rendezvous mit meinem Dankbarkeitstagebuch haben.

2

Die wiedererwachte Liebe zu meinem Mann

*Dankbar, in meiner Ehe nach Positivität streben
zu können – und unsere «Glücksschwingungen» in
Einklang zu bringen*

*Dankbar, dass ich nun lerne, mich bei meinem lieben
und attraktiven Mann zu bedanken*

*Ungeheuer dankbar, dass eine Ehe nach so vielen
Jahren noch besser werden kann*

Als ich mein Jahr voller Dankbarkeit plante, wurde mir klar, dass vor allem meine Ehe einen positiveren Ansatz brauchte.

Theoretisch hatte ich allen Grund, für die Situation zu Hause dankbar zu sein. Mein Mann war gutaussehend, klug und übernahm ohne zu murren den Abwasch. Wir hatten mit Zach und Matt zwei wunderbare erwachsene Söhne und besaßen ein hübsches Haus auf dem Land in Connecticut. Wir waren alle vier gesund und liebten einander. Wir hatten Spaß, gingen zusammen in den Bergen wandern und bestaunten Sonnenuntergänge am Meer. So betrachtet, glich mein Leben einer Postkartenidylle.

Der Alltag machte es mir jedoch schwer, all dies im Blick zu behalten. Psychologen nennen es «Gewöhnungseffekt» oder «Habituation». Ob Ehemann, Haus oder funkelnagelneues

Auto – all das wird für uns irgendwann normal, und wir vergessen, warum es uns anfangs so besonders erschienen ist. Gehirnscans haben gezeigt, dass wir etwas beim zehnten Hinsehen ganz anders wahrnehmen als beim ersten Eindruck.

Von dem französischen Romancier Marcel Proust stammt der berühmte Satz, die wahre Entdeckungsreise «besteht nicht darin, neue Landschaften zu suchen, sondern mit neuen Augen zu sehen». Es war höchste Zeit, dass ich mit neuen Augen auf den Mann blickte, mit dem ich das Bett, die Scherze und das Bankkonto teilte.

Anfangs spielte ich mit dem Gedanken, die nächsten Einträge in mein Dankbarkeitstagebuch meiner Ehe zu widmen und jeden Abend mindestens drei Dinge zu notieren, für die ich meinem Mann dankbar war. Doch wenn ich wirklich etwas an unserer Beziehung verändern wollte, würden die Dankesbezeigungen in meinem Tagebuch wohl nicht ausreichen. In der Umfrage, die ich betreut und in der *Today Show* vorgestellt hatte, hatte man Männer nach ihrer Ehe gefragt, und die Mehrheit (77 Prozent) hatte erklärt, sie sei dankbar, wenn ihre Frauen ihr einfach nur ihre Liebe und Zuneigung zeigen würden. Dies war ihnen mit großem Abstand wichtiger als alles andere, einschließlich Kochen, Urlaubsplanung und Haushaltsführung. Mir fiel es leichter, ein leckeres Hähnchen zu braten, als meinem Mann ein Zeichen meiner Zuwendung zu geben. Damit war ich allerdings nicht allein. Weniger als die Hälfte der Frauen, die an der Umfrage teilgenommen hatten, sagte regelmäßig «danke» zu ihrem Mann.

Was eigentlich ganz normale Höflichkeit ist, erscheint uns offenbar bei den Menschen überflüssig, die wir am meisten lieben. Einige andere Zahlen aus der Umfrage runden das Bild ab, das sich uns bietet. Ganze 97 Prozent der Teilnehmer gaben an, sich in einem netten Lokal bei der Bedienung zu bedanken, und erstaunliche 58 Prozent finden ein Dankeschön sogar gegenüber den Angestellten am Flughafen angebracht, die die Sicherheitskontrollen durchführen. Ging es um den Ehepartner, sank die Zahl jedoch dramatisch – so drückt bei den Frauen nicht einmal die Hälfte (48 Prozent) ihre Dankbarkeit auch gegenüber dem Menschen aus, der ihr am nächsten steht.

Es mag zwar widersprüchlich klingen, aber ich kann mir erklären, wie dieses Verhalten zustande kommt. Wenn die Kellnerin den Brotkorb bringt und sich zudem noch erinnert, wer den Cheeseburger mit der Extrascheibe Bacon bestellt hat, sind wir zufrieden und bedanken uns. An unseren Partner hingegen stellen wir gewaltige Ansprüche, und die Scheibe Bacon ist dabei noch der geringste. Von ihm erwarten wir, dass er unser bester Freund, ein leidenschaftlicher Liebhaber, Freizeitpartner, Elternteil mit ebenbürtigen Aufgaben, unterhaltsam bei Tischgesprächen, Jogging-Partner, eine verlässliche Stütze, Berufsberater und Reisebegleiter ist. Ach, und nicht zu vergessen, unser Seelengefährte.

Wenn Sie Ihrem Partner nun in einer bestimmten Situation dankbar sind, fallen Ihnen sogleich und mit einem schmerzlichen Stich all jene Dinge ein, die Sie von ihm nicht bekommen. Vielleicht ist er immer noch Ihr bester Freund, aber dass sich der leidenschaftliche Liebhaber seit geraumer Zeit verabschiedet hat, nehmen Sie ihm ein bisschen übel. Oder er ist für die Kinder zwar ein toller Vater, aber wenn Sie sich umsehen, scheinen alle anderen Männer in der Straße mehr zu verdienen.

Die bekannte Paar- und Sexualtherapeutin Esther Perel, Verfasserin des Buchs *Wild Life – Die Rückkehr der Erotik in die*

Liebe, stellte die Millionen-Dollar-Frage, die da lautet: «Können wir begehren, was wir bereits haben?» Sie macht uns darauf aufmerksam, dass wir unseren Partner mit widersprüchlichen Erwartungen ersticken. Zum einen wünschen wir uns Sicherheit und Geborgenheit, zum anderen Aufregung und Abenteuer. Eine einzige Person soll all die vielen Bedürfnisse erfüllen, für die früher einmal ein ganzes Dorf zuständig war. Ihr zufolge lautet unsere dauerhafte Forderung: «Sorg du für Behaglichkeit, sorg du für Pep, sorg du für Neues, sorg du für Vertrautheit, sorg du für Vorhersehbarkeit, sorg du für Überraschungen.»

Jedenfalls heißt es immer: *Sorg du.* Die Ehe fördert unser Anspruchsdenken. Sobald wir verheiratet sind, gehen wir davon aus, dass wir uns nie wieder unglücklich oder einsam fühlen und unsere Lebenskrisen überwunden haben werden. Wenn es uns – was unvermeidlich ist – doch einmal nicht so gutgeht, dann ist natürlich der Ehepartner (wer sonst?) daran schuld.

Wenn man alles als selbstverständlich voraussetzt, ist es schwer, für einen Teil des Ganzen dankbar zu sein. Daher lautete meine Absicht, von nun an sämtliche unerfüllbaren Erwartungen wegzuschieben und stattdessen den Mann zu schätzen, den ich an meiner Seite hatte – anstatt von einem imaginären Klon aus Brad Pitt und Bill Gates zu träumen, der nie vergaß, seine schmutzigen Stiefel vor der Haustür abzustellen.

Weil gute Vorsätze allzu leicht in Vergessenheit geraten, hielt ich sie schriftlich fest. Im Verlauf dieses Monats würde ich wenigstens zweimal am Tag einen Grund finden, dem Mann, den ich geheiratet hatte, zu sagen, dass ich ihn schätzte. Nichts Künstliches oder Aufgesetztes: Ich würde mich einfach nicht mehr beschweren – und obendrein auf meine ach so klugen

Vorschläge zur Erleichterung seines Lebens verzichten –, sondern ihn als den Menschen bewundern, der er war. Die vielen positiven Eigenschaften meines Gatten sollten nicht mehr als Hintergrundmusik unseres Lebens mitlaufen, sondern in den Mittelpunkt rücken. Ich war sehr gespannt auf das Ergebnis.

Als ich am nächsten Morgen um Viertel vor sieben aufwachte, sah ich im Halbschlaf, wie mein Mann sich auf der anderen Seite des Schlafzimmers anzog, um zur Arbeit zu gehen. Er ist Arzt mit einer gutgehenden Praxis, und normalerweise hätte ich ihn entweder gereizt gefragt, warum er so früh losfahre, oder einfach nur die Augen zugemacht, um noch ein bisschen weiterzuschlafen. Stattdessen betrachtete ich ihn ausgiebig, während er in der schmalgeschnittenen grauen Hose, dem frischen weißen Hemd und der seidigen blauen Krawatte durch den Raum ging.

«Du siehst richtig gut aus heute Morgen», sagte ich, die Stimme noch heiser vom Schlaf. «Wie nett, wenn man beim Aufwachen so ein Bild von einem Mann vor Augen hat.»

Er warf mir einen überraschten Blick zu, dann lächelte er und kam ans Bett, um mir einen Kuss zu geben. «Du hast die Kontaktlinsen noch nicht drin und bist halb blind», scherzte er.

«Selbst verschwommen siehst du gut aus.» Ich umarmte ihn.

Das Ganze dauerte nicht länger als eine halbe Minute, und Ron hatte es wahrscheinlich schon wieder vergessen, als er die Tür hinter sich zuzog. Mir aber verlieh dieser Moment Schwung für den ganzen Tag. Andere in ihrem Wert zu würdigen kann ebenso befriedigend sein, wie selbst gewürdigt zu werden.

Jedes Paar hat eine ganz spezielle Art von Arbeitsteilung, und so begann ich am folgenden Tag, Ron für die Dinge zu danken, die er ohne großes Aufhebens ständig tat, etwa das Girokonto ausgleichen, den tropfenden Wasserhahn reparieren oder uns spätabends nach einer Party sicher nach Hause kutschieren.

«Danke, dass du uns so gut durch den Schnee gesteuert hast», sagte ich, als wir unsere Garage erreichten.

«Aber ich fahre doch immer», antwortete er überrascht.

«Ja, und dafür bin ich dir wirklich dankbar. Besonders bei Dunkelheit, wenn wir beide müde sind. Welch ein Glück für mich, dass du mir das abnimmst.»

Obwohl wir nicht weiter darüber sprachen, schien Ron zu spüren, dass sich in unserer Beziehung eine Veränderung anbahnte. Am nächsten Abend bedankte er sich bei mir für das Essen, das ich gekocht hatte – eine der Tätigkeiten, die in der Regel zu meinen Aufgaben gehört. Ich ging nicht weiter darauf ein (es gehört nicht viel dazu, tiefgefrorene Ravioli warm zu machen), trotzdem fühlte ich mich nach der Bemerkung gut. Es ist schön zu hören, dass etwas ankommt, das man tut, ganz egal, was.

In den ersten Tagen musste ich mich immer wieder daran erinnern, meinem Mann meine Wertschätzung zu zeigen. Doch im Lauf der ersten und der darauffolgenden Woche strömten die guten Gefühle dann ganz von selbst, und ich war insgesamt viel positiver gestimmt als sonst. Was ging da vor sich? Ich suchte Dr. Brent Atkinson auf, einen emeritierten Professor für Ehe- und Familientherapie von der Northern Illinois University und Leiter des Couples Clinic and Research Institute in Geneva, Illinois. Seiner Meinung nach gibt es auf neurologischer Ebene ganz klare Hinweise, dass man bestimmte Verschaltungen im Gehirn kräftigen kann, um tiefere Gefühle von Verbundenheit zu erzeugen. Er hat ein Konzept für eine Paartherapie entwickelt, das automatisch ablaufende Reaktionen neu verdrahtet und so Veränderungen in der Struktur unseres Gehirns herbeiführt. Als ich ihn fragte, ob meine Dankbarkeitsübungen unter Umständen Einfluss auf die neuronalen Schaltkreise meines Gehirns hätten, antwortete er mit einem entschiedenen «Ja».

«Wie wir gerade erkennen, wird das Gehirn bei allen Vorgängen immer besser, sobald es sie häufiger ausführt», erklärte er. «Wenn Sie durch Dankbarkeit eine positive Stimmung erzeugen, verstärken Sie jene neuronalen Schaltwege, die positive Gefühle erzeugen. Sie können Dankbarkeit also als mentales Training betrachten, das Sie geistig auf Positivität einstimmt.»

Dann berichtete er mir von einigen Studien zur sogenannten «Mitgefühlsmeditation», die gezeigt haben, dass sich das Gehirnvolumen und die an der emotionalen Reaktion beteiligten Schaltkreise tatsächlich verändern, wenn sich Menschen über einen längeren Zeitraum hinweg gütigen und liebevollen Regungen hingeben. Er verwendet in seiner Praxis eine ähnliche Methode, indem er seine Klienten auffordert, sich täglich fünf Minuten hinzusetzen und sich die herzlichen Gefühle und die schönen Momente mit ihrem Partner vor Augen zu führen. «Studien haben gezeigt, dass diese einfache mentale Übung jene neuronalen Verbindungen stärken kann, die Verbundenheit erzeugen.»

Die Vorstellung, dass die Dankbarkeitsbezeigungen gegenüber meinem Mann eine Veränderung in meinem Gehirn bewirkten, klang irgendwie fragwürdig – bis ich von einer Studie des in Harvard tätigen Neurologen Alvaro Pascual-Leone hörte. Menschen, die nie Klavier spielen gelernt hatten, bekamen von ihm eine kurze Einweisung und sollten dann fünf

Tage lang täglich zwei Stunden eine Melodie üben. Am Ende der Sitzungen zeigte sich in Gehirnscans, dass sich jene Region des Kortex, die für die Bewegungen der Finger zuständig ist, deutlich vergrößert hatte. Dies steht im Einklang mit anderen Studien, wonach jedweder regelmäßige Einsatz bestimmter Körperteile Vergrößerungen in den entsprechenden Gehirnarealen zur Folge hat. Anschließend ließ Pascual-Leone eine weitere Gruppe Freiwilliger über die gleiche Zeitdauer hinweg lediglich die Fingerbewegungen des Klavierübens ausführen, ohne dass sie je irgendwelche Tasten berührten. Man höre und staune: Sie zeigten nahezu die gleichen Veränderungen im motorischen Kortex.

Wenn allein die Vorstellung die Schaltkreise in unserem Gehirn verändern kann, war ich gerne bereit weiterzumachen. Genau darauf kam es offenbar an. Dr. Atkinson verglich es mit dem Hanteltraining: Mit einer geringen Zahl an Wiederholungen bleiben die Muskeln, wie sie sind. Steigert man die Bizepscurls jedoch stetig, ergibt sich bald ein Langzeiteffekt. So fand er heraus, dass die einmal wöchentlich in seiner Praxis stattfindenden Gespräche für die Paare nicht ausreichten. Zwar stellte sich bisweilen ein Aha-Effekt ein *(Ach so, indem du das Auto wäschst, zeigst du mir deine Liebe!)*, und sie verspürten äußerst positive Gefühle, doch die waren oft schon vor Ablauf einer Woche wieder verflogen. Deshalb forderte er die Paare dazu auf, die positiven neuronalen Schaltkreise zu Hause einzuschleifen. Nicht jeder war dazu bereit. «Wir alle wissen, dass wir unseren Partner lieben. Aber sich fünf Minuten täglich auf ihn zu konzentrieren erscheint manchen Menschen übertrieben», meinte er lachend.

Denjenigen, die es ausprobieren wollten, schlug er vor,

einmal täglich eine E-Mail an den Partner zu verfassen, in welcher der Absender zwei Sätze vervollständigen sollte. Der erste lautete:

Kürzlich hast Du etwas getan, das ich sehr schätze, und zwar ...

Der zweite lautete:

Besonders starke Gefühle hatte ich für Dich, als Du ...

Er selbst schickte solche Mails regelmäßig an seine Frau Lisa, gleichfalls eine Eheberaterin. Als ich ihn fragte, verriet er mir ohne Scheu, was er ihr an diesem Morgen geschrieben hatte. Damit demonstrierte er zugleich, dass sich die tägliche Wertschätzung nicht unbedingt auf weltbewegende Ereignisse beziehen muss. Im ersten vorgegebenen Satz hatte er sich dafür bedankt, dass Lisa gestern in aller Eile noch eine Reihe von Besorgungen erledigt hatte. «Das erzeugt in mir vielleicht nicht unbedingt ein warmes Kribbeln, aber es hat geregnet, und sie war sehr beschäftigt, und mir war klar, dass sie es für uns beide tat.»

Den zweiten vorgegebenen Satz vervollständigte er, indem er davon schrieb, wie er sie am Abend zuvor mit ihrer Stieftochter lauthals hatte lachen hören, was genau dieses warme Kribbeln in ihm wachgerufen hatte. Als ich ihn fragte, warum er nicht gleich auf sie zugegangen sei, meinte er, er sei mit dem Abendessen beschäftigt gewesen, und dann habe das Telefon geklingelt und dann ...

«So erstaunlich es ist, aber ein schlichter Ausdruck der Dankbarkeit oder der Wertschätzung fällt schnell mal unter den Tisch. Deshalb sind die täglichen E-Mails so wichtig», erklärte er mir.

Ich berichtete ihm, wie ich mich bei meinem Mann neulich für die sichere Heimfahrt von der Party bedankt hatte und dass

Rons Reaktion am Abend darauf in seinem Dank für das selbstgekochte Essen bestanden hatte.

«Prima», sagte er. «Wenn Menschen positive Gefühle miteinander teilen, schwingen ihre Gehirnwellen im Einklang und zeigen die gleichen Aktivitäten. Das wissen wir aus den Scans. Damit steigern sie ihre naturgegebene Fähigkeit zu lieben.»

Dr. Atkinson ermutigte mich, mit der von ihm sogenannten «kontinuierlichen Zufuhr von Positivität» fortzufahren. Gäbe ich meinem Mann weiterhin lobende Rückmeldungen, würde er sich gut fühlen – und ich selbst mich noch besser. Viele Studien hätten gezeigt, dass derjenige, der sich bedankt, sogar den größten Nutzen daraus zieht. Es ist besser, jemandem zu danken, als Dankbarkeit entgegengebracht zu bekommen. Wenn Dr. Atkinson ehemalige Klienten manchmal Jahre später zufällig im Supermarkt traf, erzählten ihm die meisten, dass sie sich nur noch an einige wenige Ratschläge erinnerten, mit den Dankbarkeits-Mails aber fortführen, so berichtete er mir. Für sie sei allein dieses tägliche Ritual die Kosten für die Beratung wert gewesen.

Als wir uns verabschiedeten, bedankte ich mich bei ihm für seine Tipps. Was ich in diesem Gespräch gelernt hatte, war so viel mehr wert, als es mich gekostet hatte.

Um den einmal gewählten Weg weiter zu verfolgen, schlug ich Ron einen Wochenendtrip vor, bei dem wir uns allein unserer Beziehung widmen würden. Weil er seine Arztpraxis nur ungern schloss, war ich froh, als er zustimmte. Das allein war schon ein großer Schritt. Da ich in Los Angeles die Schauspielerin Sally Field für einen Zeitschriftenartikel interviewen sollte, vereinbarten wir, dass er mir nachflog und wir uns anschließend trafen.

Bei meiner Suche nach einem nicht zu weit entfernten romantischen Plätzchen stieß ich auf das kalifornische Ojai, eine Künstlerkolonie, in der der Regisseur Frank Capra seinen Filmklassiker *In den Fesseln von Shangri-La* angesiedelt hatte. Die paradiesische Umgebung mit der leicht mystischen Stimmung erschien mir als geeignetes Umfeld, um Dankbarkeit zu üben. Außerdem gab es dort einige gute Restaurants.

Obwohl wir erst am Nachmittag in dem eleganten Resort in Ojai eintrafen, war unser Zimmer noch nicht fertig. Daher schlenderten wir über die weitläufige Anlage und aßen etwas. Schließlich brachte man uns zu unserem Zimmer, das klein war und im Erdgeschoss lag, mit Blick auf die Straße.

«Ich hatte um ein ruhiges Zimmer mit Aussicht gebeten», sagte ich.

«Ein anderes haben wir nicht», antwortete der Angestellte.

Es war Nebensaison, und wie wir während unseres Spaziergangs über das Gelände (und zuvor auf dem Parkplatz) selbst gesehen hatten, waren kaum Gäste da. Ich zögerte. Eigentlich wollte ich an einem dem Thema Dankbarkeit gewidmeten Wochenende das schätzen, was auf mich zukam. Das hieß jedoch nicht, dass ich alles mit mir machen ließ.

Daher ging ich zurück zum Empfang und erklärte höflich, aber bestimmt, dass ich mit dem Zimmer nicht einverstanden sei. Mein Mann setzte sich unterdessen mit zusammengekniffenen Lippen in einen Sessel. Er mag es nicht, wenn ich für Wirbel sorge, und kann sich meisterhaft mit allem und jedem arrangieren. Nach längerem Warten brachte man uns schließlich in ein hübscheres Zimmer mit schöner Aussicht. Allerdings befürchtete ich, dass von den guten Absichten für diesen Tag nicht mehr viel übrig war.

Als wir an jenem Abend schlafen gingen, musste ich an eine Reise denken, die wir vor vielen Jahren unternommen hatten, gegen Ende meiner Schwangerschaft mit unserem ersten Sohn. Es war unser letzter Urlaub zu zweit, ehe wir in die uns unbekannte, von Windeln und Kinderwagen bestimmte Welt abtauchten, und obwohl es fast unser Budget sprengte, hatten wir uns für das, wie wir hofften, Bilderbuchpanorama einer französischen Karibikinsel entschieden.

Der Himmel war grau am Tag unserer Ankunft, trotzdem gingen wir an den Strand. Ich trug einen Schwangerschaftsbadeanzug von den Ausmaßen eines Miniaturzelts, und während ich mich unglücklich auf meine Decke hockte, stapften um uns herum zahllose atemberaubende, braungebrannte Frauen durch den Sand, und zwar oben ohne. Oben ohne? Aber natürlich – die Insel war ja französisch! In ihren winzigen Bikinihöschen sahen sie aus wie schlanke Delfine, die elegant durch die Wellen glitten, während ich mich wie ein Walfisch fühlte. Warum waren wir bloß hierhergekommen? Am Abend, als wir im Bett lagen, trommelte der Regen auf das Metalldach des Hotels. Na prima! Ein Gewitter im Karibikparadies. Was konnte sonst noch alles schiefgehen?

Das erfuhr ich am nächsten Morgen. Die Sonne schien strahlend vom Himmel, und wir fuhren über die Insel, die letztlich doch recht hübsch war. Wir waren unterwegs zu einem späten Mittagessen, als mit hoher Geschwindigkeit ein Auto auf uns zuraste. Der Wagen kam ins Schleudern, und der offenbar total betrunkene Fahrer verlor die Kontrolle. Rechts von uns gähnte ein tiefer, felsiger Abgrund, und Ron lenkte unseren kleinen Geländewagen so weit zur Seite, wie er konnte. Plötzlich war das ekelhafte Geräusch von Metall zu hören, das zerdrückt wird, und Glas, das zersplittert. Das Auto hatte uns gerammt, und von die Welt schien stillzustehen. Als ich zu meinem Mann hinübersah, merkte ich, dass sein Gesicht schmerzverzerrt war. Sein Bein war aufgeschnitten bis auf Knorpel und Knochen und nur noch eine weißlich blutige Masse. Mir selbst lief aus einem tiefen Schnitt an der Stirn Blut übers Gesicht und tropfte mir in den Schoß.

«Müssen wir jetzt sterben?», fragte ich, starr vor Schreck, auf der einsamen Straße.

Das mussten wir nicht. Ein Krankenwagen brachte uns in die nächste Klinik, wo uns eine hübsche französische Ärztin (vielleicht eine der Oben-ohne-Schönheiten vom Strand) mit einem dicken Faden, den man gewöhnlich zum Zunähen von Leichen benutzt, wieder zusammenflickte. Sie versicherte mir, dass unser Kind besser geschützt gewesen sei als wir und keinen Schaden genommen habe. (Später erklärte ich mir damit gern Zachs Widerstandsfähigkeit.) Wir blieben über Nacht in einem Zimmer, von dem aus man nur über den Hof zur Toilette gelangte und das mit unzähligen Heiligenbildern geschmückt war. Obwohl ich nicht katholisch bin, hatte ich das Gefühl, dass mir die Schutzheiligen eine Botschaft übermittelten.

Wusstest du denn nicht, dass du für diesen ersten Tag auf der Insel dankbar sein solltest? Gut, dann brauchst du wohl einen Autounfall. Jetzt hast du es verstanden, oder?

Am nächsten Tag flogen wir nach Hause und blieben eine Woche bei meinen Schwiegereltern, um uns auszukurieren. Ich war froh, noch am Leben zu sein und eine Familie zu haben, die sich um uns kümmerte. Und ich hatte meine Lektion gelernt. Schätze jeden einzelnen Augenblick, denn du weißt nie, wann alles zerbricht.

In unserem Zimmer in Ojai schaltete ich die schummrige Nachttischlampe an und nahm mein Dankbarkeitstagebuch zur Hand. Der Zimmerwechsel war völlig in Ordnung, allerdings musste ich sicherstellen, dass unser Wochenende nicht von negativen Gefühlen überschattet werden würde. Die Schutzheiligen sollten wissen, dass ich schätzte, worauf es wirklich ankam.

Ich bin ungeheuer dankbar ... dass Ron an diesem Wochenende hier ist und dass wir unseren Zusammenhalt festigen wollen – das Einzige, was wirklich zählt.

Beim Frühstück am nächsten Morgen riefen wir uns noch einmal unser Anliegen ins Gedächtnis. Sei dankbar. Behandele den anderen mit Wertschätzung. Eine Kellnerin, die einige Brocken aufschnappte, als sie mir meinen Eiskräutertee brachte, lächelte.

«Sind Sie wegen des Kraftorts hergekommen?», fragte sie.

«Ich wusste gar nicht, dass es hier einen gibt», antwortete ich.

«Sie werden ihn ganz sicher finden», versicherte sie mir und zwinkerte mir zu.

Vor Jahren waren wir einmal in Sedona im Bundesstaat Arizona gewesen, wo es angeblich ebenfalls einen Kraftort gab, also einen jener Orte, die eine besondere Erdstrahlung oder Energie und daher eine positive Wirkung auf uns Menschen haben. Angeblich konnte man sie spüren, wenn man auf den roten Felsen saß und meditierte oder einfach nur tief atmete, um Ruhe zu finden und mit sich im Einklang zu sein.

Ron und ich wanderten einen beliebten Weg entlang, als eine Frau in Shorts und hochhackigen Schuhen auf uns zu stürzte und in breitestem New Jerseyer Ostküstenakzent fragte: «Wissen Sie, wo hier der Kraftort ist? Ich habe ihn schon überall gesucht.»

Ron erklärte ihr daraufhin, dass es kein konkreter Ort sei, sondern ein Gefühl, das man zulassen müsse.

«Soll das heißen, Sie wissen es nicht?» Verächtlich zog sie die Nase kraus und stürmte davon.

In Ojai machten wir Scherze über die Suche nach den Schwingungen. Ron schlug vor, wandern zu gehen und abzuwarten, ob wir sie spürten (um hinterher der Dame aus New Jersey davon zu berichten). Vielleicht manifestierte sich diese besondere Kraft ja auch einfach dadurch, dass man an sie glaubte. Ron ist ein versierter Wanderer mit einem hervorragenden Orientierungssinn, und so studierte er kurz die Karte, fuhr ein Stück und parkte am Ausgangspunkt eines Wanderwegs. Der Weg wand sich langsam den Berg hinauf, und Ron, der vor mir herging, legte ein Tempo vor, dem ich bequem folgen konnte. Nach jeder Biegung bot sich ein neuer atemberaubender Ausblick über die Täler unter uns. Ron erkundigte sich mehrmals, ob ich umkehren wolle, doch ich genoss es viel zu sehr, und mit zunehmender Höhe hatten wir das Gefühl, in der Bergluft zu schweben und eins mit dem Kosmos zu sein.

«Ob es nun an der Aussicht oder am Kraftort liegt, ich bin einfach dankbar, hier sein zu dürfen», sagte ich. Wir hatten an einer Stelle mit einem herrlichen Blick haltgemacht, um das Panorama ganz in uns aufzunehmen.

«Ja, wir haben es wirklich gut», stimmte Ron mir zu.

Er legte mir den Arm um die Schulter, und gemeinsam

gaben wir uns diesem unerklärlichen Gefühl der Verbundenheit mit der Natur hin, das man beim Bergwandern oft erlebt.

«Wenn wir zu Hause sind und das Leben wieder hektisch wird, sollten wir innehalten und uns an das Gefühl in diesem Augenblick erinnern», meinte Ron.

Auf dem Rückweg ins Tal begannen wir mit einer Variante des «Geographiespiels», wie wir es nannten. Jeder musste einen Ort nennen, der mit dem letzten Buchstaben des vorigen Ortes begann. Diesmal sollten es jedoch Dinge sein, die uns dankbar machten.

«Ich bin dankbar für unsere Kids.» Ron begann mit dem ganz Offensichtlichen.

«Und ich für Sonnenuntergänge.»

«Eis.»

«Sonntagnachmittage, an denen ich herumgammeln kann.»

«Kannst du auch für Dinge dankbar sein, die nicht mit ‹S› anfangen?», fragte Ron.

«Für die Nähe zu meinem Mann. Die macht mich dankbar», sagte ich mit Gefühl.

Unter dem Einfluss der Schwingungen hatten wir irgendwie die Abzweigung verpasst, die zu unserem Ausgangspunkt zurückgeführt hätte. Eine halbe Stunde später standen wir an einer Vorortstraße, und selbst Ron, der Bergwanderer, der sich nie verlief, war ratlos. Als er an der nächsten Straßenecke einen Mann entdeckte, lief er zu ihm hin, um sich nach dem richtigen Weg zu erkundigen.

«Oh, es ist ziemlich weit und nicht gerade leicht zu finden», sagte der andere, der sich als John vorstellte. «Aber ich wollte ohnehin gerade einen Spaziergang machen. Ich begleite Sie.» Er war sehr schlank und schmal, hatte silbergraue Locken und wirkte mit seinem beschwingten Gang wie ein gealterter Peter Pan.

Wir kamen sofort ins Gespräch. John, so erfuhren wir, war Musiker und nach Ojai gezogen, damit seine Kinder auf die von Jiddu Krishnamurti gegründete Oak Grove School gehen konnten. Die Lehren des indischen Weisen bezogen sich, wie John uns erklärte, hauptsächlich auf den Kontakt der Menschen untereinander und das Erkennen der eigenen Person.

«Krishnamurti meint, die Wahrheit sei ein pfadloses Land. Sie lässt sich nicht durch eine organisierte Religion oder ein Dogma finden, sondern nur durch unsere Beziehungen zu anderen und durch das Wissen über uns selbst», sagte John. Jedenfalls etwas in diesem Sinn.

Krishnamurti hatte, mit Unterbrechungen, insgesamt 60 Jahre in Ojai gewohnt. Hollywood-Größen wie Charlie Chaplin und Richard Chamberlain hatten ihn aufgesucht, und die Stadt war auch heute noch ein Treffpunkt für seine Anhänger. Der spirituelle Lehrer hatte nach eigener Aussage hier seine geistige Erweckung erlebt (vielleicht durch den Einfluss des Kraftorts), und sein Haus war inzwischen ein Rückzugsort für Menschen, die eine Auszeit brauchten und wieder mit sich selbst in Kontakt kommen wollten.

Als wir endlich unser Auto erreichten, entschuldigten wir uns bei John, ihn so weit von seinem eigentlichen Weg abgebracht zu haben, und boten ihm an, ihn nach Hause zu fahren. Er stimmte sogleich zu und setzte sich auf den Beifahrersitz. So schnell hatten wir noch nie mit jemandem Freundschaft geschlossen.

«Es war schön, Sie kennenzulernen und einen anderen

Weg einzuschlagen», meinte er. «Wie Krishnamurti gesagt hat, muss man seine Routine gelegentlich durchbrechen, anstatt wie eine Maschine immer weiterzumachen. Das bringt frischen Wind in den Geist.»

Ron und ich waren nicht nach Ojai gekommen, um zu meditieren oder einen Guru zu besuchen, doch innehalten und die Dinge aus einer anderen Perspektive betrachten wollten wir an diesem Wochenende tatsächlich. Und zwar unter dem Aspekt der Dankbarkeit. Den frischen Wind im Geist konnte ich übrigens bereits spüren.

Am frühen Abend kehrten wir ins Hotel zurück. Wir setzten uns in den Innenhof, um den berühmten «rosa Moment» zu erleben. Die knapp über 2000 Meter hohe Topatopa-Bergkette reflektiert bei Sonnenuntergang die letzten Strahlen, sodass der Himmel strahlend rosa leuchtet. Außer uns hatte sich noch etwa ein Dutzend Leute eingefunden, um auf den großen Augenblick zu warten. Als sich die Sonne dann verabschiedete, färbte sich der Himmel jedoch nicht rosa, sondern wurde schlicht dunkel.

«Das war aber mal ein wunderschöner ‹grauer Moment›», flüsterte Ron mir zu.

Ich lachte. Die anderen Gäste sahen uns verärgert an – entweder weil das Naturschauspiel ausgeblieben war oder weil es uns nicht zu kümmern schien. Vielleicht lag es auch an beidem.

Auf dem Rückweg zu unserem Zimmer wurde mir bewusst, dass mir dieser Tag ohne meine gegenwärtige Dankbarkeitsstimmung als Reinfall erschienen wäre. Wir hatten uns beim Wandern verlaufen und einen enttäuschenden Sonnenuntergang erlebt. Das Hotel war nicht gerade berauschend, und das Wochenende entsprach in keiner Weise meinem romantischen

Traum. Dies aber war wahrscheinlich die beste Lektion überhaupt. Ich konnte die vergangenen Stunden nicht zurückdrehen und einen vollkommenen Urlaubstag daraus machen, aber ich konnte dankbar sein für das, was sie uns geschenkt hatten. Die Begegnung mit John hatte mir gefallen, und mein Mann und ich konnten immer noch gemeinsam lachen. Indem wir unsere Dankbarkeit in den Vordergrund stellten, fühlten wir uns glücklicher miteinander. Allein damit hatte sich der Besuch des Kraftorts bereits gelohnt.

Zurück an der Ostküste, traf ich mich mit meiner Freundin Meg zum Kaffeetrinken. Wir hatten uns im Lauf der Jahre so gut kennengelernt, dass wir alles miteinander besprechen konnten, und oft ging es um unsere Männer. Sie fing tatsächlich gleich an zu jammern. Ihr Mann und sie hatten einen heftigen Streit ums Geld gehabt, er hatte den gemeinsamen Urlaub in Florida abgesagt, und der Spaß war bei ihnen sowieso schon lange auf der Strecke geblieben. Sie war frustriert und fragte sich, wie sie in ihrer Ehe das Ruder herumreißen konnte und ob sie das überhaupt noch wollte.

Dann hob sie den Blick, gespannt auf meinen Beitrag zum Thema. Diesmal aber hatte ich nichts zu bieten. Durch meine Recherchen wusste ich bereits, dass die einzelnen Vorkommnisse nie so wichtig sind wie der Standpunkt, von dem aus man sie wahrnimmt. (Wenn mein Mann auf eine hohe Leiter stieg, um das Dach zu reparieren, konnte mir das, wenn ich in dankbarer Stimmung war, ungeheuer mutig und wichtig erscheinen – und ungeheuer albern und gefährlich, wenn nicht.) Stattdessen schilderte ich ihr, wie die Dankbarkeit in meiner Ehe wahre Wunder bewirkte, und schlug ihr vor, es ebenfalls zu versuchen. Dankbarkeit könne tatsächlich die Menge der positiven Verschaltungen im Gehirn erhöhen, sodass sie und ihr Mann glücklicher wären.

«Es ist ganz einfach, so erstaunlich es klingen mag», erklärte ich ihr begeistert. Dann beschrieb ich ihr die drei Schritte, die bei mir bereits durchschlagende Wirkung gezeigt hatten: Finde wenigstens einmal am Tag etwas, wofür du dich bedanken kannst. Konzentriere dich auf das Positive anstatt auf die Probleme. Sag deinem Partner, was dir an ihm gefällt.

Sie musterte mich, als sei ich verrückt geworden. «Das muss mein Mann *mir* sagen und nicht umgekehrt.»

«Es geht in beide Richtungen. Wenn du anfängst, ihm deine Dankbarkeit zu zeigen, wird er sie ganz spontan erwidern», versicherte ich ihr.

«Ich werde ganz bestimmt nicht bei jedem bisschen, das er tut, in Jubel ausbrechen. Er ist sowieso schon eingebildet genug. Ich muss aufpassen, dass ich in unserer Beziehung nicht alle Fäden aus der Hand gebe.» Warnend funkelte sie mich an. «Du machst vielleicht einen großen Fehler.»

Diese Reaktion hatte ich nicht erwartet. Selbstverständlich gibt es in jeder Beziehung ein gewisses Kräfteverhältnis, aber meine Dankbarkeit hatte aus mir weder eine unbedarfte Geisha noch ein gefügiges Frauchen gemacht. Wenn ich meinem Mann zeigte, was ich an ihm mochte, war das noch lange kein Verrat an meinen feministischen Idealen. Ron hatte mir Dankbarkeit mit Dankbarkeit vergolten – je mehr er bekam, desto mehr gab er auch. Es spielte keine Rolle, wer den Anfang gemacht hatte. Dankbarkeit wirkt sich unmittelbar positiv auf denjenigen aus, der die positiven Gefühle ausdrückt. Selbst wenn ich aus reinem Eigennutz damit begonnen habe, um selbst glücklicher zu werden, verbesserte es zugleich auch unsere Beziehung.

Da jede Ehe jedoch ihren eigenen Charakter hat, mochte Meg, was andere Fälle betraf, durchaus recht haben. Womöglich trieben andere Männer (die nicht so reif waren wie meiner) mit der Dankbarkeit und den guten Absichten ihrer Frauen Schindluder. *Süße, du kannst froh sein, dass du mich hast. Ich mache mir dann mal einen schönen Abend in der Kneipe.* Megs Sorge, dass Dankbarkeit falsch verstanden werden könnte, leuchtete mir durchaus ein.

Als ich mich deshalb noch einmal an Dr. Atkinson wandte, lachte er leise. «In einer guten Beziehung fragt sich keiner, ob der andere die Oberhand hat. Lassen Sie zu, dass das Positive Einzug in Ihre Ehe hält, und stauchen Sie Ihren Partner, wenn nötig, ruhig auch mal zusammen.»

In den besten Partnerschaften, erklärte er mir, «herrscht ein Wechsel zwischen Sonnenschein und Gewitter und keine dauerhaft graue Wolkendecke».

Dieses Bild von einer Ehe gefiel mir. Du kannst stark und durchsetzungsfähig sein. Und zugleich dankbar und liebevoll. Wenn du jedoch eine dieser Eigenschaften verwässerst, kommt nichts anderes als ein trübes Mittelmaß heraus.

In vielen Ehen dümpeln die Partner über Jahre hinweg im Mittelmaß dahin. Der Psychologe Bob Emmerson hatte mich darauf hingewiesen, dass manche Menschen ihrem Partner keine Dankbarkeit zeigen, weil sie sich niemandem gegenüber verpflichtet fühlen mögen. «In einer langjährigen Beziehung kann die Angst, dem anderen etwas schuldig zu sein, wirklich unangenehm werden.»

Doch sich emotional abzusichern hat in einer Ehe noch nie funktioniert. Wenn Sie sich bei Ihrem Mann dafür bedanken, dass er auf dem Heimweg schnell noch einen Liter Milch eingekauft hat, bedeutet das nicht, dass Sie ihm gleich einen Milchshake rühren müssen. Wenn Sie seinen Einsatz jedoch nicht anerkennen, wird es wahrscheinlich nicht mehr so oft geschehen.

Vor vielen Jahren hat mir eine Freundin aus Hollywood berichtet, dass sie ihrem Mann jedes Mal, wenn er einkaufen gegangen war (eine ihr verhasste Aufgabe), überschwänglich dankte und niemals etwas daran auszusetzen hatte. «Es spielt keine Rolle, dass er feine Erdnussbutter mitbringt, obwohl ich lieber die mit Stückchen mag. Ich stelle die Gläser einfach hinten in den Schrank und freue mich, dass die Lebensmittel wie durch ein Wunder bei mir zu Hause eintreffen. Wunder darf man nicht kritisieren!»

Das war ein guter Rat, denn viele von uns stellen nach mehreren Ehejahren nicht mehr das Wunderbare in den Mittelpunkt. Viel eher konzentrieren wir uns auf das, was schiefläuft. Wir sind nicht mehr dankbar für unseren Partner, sondern wollen ihn verbessern, verändern oder sonst wie umformen. Womöglich schauen wir ihr oder ihm über die Schulter und malen uns Geschichten mit dem Nachbarn oder der Nachbarin von schräg gegenüber aus, der oder die ganz bestimmt die richtige Erdnussbutter kauft. Auch wenn man mit seinem Angetrauten glücklich ist, verfällt man gelegentlich ins Grübeln, wie das Leben heute aussehen würde, wenn man bei seiner Jugendliebe geblieben wäre oder dem Bewunderer von damals eine Chance gegeben hätte, der auf Facebook immer so lustige Nachrichten gepostet hatte.

In meinem humorvollen Roman *Bestenliste* geht es um jene Männer, die die Heldin des Buchs nicht geheiratet hat, und wann immer ich seinerzeit das rosafarbene T-Shirt trug, auf das der Verleger zu Werbezwecken den Titel hatte drucken lassen, erzählte mir jemand seine eigene Geschichte dazu. In der Physik gibt es die String-Theorie; sie postuliert die Existenz von Parallelwelten, in denen jede denkbare Möglichkeit ausgelebt wird. Ob das nun wahr ist oder nicht, jedenfalls haben wir alle auch jenes Ich in uns, zu dem wir hätten werden können, wenn wir uns damals anders entschieden hätten. Doch eigentlich kennen wir nur das eine Leben, das wir leben.

Ein Buch, das ich schon immer bewundert habe, ist *Die unerträgliche Leichtigkeit des Seins* des tschechisch-französischen Autors Milan Kundera. Ich nahm es heraus und blätterte zu der Seite, auf der ich vor langer Zeit eine Passage gelb markiert hatte. «*Es ist unmöglich zu überprüfen, welche Entscheidung die richtige ist, weil es keine Vergleiche gibt. Man erlebt alles unmittelbar, zum ersten Mal und ohne Vorbereitung. Wie ein Schauspieler, der auf die Bühne kommt, ohne vorher je geprobt zu haben.*» An den Leben, die ich nicht gelebt hatte, konnte ich nichts verändern und wollte es auch nicht, aber ich wollte versuchen, meinem jetzigen Leben durch meine Entscheidungen Wert, Bedeutung und Zufriedenheit zu geben.

Nach unserer Rückkehr aus Ojai war es um einiges schwerer, Dankbarkeit und Wertschätzung beizubehalten, als während des Urlaubs. Ron, der sich in seiner gutgehenden Praxis sehr für seine Patienten einsetzte, blieb nicht viel Zeit, mich mit Lob und Anerkennung zu verwöhnen. Er ist ein hervorragender Internist, klug und voller Anteilnahme, ein erfahrener Diagnostiker, der sich für die Gespräche mit den Patienten viel Zeit nimmt und großes Verständnis für ihre Bedürfnisse aufbringt. Seine Kollegen bewundern und seine Patienten verehren ihn. Jahrelang habe ich genörgelt, dass ich seine Patientin sein müsste und nicht seine Ehefrau, um mehr von ihm zu haben.

In den beiden Wochen nach unserer Rückkehr verpasste er zwei Theateraufführungen, für die wir Karten hatten, weil die Sprechstunde wieder mal länger dauerte, und ging bei einer Essenseinladung vor die Tür, um zu telefonieren. Damit musste ich mich wohl oder übel abfinden, denn das würde sich nicht ändern. Stattdessen stützte ich mich auf meine Dankbarkeitstechniken und betrachtete das Ganze aus einer neuen Perspektive. Es gibt Schlimmeres im Leben, als allein im Theater zu sitzen. Immerhin hatte ich überhaupt die Möglichkeit, ins Theater zu gehen. Indem ich die Dinge von einer anderen Warte aus betrachtete, konnte ich mir im Hier und Jetzt meine eigene Parallelwelt kreieren.

Immer mehr Paartherapeuten empfehlen die Methode, verstärkt auf das Gute zu achten, sei es, um bei einer eigentlich harmonischen Ehe (wie der unseren) die Ecken und Kanten glattzuschleifen oder um sich bekriegenden Paaren einen Weg aus dem Dilemma aufzuzeigen. Letzteres verstand ich besser, als Ron und ich mit Freunden – nennen wir sie Liz und Dick – essen gingen, die turbulente Zeiten hinter sich hatten. Ich hatte die beiden stets für ein wunderbares Paar gehalten – attraktiv, sexy und lustig –, doch als Liz eines Tages erfuhr, dass Dick sie betrogen hatte, und das nicht nur einmal, warf sie ihn hochkant hinaus. Im wörtlichen Sinn. Sie stopfte seine

Kleider in Mülltüten und pfefferte sie in den Vorgarten. Dick versicherte ihr immer wieder seine Liebe, und nach vielen Tränen, langem Insichgehen und einem Jahr Trennung teilten sie nun wieder Haus und Bett. Wir bewunderten sie für ihre intensiven Bemühungen und waren froh, dass sich die wahre Liebe durchgesetzt hatte.

Ron berichtete ihnen von meinem Dankbarkeitsprojekt und fügte im Spaß hinzu, er sei froh, dass es nur auf ein Jahr angesetzt sei.

«Für mich ist es zwar prima, aber ich frage mich, ob ich überhaupt noch mehr Dankbarkeit verdiene», meinte er lachend.

«Lass es lieber darauf ankommen», riet ihm Dick. «So was tut jeder Ehe gut.»

Liz und er besuchten zur Auffrischung zweimal im Monat eine Therapeutin, die zu Beginn jeder Sitzung mit ihnen über das Thema Dankbarkeit sprach.

«Ruf sie doch mal an», drängte mich Liz.

Am nächsten Tag unterhielt ich mich mit der Paar- und Sexualtherapeutin Sylvia Rosenfeld. Sie erzählte mir, dass die meisten Paare hereingestürmt kämen, um ihrem Ärger Luft zu machen und ihre Probleme zu schildern. Sie aber bat ihre Klienten, ihr irgendetwas von dem jeweiligen Partner zu erzählen, wofür sie ihm dankbar waren. Sobald den Betroffenen das Gesamtbild ihrer Beziehung klarwurde, änderte sich die Stimmung im Raum spürbar. «Es gibt immer etwas, das man würdigen kann. Selbst wenn es nur der Kaffee ist, den er am Morgen gekocht hat», sagte sie.

Wie Dr. Atkinson war auch Sylvia Rosenfeld der Meinung, dass Dankbarkeit den Untertitel «Probieren Sie es aus!» tragen sollte. In einer Beziehung ist es leicht, den anderen zu kritisieren, denn wir kennen seine Schwachpunkte und sind gewöhnlich schnell dabei, darauf hinzuweisen. Doch eines der Geheimnisse einer guten Ehe besteht darin, den Partner so zu akzeptieren, wie er ist. «Was nicht bedeutet, dass man den anderen nicht darum bitten darf, bestimmte Verhaltensweisen zu ändern. Wann immer Sie schwierige Themen ansprechen, tun Sie es mit Wertschätzung», empfahl sie außerdem.

Noch am selben Abend hatte ich Gelegenheit, die neuerlernten Techniken anzuwenden, denn Ron hatte Bereitschaftsdienst. Kurz nach Mitternacht, wir waren gerade eingeschlafen, klingelte sein Handy, und er ging nach nebenan, um den Anruf entgegenzunehmen. Kurz darauf kam er zurück und begann sich im Schein der Wandschrankbeleuchtung anzuziehen. Vermutlich hoffte er, dass ich nicht aufwachte und Ärger machte.

«Was ist los?», fragte ich.

«Eine meiner Patientinnen ist in die Notaufnahme eingeliefert worden. Ich muss nach ihr sehen.»

Ich holte tief Luft. Rons lange Arbeitszeiten und die vielen nächtlichen Einsätze als Arzt sorgten zwischen uns schon seit langem für Spannungen. Normalerweise hätte ich geschimpft, dass es verrückt sei, mitten in der Nacht in die Notaufnahme zu fahren, und dass sich im Krankenhaus sicher jemand der Patientin annehmen könne. Ich hätte mich aufgeregt, und er wäre wütend hinausgestürmt.

Doch ich durfte nicht in die gewohnten Verhaltensmuster zurückfallen. *Lass es*, sagte ich mir. *Such lieber nach einem Grund, ihm dankbar zu sein.* Gewiss, Ron nahm seinen Beruf außergewöhnlich ernst und stellte seine eigenen Interessen stets hintenan, wenn ein Patient in Not war. Sollte ich nicht froh sein, einen so fürsorglichen und lieben Mann zu haben?

Zu viel zu geben statt zu wenig, ist sicherlich nicht die schlechteste Eigenschaft.

Eingekuschelt in meine Bettdecke, versuchte ich die Situation aus einem anderen Blickwinkel zu betrachten. Eine Patientin lag krank und angsterfüllt auf einer Krankenhausliege, und dann erschien mein Mann und kümmerte sich um sie. Welche Erleichterung musste sie bei seinem Anblick empfinden! Und welches Glück hatte ich doch, sicher und gesund im eigenen Bett zu liegen und einen Mann zu haben, der anderen so anteilnehmend half!

Ich stand auf und ging hinüber zum Wandschrank. Besorgt sah Ron mir entgegen, denn er mag keine Auseinandersetzungen, doch ich streichelte ihm über den Arm und gab ihm einen Kuss.

«Ich habe gerade gedacht, dass sich die Patientin glücklich schätzen kann, dich als Arzt zu haben. Jetzt, da sie weiß, dass du unterwegs bist, fühlt sie sich bestimmt gleich viel besser. Es sollte mehr Ärzte geben wie dich. Du bist ein ganz besonderer Mensch, und dafür danke ich dir.»

Ron wirkte so überrascht, als hätte ich soeben einen Striptease hingelegt. Er erholte sich gerade so weit, um zu antworten: «Danke, sehr lieb, dass du das sagst.»

«Tut mir leid, dass du so spät noch rausmusst.»

«Mir auch», gab er zu. «Ich versuche, bald zurückzukommen.»

Das war alles. Kein Augenblick, der die Erde erbeben ließ, dafür aber sanft und süß.

Als ich wieder im Bett lag, dachte ich über die Gedanken der griechischen Philosophen nach, die ich gelesen hatte. Vor 2000 Jahren hatte Epiktet gesagt: *Es sind nicht die Dinge, die uns beunruhigen, sondern die Meinungen, die wir von den Dingen haben.* Das stimmte auch heute noch. An dem Ereignis – Ron wurde ins Krankenhaus gerufen – konnte ich nichts ändern. Doch statt es als Problem zu sehen, konnte ich es durch die Brille der Dankbarkeit betrachten und dadurch vollkommen anders reagieren.

Natürlich hätte ich Ron jetzt gerne im kuscheligen Bett bei mir gehabt. Doch es gelang mir, großzügig zu sein und daran zu denken, dass er zurückkommen würde.

Der Geist der Dankbarkeit, der mir an jenem Abend geholfen hatte, schien sich auf unsere gesamte Ehe auszuwirken. Ich bedankte mich häufiger und konzentrierte mich vermehrt auf das Positive und nicht auf die Schwierigkeiten. Ich sagte Ron regelmäßig, wofür ich ihn schätzte. Das alles war so einfach, dass ich mich fragte, warum ich es nicht schon früher ausprobiert hatte. Ron reagierte spontan auf der gleichen Wellenlänge, und unsere Gefühle füreinander waren bald stärker als je zuvor. Es war ein guter Monat, denn die Dankbarkeit machte uns beide glücklicher.

3

Dankbare Kinder

*Dankbar für meine wunderbaren Söhne Zach und
Matt*

*Dankbar für die Stunden mit Matt Damon und seine
Schilderungen, wie Kinder Wertschätzung lernen*

*Dankbar für die Erkenntnis, dass Teenager nicht
immer dankbar sind – und wie Eltern damit umgehen
können*

Als sich durch das Mehr an Dankbarkeit und die neue Perspektive einschneidende Änderungen in meiner Ehe abzeichneten, wollte ich die Methode auch beim Rest meiner Familie ausprobieren. Wie etwa bei meinen beiden Söhnen.

Wissenschaftler, die sich mit der Erforschung des menschlichen Erbguts befassen, haben bislang noch kein Dankbarkeitsgen gefunden, was daran liegen kann, dass sie bisher nicht danach gesucht haben. Glückliche und optimistische Eltern geben diese Eigenschaften offenbar an ihre Kinder weiter, die sich später ebenso verhalten, wenn sie selbst Eltern werden. Ob erlernt oder ererbt, es gibt Familien mit einem ausgeprägten Sinn für Dankbarkeit. Was die Dankbarkeit für meine Kinder betrifft, fand ich mich eigentlich ganz passabel, war aber gerne bereit, weiter dazuzulernen.

Dazu bekam ich früher Gelegenheit als erwartet, denn mein jüngerer Sohn Matt rief an und teilte mir mit, dass er in den nächsten Schulferien für ein paar Tage nach Hause kommen wolle. Ich freute mich riesig, denn einen meiner Söhne hier bei mir zu haben macht mich glücklicher als alles andere. Zugleich wurde mir klar, dass wir unsere Kinder oft so eifrig mit Tipps und Ratschlägen traktieren, dass wir gar nicht mehr dazu kommen, uns an ihnen zu freuen. Als Matt zur Tür hereinkam, nahm ich ihn daher wie gewohnt überglücklich in die Arme, hielt ihn aber länger fest als sonst. Dann trat ich zurück und machte ihm ein Kompliment über sein Aussehen. Er ist fast 1,90 Meter groß und breitschultrig, hat ein gewinnendes Lächeln und ein Funkeln in den Augen, bei dem ich üblicherweise dahinschmelze.

Er musterte mich ausgiebig, bedachte mich mit seinem gewinnenden Lächeln und stellte dann fest: «Du findest meine Haare zu lang, oder?»

«Das habe ich nicht gesagt!», protestierte ich.

«Dein Blick ist nach oben gewandert, und du hattest diesen Ausdruck im Gesicht», erklärte er.

«Erwischt», antwortete ich lachend.

Matt stimmte ein. Er ist wach und einfühlsam, und seine emotionale Intelligenz muss jenseits aller Messlatten liegen. Da er mir meine Gefühle stets an der Miene ablesen kann, musste ich ehrlich sein.

«Man kann durchaus gut aussehen und trotzdem einen Haarschnitt brauchen», erklärte ich. Denn genau das war der springende Punkt. Ich konnte meinem Sohn meine Wertschätzung zeigen, ohne in Schmeichelei zu verfallen oder in allen Punkten mit ihm einverstanden zu sein. Vielmehr gestand ich ihm zu, dass er seine eigenen Entscheidungen traf (und hoffentlich zum Friseur ging).

Als Mutter habe ich früher stets den Impuls verspürt, meinen Söhnen unzählige Vorschläge zu unterbreiten, um ihnen eventuelle Wünsche zu erfüllen und ihr Leben besser zu machen.

Brauchst du neue Socken?

Soll ich den Aufsatz für dich durchsehen?

Hast du den Typen angerufen, bei dem du letzten Sommer gearbeitet hast?

Warte, ich gieße noch ein bisschen Milch in dein Müsli.

Das war zwar alles gut gemeint, letztlich aber auch anstrengend – für sie genauso wie für mich. Diesmal sollte es anders sein, beschloss ich.

Die nächsten beiden Tage lehnte ich mich daher einfach zurück und erfreute mich an dem charmanten, lustigen, klugen (nicht zu vergessen gutaussehenden) jungen Mann, der bei mir zu Hause faulenzte. Ich rief mir ins Bewusstsein, wie glücklich ich war, und ignorierte das schmutzige Geschirr vor dem Fernsehgerät. Weil von den Eltern als hilfreich empfundene Kommentare von den Kindern (vermutlich nicht zu Unrecht) häufig als Kritik wahrgenommen werden, versuchte ich nach Kräften, sie mir zu verkneifen. Mit dem Erfolg, dass Matt immer lockerer wurde. Er ist ausgesprochen klug, und wir standen uns schon immer sehr nahe. Als er mir irgendwann von einigen Erlebnissen mit seiner ehemaligen Freundin berichtete, hielt er plötzlich mitten im Satz inne. «Sind das Sachen, die ich meiner Mom erzählen darf?», fragte er.

«Ich bin dankbar, dass du es tust», antwortete ich. «Ich werde dir keinen guten Rat geben, bin aber immer an deiner Seite.»

Also erzählte mir Matt auch noch das Ende der Geschichte. Dann sagte er: «Danke, dass ihr immer für mich da seid, Mom. Mit Dad und dir habe ich wirklich Glück gehabt.»

«Das Glück ist ganz auf unserer Seite», erwiderte ich.

Dass man sein Kind schätzt, wie es ist, sollte eigentlich selbstverständlich sein, dennoch stelle ich immer wieder erstaunt fest, wie schlecht es manchen Leuten gelingt. Ganz gleich, in welchem Alter, ein Kind braucht die Anerkennung der Eltern, und sie ihm zu geben ist ein großes Geschenk. Nachdem Matt wieder zur Schule aufgebrochen war, traf ich mich zum Mittagessen mit meiner Freundin Liz, einer Mutter von Mitte 40, die sich gern als «geläuterte Anwältin» bezeichnet. Sie hatte ihren Job in einer großen Kanzlei aufgegeben, um sich ausschließlich um die Kinder zu kümmern, und leistete jetzt mehr ehrenamtliche Arbeit als alle anderen meiner Bekannten. Als ich ihr von Matts harmonischem Besuch berichtete, nahm sie es als Stichwort für die Sorgen mit ihrer Tochter, die im zweiten Jahr aufs College ging. Es gefiel Liz nicht, dass sie im Hauptfach Kunstgeschichte studierte («Da gibt es doch kaum Jobs») und eine Beziehung mit einem Spanier angefangen hatte («Was, wenn sie dorthin zieht?»). Liz versuchte ständig, Einzelheiten aus dem Leben der 19-Jährigen zu erfahren, die sich zugeknöpft gab und kaum noch anrief.

«Ich würde mich auch nicht bei dir melden, wenn ich davon ausgehen müsste, jedes Mal kritisiert zu werden», meinte ich schulterzuckend.

«Aber es ist konstruktive Kritik», verteidigte sich Liz.

«Du hältst sie vielleicht für konstruktiv. Deine Tochter dagegen hat das Gefühl, es zieht sie herunter. Versuch mal, ausschließlich positiv zu sein.»

Zuerst sah mich Liz ratlos an, dann schien sie es zu verstehen. Sie wusste bereits von meinem Selbstversuch und führte inzwischen ebenfalls ein Dankbarkeitstagebuch. Dass sie mit der gleichen Methode auch die Beziehung zu ihrer Tochter gestalten konnte, war ihr bislang nicht in den Sinn gekommen.

«Was schlägst du vor?», fragte sie.

«Etwas Fröhliches, Aufmunterndes und Kurzes», antwortete ich. «Eine SMS, in der du ihr deine Wertschätzung zeigst.»

«Machst du das so mit deinen Söhnen?», fragte Liz skeptisch.

«Ja», gab ich zu.

Wenn Liz nichts von ihrer Tochter hörte, so erklärte ich ihr, wecke das eine tiefe Sehnsucht, und sie wolle mehr über das Leben ihres Kindes wissen. Doch was der Liebe entsprang, klang am Ende oft nach Ärger. Wie ich inzwischen gelernt hatte, war das entscheidende Element nicht das Ereignis (dass ihre Tochter nicht anrief), sondern Liz' Reaktion darauf. Eigentlich wollte sie ihrer Tochter vermitteln: *Du bist das größte Geschenk meines Lebens. Ich bin ungeheuer dankbar, dich zu haben.*

Liz gab mir ihr Handy. «Du bist die Autorin. Was soll ich schreiben?»

«Das soll keine hochpoetische Ode werden», sagte ich. «Du brauchst keine Dichterin zu sein, um dich bei deiner Tochter zu bedanken, dass es sie gibt. Sei einfach ehrlich.»

Dann tippte ich: «*Hoffe, du hattest eine tolle Woche. Von mir nichts Aufregendes. Hab an dich gedacht und will dich nur kurz umarmen.*»

Ich gab Liz das Handy zurück.

«Nicht schlecht», sagte sie, nachdem sie den Text gelesen hatte.

«Übernimm, was dir gefällt. Aber so hatte ich es gemeint.»

Liz drückte rasch auf «Senden». Dann lehnte sie sich zurück und starrte auf den Bildschirm.

«Dankbarkeit erfordert keine rasche Antwort», gab ich zu bedenken. «Du tust es ebenso in deinem Interesse wie in ihrem.»

Am nächsten Tag berichtete mir Liz, ihre Tochter habe am Nachmittag ein Vorstellungsgespräch, und sie wolle ihr gern ein paar Kleidungstipps geben. Ich riet ihr ab. Es klang für mich zu sehr nach einer Ausrede, um Kontakt aufzunehmen.

«Eigentlich möchtest du sie doch bloß wissenlassen, dass du ihr die Daumen drückst», sagte ich und diktierte ihr ein paar Sätze, die sie verwenden konnte: «*Viel Glück beim Vorstellungsgespräch für den Ferienjob. Ich finde, du bist die Beste – und die Firma ganz gestimmt auch.*»

Fünf Minuten später berichtete mir Liz begeistert, dass sie eine Antwort bekommen habe. «*Danke, Mom! Melde mich später und gebe dir den Stand der Dinge durch.*»

Es war nur ein Teilerfolg, bestätigte aber meine Theorie. Wir alle wollen instinktiv mit Menschen zusammen sein, die uns schätzen und so annehmen, wie wir sind.

«Sie hat sich sogar bedankt», ergänzte Liz erfreut.

Dass sich Kinder in einem bestimmten Alter für etwas bei uns bedanken, ist selten und daher etwas Wunderbares und für die meisten Eltern ganz zu Recht eine große Freude. Oft erwarten sie es gar nicht. In der von mir betreuten Dankbarkeitsstudie empfanden junge Menschen zwischen 18 und 24 weniger Dankbarkeit als alle anderen Altersgruppen. Nicht einmal ein Drittel gab an, regelmäßig Dankbarkeit auszudrücken (bei den über 35-Jährigen waren es mehr als die Hälfte), und sie äußerten Dankesbezeigungen auch eher im Hinblick auf einen persönlichen Nutzen. Sie bedankten sich nämlich in der Hoffnung, dass andere künftig netter zu ihnen waren.

Dass Dankbarkeit bei den jüngeren Teenagern ein heikles Thema ist, erfuhr ich, als ich auf einer Party eine temperamentvolle Gruppe berufstätiger Mütter kennenlernte. Die meisten hatten Kinder in jenem Alter, und als sie von meinem einjährigen Dankbarkeitsprojekt hörten, verdrehten sie die Augen und gaben Stoßseufzer von sich.

«Ich bin wirklich sehr gespannt auf Ihr Buch, denn meine sind die undankbarsten Kinder der Welt», sagte eine. Eine andere wollte ihr den Titel sogleich streitig machen. Eine dritte Mutter berichtete, als sie ihren 15-jährigen Sohn im vergangenen Sommer in ein teures Ferienlager mit Computerkursen geschickt hatte, habe sie ihm vorgeschlagen, zum Dank doch ein paarmal in der Woche anzurufen. Diesen Wunsch konnte er offenbar nicht nachvollziehen. «Wofür soll ich mich bei euch bedanken, Mom? Ist es nicht normal, dass Eltern ihre Kinder ins Ferienlager schicken?»

Die anderen Mütter stöhnten bei diesen Worten wissend auf. Eine Frau, die ihre hockeybegeisterte Tochter regelmäßig zu Spielen in anderen Städten chauffierte, erklärte mir, die langen Fahrten machten ihr nichts aus, allerdings wünsche sie sich, dass ihr Aufwand von dem Mädchen anerkannt wurde. Darauf angesprochen, wehrte die junge Torhüterin jedoch ab: «Ich bin noch ein Kind. Da ich nicht selbst fahren kann, musst du es tun.»

Zu einem gewissen Grad mag dieses Verhalten von den chemischen Prozessen im Gehirn während der Pubertät herrühren. Wenn es den Anschein hat, dass die Jugendlichen nicht wissen, wie gut es ihnen geht, liegt es vermutlich daran ... dass sie es einfach nicht wissen. Woher auch? Ihr Gehirn ist nicht darauf ausgerichtet. Neurowissenschaftler haben herausgefunden, dass sich einzelne Bereiche des Gehirns zu unterschiedlichen Zeiten entwickeln, und der präfrontale Kortex, zuständig für Vernunft und Verhaltenskontrolle, gehört zu den späteren. Wie wir alle sind auch Kinder und Jugendliche zum Teil geprägt von neuronalen Verschaltungen. Daher müssen wir Eltern unseren (vermeintlich) besser entwickelten präfrontalen Kortex strapazieren, um ihnen zu zeigen, wo es langgeht.

Um mir in dieser Frage Rat zu holen, wandte ich mich an die Soziologin Christine Carter aus Berkeley, Kalifornien, die Familien zu einem glücklicheren Zusammenleben verhilft (ja, auch Kalifornier brauchen Glücksberater). Wenn eine Familie zu ihr in die Sprechstunde kommt, arbeitet sie mit ihnen oft Dankbarkeitsrituale aus. Beispielsweise kann jeder beim Abendessen erklären, was sie oder ihn dankbar macht. Oder die Familienmitglieder erinnern sich vor dem Schlafengehen gemeinsam an drei schöne Ereignisse des Tages. «Die guten Seiten des Lebens hervorzuheben macht Kinder jedes Alters belastbarer und hilft ihnen dabei, Ängste abzubauen», erklärte sie mir.

Ihre Patchwork-Familie war kürzlich größer geworden, und da sie nun mit insgesamt vier Kindern zwischen 11 und 14 zusammenlebte, hatte sie die von ihr seit Jahren empfohlenen Rituale auch bei sich zu Hause eingeführt. «Dankbarkeit soll nicht mühselig sein», sagte sie. Wenn sie oder die Kinder verreist waren, ließ sie sich von ihnen drei positive Erlebnisse des Tages per SMS schicken. Eine Nachbarin mit einem ausgesprochen schüchternen Sohn fand es zu schwierig, Dankbarkeit laut zu äußern. Deshalb schrieben alle Familienmitglieder vor dem Abendessen sogenannte «Dankbarkeitsmeldungen» auf Zettel und legten sie in eine Schachtel.

Ich fragte Christine, ob sich ihre Kinder dieser Methode schon einmal widersetzt hätten. «Sie sind mit Dankbarkeit als Teil ihres Lebens aufgewachsen, deshalb haben sie auch nicht diese Anspruchshaltung, wie sie mir manche Eltern beschreiben», erklärte sie. Ich musste sogleich an die Mütter auf der Party denken. Christine war von deren Klagen nicht weiter überrascht.

«Teenager mögen nicht wie Schachfiguren herumgeschoben werden», sagte sie. «Je mehr die Eltern ihre Kinder kontrollieren und die Anhäufung von Vermögen, Leistung und Ausbildung in den Mittelpunkt rücken, desto weniger wissen die Kinder, wer sie sind und was sie selbst wollen.»

Damit wären wir wieder bei den undankbaren jungen Menschen aus meiner Umfrage. Als ich im Zug der Studie der John-Templeton-Stiftung einige Teilnehmer zu Gruppendiskussionen zum Thema Dankbarkeit einlud, waren die meisten – darunter Fachleute, berufstätige Eltern und Vollzeitmütter – von dem Thema spontan begeistert. Einige erklärten, sie hätten noch nie groß über Dankbarkeit nachgedacht, verspürten nach der Sitzung jedoch das Bedürfnis, ihr in ihrem Leben einen größeren Stellenwert einzuräumen. «Das war ein toller Nachmittag, der mein Leben verändert hat», schrieb mir eine Frau später per E-Mail.

Ganz anders verliefen die Gespräche mit den jungen Menschen. Vor allem die Jugendlichen im College-Alter (und die jungen Erwachsenen Anfang 20, die gerade ins Berufsleben eintraten) waren so angestrengt damit befasst, sich selbst zu finden, dass sie kaum über den Tellerrand hinausschauen konnten. Viele empfanden das Konzept der Dankbarkeit als solches schon fast als Anmaßung.

«Ich hasse es, wenn ich das Gefühl habe, jemandem etwas schuldig zu sein», erklärte Greg, ein 22-Jähriger aus Boulder, Colorado. «Ich mag es nicht, wenn man mir etwas schenkt oder einen Gefallen tut. Das ist mir peinlich.»

Andere in Gregs Gruppe stimmten ihm sogleich zu und hoben hervor, die Menschen, denen sie sich am allerwenigsten verpflichtet fühlen wollten, seien ihre Eltern. Eine junge Frau rümpfte tatsächlich die Nase, als man sie fragte, ob sie ihrer Familie dankbar sei. «Ich kann vielleicht zu dem Verkäufer im Feinkostladen ‹Danke› sagen, aber meine Eltern kommen nur ihrer naturgegebenen Aufgabe nach. Selbst Affen kümmern sich um ihre Kinder.»

Soso, Eltern gleich Affen. Wenn wir lediglich unsere biologische Aufgabe erfüllen, warum sollten sich unsere Kinder dann bei uns bedanken? Zur biologischen Aufgabe der Kinder gehört es, unabhängig zu werden – da ist Dankbarkeit anscheinend nicht angebracht. Die jungen Teilnehmer an meiner Gesprächsgruppe waren allesamt noch auf die Hilfe ihrer Eltern angewiesen, wollten das jedoch nicht wahrhaben.

Greg schilderte, als er sich die erste eigene Wohnung nicht leisten konnte, habe ihm sein Vater angeboten, die Kaution zu zahlen. «Es hat mir nicht gepasst, weil ich unbedingt auf eigenen Füßen stehen wollte. Am Ende habe ich das Geld angenommen, aber nur widerstrebend», sagte er.

Eine junge Frau namens Emma verstand das nur zu gut. Sie hatte gerade das College im Westen von Massachusetts abgeschlossen, und ihre Eltern zahlten ihr die Miete, solange sie ein Praktikum beim Film machte. «Ich fühle mich völlig verquer. Sobald Dankbarkeit in mir aufkommt, entstehen in mir Schuldgefühle und Wut, von meinen Eltern abhängig zu sein. Die Schuldgefühle überlagern die Dankbarkeit.»

Nach allem, was sie erzählten, hatten die Teenager mustergültige Eltern: großzügig und voller Bereitschaft, den Kindern einen guten Start ins Leben zu ermöglichen. Doch statt sie mit Dank zu überschütten, nahmen sie das Angebotene zwar an, empfanden aber zugleich Ablehnung.

«Hier geht es vor allem um Kontrolle. Man möchte es allein schaffen und nicht das Gefühl haben, dass jemand einem geholfen hat», erklärte Greg.

Der innere Konflikt und die Verwirrung zeigen sich am deutlichsten im Fall des schlanken, dunkelhaarigen 18-jährigen Akil. Er hatte, wie er schilderte, ein Vollstipendium von einem kleinen städtischen College erhalten, das neben der Ausbildung auch «ein Zimmer, einen Laptop, Taschengeld und all so was» umfasste.

Man sollte meinen, ein Geschenk im Wert von 50 000 Dollar pro Jahr wäre selbst für den verwirrtesten jungen Menschen Grund genug für ein bisschen Dankbarkeit. Akil sah das anders. Leise erklärte er, eigentlich sei es sein Traum gewesen, auf die für ihre Basketballmannschaft berühmte Duke University zu gehen, wo er echt coole Freunde haben und richtig große Basketballspiele sehen könne. Er hatte das großzügige Stipendium zwar angenommen und wusste, dass er in dem kleinen College viel lernen würde, zweifelte aber jede einzelne Minute an seiner Entscheidung.

«Natürlich bin ich dankbar, dass ich das Stipendium bekommen habe und so, aber es ärgert mich auch, weil ich eigentlich was anderes wollte», meinte er traurig.

Was soll man dazu sagen, wenn sich jemand darüber ärgert, dass er sein Studium ohne Schulden abschließen wird? Diese jungen Leute waren in den Genuss zahlreicher Wohltaten gekommen, schienen sie aber offenbar nicht zu würdigen. Waren sie allesamt verzogen? Das glaubte ich nicht. Auf mich wirkten sie einerseits wie typische Vertreter ihres Alters, die im Grunde ihres Herzens wissen, wie gut es ihnen mit all der Unterstützung geht – sei es eine Kaution, ein Stipendium oder ein Sicherheitsnetz –, die andererseits jedoch nach wie vor gelegentlich unter kleinkindlichen Trotzanfällen à la *Ich will es aber alleine schaffen!* leiden.

Sich bei ihren Eltern zu bedanken stand eindeutig nicht zur Debatte. Anscheinend hatten sie trotzdem das nagende Gefühl, die offene Rechnung irgendwie begleichen zu müssen. Emma erklärte, um ihren Eltern ihre Dankbarkeit zu zeigen, habe sie sich entschlossen, sich ihnen gegenüber so perfekt wie möglich zu verhalten.

«Meine Mutter hat mir mal erzählt, dass sie vierundzwanzig Stunden mit mir in den Wehen lag und mir später mein Studium finanziert hat. Also werde ich ein braves Mädchen sein und als Gegenleistung ähnlich unangenehme Dinge für sie tun», sagte sie schnippisch.

Und was wäre das?

Sie dachte einen Moment lang nach, nachdem ich sie gefragt hatte.

«Jetzt hab ich's», meinte sie triumphierend. «Manchmal musste ich dasitzen und mir vierzig Minuten lang anhören, wie irgendwelche Tiere ihr Gemüse im Garten fressen. Ich weiß, das ist keine große Sache, aber glaubt mir, Spaß macht das nicht.»

Emma meinte also, ein Gespräch über Wühlmäuse sei ein gerechter Ausgleich – und ein perfekter Dankbarkeitsbeweis – für all das, was ihre Eltern für sie getan hatten. Das erinnerte mich an ein wunderbares Gedicht von Billy Collins, dem als «United States Poet Laureate» ausgezeichneten Lyriker, über ein Schlüsselband, das er als Kind im Ferienlager für seine Mutter geknüpft hatte. *«Sie gab mir das Leben und die Milch ihrer Brust, und ich gab ihr ein Schlüsselband»*, heißt es darin und am Ende: «*Und so sicher, wie sich ein Junge nur sein kann, wusste ich, dieses nutzlose Ding, geknüpft aus Langeweile, sei genug, um es ihr zu vergelten.*»

Dieses Gedicht bringt gewöhnlich jeden zum Schmunzeln, weil es so nachvollziehbar und mitten aus dem Leben gegriffen ist. Peter Salovey, Präsident der Yale University, zitierte es in seiner Rede auf einer Abschlussfeier in voller Länge und fügte hinzu: «Die Notwendigkeit, uns zu bedanken, macht uns bewusst, dass wir nicht alles in unserem Leben beeinflussen können, dass wir vielleicht Verpflichtungen haben, abhängig und nicht ganz Herr unseres Schicksals, dass wir in der Tat gelegentlich verletzlich sind.»

Kein junger Erwachsener mag sich anderen verpflichtet, verletzlich oder gar dem Schicksal ausgeliefert fühlen. Präsident Salovey fuhr jedoch fort, eventuell könne man nicht zu wahrem Glück gelangen, «ehe man sich eingesteht, dass totale Eigenständigkeit ein Mythos ist. Womöglich erfüllt sich unser Wunsch nach einem guten Leben erst dann, wenn wir imstande und bereit sind, Hilfe anzunehmen und anderen für diese Hilfe unseren Dank auszudrücken.»

Wie also lässt sich die Bereitschaft zu danken am besten fördern? Wie vermitteln wir Jugendlichen eine andere Perspektive, um ihnen zu verdeutlichen, dass der Besuch eines teuren Ferienlagers oder die Finanzierung des Studiums nicht zu ihren Grundrechten gehört? Dass wir vielleicht (aber auch nur vielleicht) alle miteinander verbunden sind und sie mehr Glück haben, als ihnen bewusst ist?

Ich dachte an die Gespräche über diese Frage, die ich mit dem Schauspieler Matt Damon geführt hatte, als wir gemeinsam an einigen Zeitschriftenartikeln arbeiteten. Matt war nicht nur gut aussehend und charmant, sondern auch klug, nachdenklich und grundehrlich. Bei unserer ersten Begegnung erzählte er mir von einem Magneten mit einem Gandhi-Zitat, den seine Mutter, eine Pädagogin aus dem Raum Boston, in seiner Kindheit am Kühlschrank kleben hatte. «Mag dir das, was du tust, auch noch so unbedeutend erscheinen, es ist wichtig, dass du es tust», stand darauf.

«Ich bin damit aufgewachsen, dass man teilt, was man hat, und meine Kinder sollen das ebenfalls lernen», sagte er. Als Jugendlicher bekam er ein Taschengeld von fünf Dollar pro Woche. Nach einer Weile spendete er einen Großteil davon denselben Organisationen, die auch seine Mom unterstützte.

«Bitte überlegen Sie gut, wie Sie das schildern, damit es nicht zu sehr nach Gutmensch klingt.»

Eines Nachmittags saßen wir in der Polo Lounge des Beverly-Hills-Hotels, wo üblicherweise Film-Deals eingetütet, Gewinnbeteiligungen ausgehandelt und die allerneuesten Drehbücher diskutiert werden. Matt trank einen Cappuccino und schilderte mir, wie er um die Welt gereist war, um ein besseres Verständnis von der Armut auf der Erde zu bekommen.

«Zwischen 20 und 30 habe ich mich ganz auf meine Karriere konzentriert», sagte er, «und das war auch in Ordnung. Aber inzwischen bin ich gut im Geschäft. Ich habe eine Familie, und meine Kinder sollen sehen, dass ihr Dad auch noch andere Dinge im Kopf hat als das nächste Fotoshooting.»

Verbesserungen in der Welt anzustoßen, in seinem Interesse wie auch in dem seiner Kinder, war für ihn gar nicht so leicht. Jemand, der mit George Clooney befreundet ist und in Hollywood mit Blockbustern wie *Die Bourne-Identität* (und den diversen Fortsetzungen) ein Vermögen verdient hat, wird nicht unbedingt immer ernst genommen. Er erzählte mir, wie er bei einer Afrikareise auf das Problem der Flüchtlinge aufmerksam geworden sei. Als er später für die BBC interviewt wurde, fragte ihn der Reporter leicht herablassend, ob eine prominente Persönlichkeit wie er tatsächlich etwas ändern könne.

«Wir hatten gerade 15 Minuten im Radio über Simbabwe gesprochen», berichtete Matt mir lachend. «Da habe ich ihm gesagt, er soll sich mal überlegen, ob er dieses Thema ohne mich überhaupt angeschnitten hätte.»

Vor einigen Jahren war Damon wegen der Dreharbeiten des Films *Invictus – Unbezwungen* in Südafrika. Unter der Regie von Clint Eastwood verkörperte er einen Rugby-Spieler, dem eine Schlüsselrolle zufiel, als sich Nelson Mandela in der Nach-Apartheid-Ära um Versöhnung bemühte, um die Wunden der Vergangenheit zu heilen. Matt Damon war in Begleitung seiner Familie an den Drehort gereist und spielte mit dem Gedanken, seine älteste Tochter, damals gerade zehn Jahre alt, zu einer Fahrt in die Townships von Johannesburg mitzunehmen. Er fragte Co-Star Morgan Freeman (im Film Nelson Mandela), wie er ihr die Armut und das Elend erklären sollte. Warum war das Leben dieser Menschen so anders als ihr eigenes?

«Morgan meinte: ‹Du brauchst ihr gar nichts zu erklären. Sie soll es sich einfach nur ansehen. Weitere Unterweisungen sind unnötig.› Das war der beste Rat, den er mir geben konnte. Meine Tochter schaute und schaute und nahm alles in sich auf. Solche Erfahrungen können ein Leben nachhaltig verändern.»

Matts Herangehensweise war ganz richtig, denn wie sich gezeigt hat, ist Einfühlungsvermögen die Grundvoraussetzung für Dankbarkeit – und für das, was Psychologen inzwischen als «emotionale Intelligenz» bezeichnen. In einer ganzen Reihe von Studien zu Gehirn und Verhalten hat man herausgefunden, dass der Intelligenzquotient eines Menschen nur zu 20 Prozent für seinen späteren Erfolg verantwortlich ist. Ganze 80 Prozent beruhen auf anderen Faktoren, die letztlich allesamt mit Emotionen in Verbindung stehen. Wenn Jugendliche einen gewissen Abstand zu sich selbst gewinnen und sich vorstellen können, wie ihre Mitmenschen sich fühlen, können sie auch besser auf deren Emotionen reagieren – und ihre eigenen erkennen. Außerdem schätzen sie dann nicht nur das, was sie haben, sondern auch das, was andere für sie tun.

Man braucht kein Star zu sein oder nach Südafrika zu fahren, um das eigene Einfühlungsvermögen zu schulen. In seiner Zeit auf der Highschool half mein Sohn Matt ehrenamtlich im New Yorker South Street Seaport Museum aus und war zur Renovierung des *Wavertree* eingeteilt, einem Windjammer aus dem Jahr 1885 und einem der letzten aus Eisen geschmiedeten Schiffe, die noch erhalten sind. Eines Tages sollte er den Rost vom Rumpf klopfen, und nach mehreren Stunden harter Arbeit war er müde, verschwitzt und verdreckt. An seinen

Händen klebten schwarze Eisenspäne, er hatte sogar Spuren davon im Gesicht. Als er auf dem Heimweg in den öffentlichen Verkehrsmitteln auf den Sitz sank, merkte er, dass die Leute ihn misstrauisch beäugten und einige sogar ein Stück von ihm abrückten.

Als er uns das Erlebte am Abend beim Essen schilderte, war er nachdenklich – und auf einmal so dankbar für sein Leben, wie es ein 15-Jähriger nur sein kann.

«Als ich schmutzig war und die Arbeitsstiefel anhatte, haben mich die Leute wie einen ganz anderen Menschen behandelt», sagte er. «Da ist mir klargeworden, was für ein Glück ich habe, dass ich an der *Wavertree* arbeiten kann, weil es mir Spaß macht, und nicht, weil ich muss.»

Diesen Blick von einer anderen Warte vergaß er nie. Er hinterließ bei ihm einen stärkeren Eindruck als tausend Vorhaltungen unsererseits, er habe es doch so gut. Wie Matt Damon brauchte ich kein Wort zu sagen.

Die Unterweisung in Werten wie Dankbarkeit zählt zu den Anliegen des britischen Jubilee Centre for Character and Virtues. Ich stand in E-Mail-Kontakt mit dem Direktor James Arthur, und obwohl das Institut seinen Sitz in Birmingham hat, erklärte er sich bereit, mich bei seinem nächsten London-Aufenthalt zu treffen.

Da ich nun einen Vorwand hatte, in eine meiner Lieblingsstädte zu reisen, buchte ich den günstigsten Nachtflug nach London, den ich ergattern konnte. Nach meiner Ankunft in den frühen Morgenstunden war ich viel zu aufgedreht für einen

Jetlag, deshalb spazierte ich durch den Hyde Park, stattete dem British Museum einen Besuch ab und aß bei Fortnum & Mason zu Mittag (Dankbarkeit, dein Name ist Scones mit dicker Sahne). Am nächsten Morgen nahm ich ein Taxi und ließ mich von meinem Hotel in der Nähe der Kensington Gardens zu dem ehrwürdigen Athenaeum Club an der Pall Mall fahren, der 1824 als Treffpunkt von Künstlern und Intellektuellen gegründet worden war.

James Arthur, ein distinguierter Herr mit grauen Haaren und einem festen Händedruck, begrüßte mich in der weitläufigen Eingangshalle und ging dann mit mir über die imposante Treppe in den ersten Stock. Dort besichtigten wir eine Reihe großer, eleganter Räume, darunter eine Bibliothek mit deckenhohen Bücherregalen aus Holz (und keinem einzigen Kindle), ehe wir auf den Ledersofas im Frühstückszimmer Platz nahmen. Bei einer Tasse Tee unterhielten wir uns dann über sein Anliegen, Dankbarkeit und andere moralische Werte im Schulunterricht zu verankern.

«Den jungen Menschen Tugenden zu vermitteln kann ihr ganzes Leben verändern», erklärte er. Sein Team hatte in sieben verschiedenen pädagogischen Einrichtungen verfolgt, wie dort der moralische Charakter der Kinder und Jugendlichen gefördert wurde, angefangenen beim College von Eton (gegründet von Henry VI. im Jahr 1440) bis hin zu einer Grundschule in Birmingham, die vor allem Kinder mit Lernschwierigkeiten besuchten. «Wir befassen uns mit neuen Methoden der Charakterbildung, um jungen Menschen einen Weg aufzuzeigen, wie sie ihre Ichbezogenheit überwinden können.»

Eine Möglichkeit zur Förderung von Dankbarkeit sieht das Jubilee Center in dem von ihm gesponserten Filmwettbewerb

The Thank You! Film Award für Jugendliche unter 16 Jahren, unterteilt in mehrere Altersgruppen. Die aus dem ganzen Land eingereichten Beiträge wurden in Kinos gezeigt, damit die jungen Menschen ihre Kurzfilme auf einer großen Leinwand sehen konnten. Das Spektrum derer, denen darin gedankt wurde, war groß: von Kämpfern für Menschen- und Frauenrechte bis hin zu Ärzten des staatlichen britischen Gesundheitssystems. Die Jüngsten dankten ihren Vätern, den in Großbritannien «Lollipop Ladys» genannten Schulweghelferinnen und den Hummeln.

Wenn Fünfjährige Dankbarkeit gegenüber Hummeln empfinden, hat jemand vermutlich etwas richtig gemacht.

James Arthur verband damit die Hoffnung, unsere Welt durch die Ermutigung zu mehr Dankbarkeit wärmer und einladender zu machen. Bei der zweiten Tasse Tee wurde mir klar, dass er ein zutiefst gläubiger Mensch war. Er betonte jedoch, dass sich das Jubilee Centre an eine, wie er es nannte, «postreligiöse Sprache» halte. Er vertrat die Ansicht, in unserer immer stärker säkularisierten Welt dürfe man Charakterbildung und moralische Werte nicht vernachlässigen, allerdings müssten wir einen neuen Zugang dazu finden. Dankbarkeit sei kein ausschließlich religiöses Konzept, sondern ein zutiefst menschliches, und es sei seit jeher die Aufgabe der Pädagogik, junge Menschen auf die Zukunft vorzubereiten. Würde die Zukunft nicht viel hoffnungsvoller aussehen, wenn sie von der Güte und dem Mitgefühl geprägt sei, die aus Dankbarkeit erwüchsen?

Ich nickte und schluckte schwer. Für James Arthur und seine Kollegen waren die Forschungen zum Thema Dankbarkeit nicht bloß nüchterne Sozialpsychologie. Indem sie zu ergründen versuchten, wie sich Dankbarkeit in der kommenden Generation fördern ließe, setzten sie sich für eine bessere Welt ein.

Zurück in New York, wurde mir klar, dass mein Selbstversuch, ein von mehr Dankbarkeit geprägtes Leben zu führen, eine größere Dimension hatte. Dankbarkeit konnte in der Schule zwar nicht den Mathe- und Naturkundeunterricht ersetzen (obwohl das einigen Schülern sicher sehr recht wäre), aber sie gewann zusehends an Boden. Immer häufiger thematisierten Schulen auch zwischenmenschliches Verhalten, unter anderem ergriffen sie Maßnahmen, um Mobbing gegen Einzelne zu unterbinden, oder halfen Schülern mit Lernschwierigkeiten. Wie auch James Arthur gesagt hatte, gehörte dies alles in den größeren Bereich der Entwicklung moralischer Werte. Ich entdeckte einen Artikel über eine private Grundschule in Colorado, in der die Lehrer versuchten, Dankbarkeit in den Unterricht zu integrieren. Die jüngeren Schüler erarbeiteten gemeinsam, was sie dankbar machte, und die Viert- und Fünftklässler führten ein Dankbarkeitstagebuch. Seitens der Schulleitung hieß es schlicht: «Wenn Sie Kindern Dankbarkeit beibringen, werden sie später auch Erfolg haben.»

Was die Schule in der Hinsicht noch nicht leistet, sollten die Eltern übernehmen. Wenn wir unseren Kindern vor Augen führen wollen, wie gut sie es haben, brauchen sie einen Vergleichswert, und dies erfordert einen weiteren Horizont. Beispielsweise könnten jene Mütter, die sich über die Undankbarkeit ihrer Teenager beklagen, mit ihnen am Samstagmorgen in eine Suppenküche gehen anstatt zum Einkaufsbummel. Das ist vielleicht nicht ganz so amüsant, aber auf lange Sicht eindeutig der bessere Deal. Oder sie probieren es mit meinem Lieblingsrezept: Man sammelt alle Spendenaufrufe, die mit der

Post kommen, packt sie in einen großen Korb und setzt sich an einem Abend mit der ganzen Familie zusammen, um sie durchzusehen. Die Erwachsenen bestimmen die Obergrenze, und die Kinder entscheiden, wie das Geld verteilt wird. Eltern können im Alltag auch einfach mit gutem Beispiel vorangehen. Normalerweise benutze ich weder Instagram noch Twitter oder Pinterest, aber man sollte sich hin und wieder dort aufhalten, wo die Kinder sind. Warum kann nicht jedes Familienmitglied einmal in der Woche ein Bild posten oder auf andere Weise veröffentlichen, um zu zeigen, was seine Wertschätzung geweckt hat: der Freund oder die Freundin, eine Schneeflocke, ein Sonnenuntergang. Wenn die sozialen Medien ein fester Bestandteil im Leben der Kinder sind, trägt die gemeinsame Erfahrung womöglich dazu bei, dass sie die Welt mit anderen Augen sehen.

Bei meinen Recherchen zum Thema Dankbarkeit und Kinder stieß ich auf einige aktuelle Studien, die ein gewisser Yarrow Dunham an der University of Princeton durchgeführt hatte. Als ich ihn am Telefon erreichte, erklärte er mir, er sei inzwischen Professor in Yale.

«Meine Frau forscht über die französische und italienische Musik des Mittelalters, genauer gesagt des 14. Jahrhunderts, und ich bin Psychologe. Wir sind beide nach Yale berufen worden. Muss man da nicht dankbar sein?», erzählte er mir begeistert.

Zum Forschungsgebiet seiner Frau konnte ich nicht viel sagen, seine Untersuchungen waren hingegen sehr interessant. In einigen bedeutenden Studien hatte er sich mit der Frage befasst, wie soziale Gruppen entstehen, etwa Gruppen wie die Anhänger der New York Yankees oder die sozialen Kasten der Hindu. Inzwischen leitete er ein Institut, das Social Cognitive Development Lab, das sich mit der spontanen Gruppenbildung bei Kindern befasste. (Teilt man ihnen beispielsweise nach dem Zufallsprinzip rote oder blaue T-Shirts zu, entwickeln sie im Nu eine glühende Loyalität zu einer Gruppe, die es zwei Minuten zuvor noch gar nicht gab). In einem angegliederten Projekt analysierte er, welche Faktoren Kinder zu Dankbarkeit anregten. Wie James Arthur leitete auch ihn die Frage, ob Dankbarkeit die Grundlage für weitere moralische Werte sein könnte.

«Erwachsene unterscheiden zwischen Dankbarkeit und Verpflichtung», erklärte er mir. «Verpflichtung ist eine Schuld, die getilgt werden muss. Dankbarkeit ist hingegen eine Empfindung, die aus etwas Gutem erwächst, wenn man glücklich und mit der Welt im Einklang ist. Es entsteht dann nicht das Gefühl, jemandem etwas schuldig zu sein, sondern der Wunsch, anderen etwas zu geben. Kinder neigen allerdings nicht unbedingt zu der geistigen Akrobatik, die für diese Unterscheidung nötig ist.»

In einer mit seinem Kollegen Peter Blake an der Boston University durchgeführten Studie händigte Dunham Kindern im Alter zwischen vier und acht Jahren ein Geschenk wie ein Heftchen mit Aufklebern oder ein Klebetattoo aus, wenn sie im Institut eintrafen. Einigen erklärte er, damit wolle er sich dafür bedanken, dass sie zu ihm gekommen seien – was Dunham als «Geschäft auf Gegenseitigkeit» bezeichnete. Den anderen gegenüber behauptete er, das Geschenk stamme von einem Kind, das ihnen etwas von seinem Lieblingsspielzeug abgeben wolle.

Anschließend spielte man ein Spiel, bei dem ein jedes Kind zehn Fruchtbonbons bekam, die es entweder für sich behalten oder mit einem anderen Kind teilen konnte. Prompt waren jene, die beschenkt worden waren, viel eher bereit zu teilen als jene, die das Spielzeug als Ausgleich für den Besuch im Institut bekommen hatten. Selbst bei den ganz Kleinen sorgte ein bisschen Dankbarkeit dafür, dass sie anderen etwas abgeben wollten.

Evolutionsbiologen haben das Phänomen des wechselseitigen Gebens und Nehmens, der sogenannten «Reziprozität», untersucht. Wenn du etwas für mich tust, dann mache ich auch was für dich, und schon ziehen wir am selben Strang. Reziprozität ist die einfachste Form der Dankbarkeit. Mehrfach hat man sie in Studien auch bei Tieren nachgewiesen, die bei der Fellpflege und beim Teilen der Nahrung jene Artgenossen bevorzugen, die Gleiches für sie getan haben.

Kürzlich sah ich in einem Film ein anrührendes Beispiel für Dankbarkeit bei Tieren. Die Primatologin Jane Goodall und eine Kollegin hatten eine Schimpansin, die sie Wounda nannten, vor dem Tod gerettet. Nachdem sie das Tier gesundgepflegt hatten, wollten sie es auf einer bewaldeten Insel wieder in die Freiheit entlassen. Die schlanke Schimpansin zog los und wollte sich bereits in die Büsche schlagen, als sie innehielt und zurückkam. Sie kletterte an Jane Goodall hoch und schlang die Arme um sie, hielt sie lange und liebevoll umschlungen, so, wie wir es alle mögen. Dann stieg sie wieder herunter und lief davon. Bei diesen Bildern denkt man unwillkürlich: Dieser Affe ist wirklich dankbar!

Dunham wies nur zu gern darauf hin, dass Dankbarkeit bei Kindern (den wahren im echten Leben) über reine Reziprozität hinausgeht. Jene, die sich beschenkt fühlten, teilten ihre Fruchtbonbons ja mit anderen Kindern. Es war also keine durch Wiedergutmachung oder Verpflichtung motivierte Geste. Stehen wir dadurch in der evolutionären Entwicklung vielleicht doch ein paar Stufen über den Schimpansen?

«Dankbarkeit geht über das gegenseitige Rückenkratzen hinaus und erzeugt ein breites Netzwerk von Möglichkeiten», sagte der Wissenschaftler und fügte ganz gegen seine sonstige akademische Attitüde begeistert hinzu: «Das ist wirklich cool.»

Als Nächstes möchte Dunham untersuchen, ob und wie Dankbarkeit bei Kindern und Erwachsenen einen «sich selbst erhaltenden Kreislauf an guten Taten» erzeugen kann. Ein dankbares Kind tut etwas für ein anderes, dieses tut etwas für das nächste und immer so weiter, bis die gute Tat schließlich (zumindest in der Theorie) wieder zum ersten Kind zurückkommt. Das sogenannte «prosoziale Verhalten» erscheint ansteckend.

Da mich auch die weniger positive Seite von Dunhams Forschungen interessierte, erkundigte ich mich, ob jene Kinder, die meinten, das Geschenk verdient zu haben (weil sie ins Institut gekommen waren), überhaupt keine Dankbarkeit empfanden. Damit ließe sich zumindest teilweise das Verhalten der Teenager erklären.

«Gute Frage», sagte er, ehe er sie geistreich beantwortete. «Teenager haben ein Anspruchsdenken, das Dankbarkeit keinen Raum lässt. Wenn sie sich zurechtgelegt haben, dass es die Aufgabe ihrer Eltern oder der Gemeinschaft ist, sie mit den gewünschten Dingen zu versorgen, dann erfüllen die Eltern in ihren Augen lediglich ihre Verpflichtung. Dies ist keine Haltung, aus der Dankbarkeit erwachsen kann.»

Mir gefiel seine Arbeit, und ich versprach, mit ihm in Kontakt zu bleiben. Nachdem ich aufgelegt hatte, überlegte ich, ob das Problem mit den «undankbaren» Jugendlichen und 20-Jährigen aus der unklaren Abgrenzung zwischen Verpflichtung und Dankbarkeit herrühren könnte. Niemand von uns fühlt sich verpflichtet, seine Sprösslinge ins Ferienlager zu schicken oder ihnen Kaschmirpullover zu kaufen. Doch wenn die Kinder es als «Geschäft auf Gegenseitigkeit» betrachten, sollten sich die Mütter, die für ihre guten Taten ein «Danke» hören möchten, vielleicht etwas mehr zurückhalten.

Aber haben wir nicht alle viel zu wenig gewürdigt, was unsere Eltern für uns getan haben? Mein Vater stammte aus einer sehr armen Familie und musste hart arbeiten, um sich das Studium an der Boston University leisten zu können. Er war stolz darauf. Leider fehlte ihm das Geld, um am Abschlussball teilnehmen zu können, deshalb ließ er sich darauf ein, an jenem Abend am Eingang zu sitzen und seinen finanziell bessergestellten Kommilitonen die Eintrittskarten zu verkaufen. Sie an sich vorbeiziehen zu sehen, als sie zum Tanzen gingen, verursachte in ihm einen Schmerz, den er auch 30 Jahre später noch spürte. Ich selbst stand eine Woche vor meinem eigenen Abschlussball, als er mir davon erzählte, und erst da wurde mir bewusst, wie dankbar meine Geschwister und ich sein konnten, dass er für unsere Studiengebühren aufkam. Die Opfer, die er für uns brachte, rührten mich, daher bat ich ihn großmütig, mit mir zusammen einen Plan auszuarbeiten, um ihm die Gebühren zu erstatten, sobald ich dazu in der Lage war.

«Du kannst dich gerne revanchieren, allerdings nicht mit Geld», sagte mein lieber Vater, «sondern indem du das Gleiche für deine Kinder tust.»

Damals verstand ich es nicht wirklich, doch heute würde ich meine Söhne genauso darum bitten. Gib es nicht zurück, sondern gib es weiter. Das ist die wunderbarste Art, seine Dankbarkeit auszudrücken. Zugleich nähern wir uns damit den Zielen von James Arthur und Yarrow Dunham an, die Dankbarkeit als einen ersten Schritt zu einer besseren Welt verstehen.

Am besten wäre es vermutlich, wenn Eltern Dankbarkeit vorleben und ein ausgewogenes Verhältnis zwischen ihren Plänen für die Zukunft und der Wertschätzung von Ereignissen und Dingen in der Gegenwart fänden. Leider gelingt uns das nicht immer. Mein älterer Sohn Zach verhielt sich in seiner Kindheit oft derart souverän, dass wir als Eltern nichts Besseres tun konnten, als zurückzutreten und zu bewundern, was er tat. In der Mittelstufe fiel ihm auf, dass sich Erwachsene regelmäßig erkundigten, an welchem College er sich später mal bewerben wollte.

«Als würde gar nicht zählen, was ich jetzt gerade mache», beschwerte er sich damals.

Er lernte rasch, in solchen Momenten das Thema zu wechseln (er ist ausgesprochen clever), aber als er dann studierte, interessierten sich dieselben Leute für nichts anderes als seine Karrierepläne. Was war mit den Kursen, den Professoren und den aufregenden Experimenten, die er im Physikinstitut durchführte? Irgendwie besaß Zach die natürliche Gabe, den Augenblick zu schätzen. In seinem ersten Jahr in Yale wohnte er mit drei Kommilitonen in derart beengten Verhältnissen, dass er über das Etagenbett steigen musste, um zu seinem Schreibtisch zu gelangen. Doch das Zimmer lag auf dem Old Campus, einem Ende des 19. Jahrhunderts nach dem Vorbild von Oxford und Cambridge gebauten Kolleghof.

Einmal standen wir bei einem meiner Besuche in der Einfahrt, als die Glocke der Kapelle zu läuten begann, während das Licht der Sonne von dem jahrhundertealten Gemäuer zurückgeworfen wurde. Ich fragte mich gerade, ob ein 18-Jähriger diese Szenerie würdigen konnte, als Zach mit einer ausholenden Armbewegung auf das Bild wies und mich bat, einen Moment stillstehen zu bleiben.

«Jeden Morgen, wenn ich vor die Tür gehe, nehme ich mir die Zeit, sehe mich um und freue mich, dass ich hier bin. Ich werde nie wieder die Möglichkeit haben, an einem Ort wie diesem zu wohnen. Es soll für mich nicht zur Selbstverständlichkeit werden», sagte er.

Dass er die beengte Wohnsituation ignorierte und stattdessen den Zauber des Ortes in sich aufnahm, erstaunte mich.

Als Eltern können wir Dankbarkeit nicht nur empfinden, sondern auch lehren. Wir können den Kindern helfen, ihre Erfahrungen in einen neuen Zusammenhang zu stellen und ihren Blickwinkel zu erweitern. Etwas später dann kann es in schweren Zeiten sehr hilfreich sein, wenn man Verständnis für die geistige Verfassung von Teenagern aufbringt, die sie daran hindert, Dankbarkeit auszudrücken. Ich würde gern behaupten, dass Zachs dankbare Grundhaltung auf mich zurückgeht, und berichten, welche meiner Maßnahmen sie in ihm geweckt haben. Doch in Wahrheit hat er sie ganz allein entwickelt.

Wenn ich mir meine Kinder anschaue, erfüllt mich eine ungeheure Dankbarkeit. Dafür, dass es sie gibt und ich von ihnen lernen durfte.

4

Jammern verboten!

Ungeheuer dankbar, nicht mehr zu jammern!

Dankbar, dass ich mich über das Wetter freuen kann, egal, wie kalt es ist

Froh über die Entdeckung, dass eine positive Einstellung meine Grundstimmung ändert

Inzwischen suchte ich nach weiteren Bereichen meines Alltags, die ich ändern konnte, nachdem Dankbarkeit schon die Beziehungen zu meinem Mann und meinen Söhnen verbessert hatte. Als ich mich an einem kalten Wintertag vorsichtig auf dem vereisten Bürgersteig vorantastete, dachte ich trocken, dass es eine Sache gab, an der Dankbarkeit nichts ändern konnte: das Wetter.

Halt! Warum eigentlich nicht?

Jeder, dem ich unterwegs begegnete, zitierte den Wetterbericht und stellte fest, dass sich die fünf Grad plus wegen des kalten Windes wie fünf Grad minus anfühlten. Eines Morgens stimmte ich beim Bäcker, an der Bushaltestelle und im Fahrstuhl so bereitwillig in die allgemeinen Klagen ein, dass ich von dem Gejammer ganz erschöpft war, als ich schließlich im Konferenzraum eintraf.

Mein Dankbarkeitstagebuch enthielt keine Zaubersprüche,

die an einem Wintertag für karibischen Sonnenschein sorgten (ich glaube, das hätte nicht einmal Harry Potter hinbekommen), trotzdem gab es etwas, das ich mit der schrecklichen Kälte tun konnte, die die Ostküste und einen Teil des Mittleren Westens lähmte. Ich konnte aufhören zu jammern. Wenn ich an jedem Tag das Gute entdecken wollte, musste ich die Probleme des Alltags (so weit wie möglich) ignorieren. Dankbarkeit sollte nicht für besondere Anlässe reserviert bleiben. Und so sah ich allmählich den Plan für diesen Monat vor mir. Ich würde aufhören, mich über das Wetter zu beklagen, und dem Alltag mit mehr Dankbarkeit begegnen.

Wenn Menschen über das Wetter klagen, wissen sie ganz genau, dass es sich dadurch nicht ändert – sie finden es einfach nur tröstlich zu jammern. Dahinter steht die populäre Devise: «Man muss seinen Ärger rauslassen», doch alles, was man sagt, wirkt sich auf die Emotionen aus. Hat man oft genug erklärt, dass man sich elend fühlt, glaubt man es am Ende wirklich. Ich hatte den Eindruck, dass es den Menschen nur noch schlechter ging, wenn sie gegenüber Freunden, Bekannten und Fremden über irgendwelche Umstände klagten. Es musste doch einen besseren Weg geben, mit anderen in Kontakt zu treten, als über Dinge zu jammern, die man nicht ändern kann.

Ich schlang mir an jenem Wintertag also den Schal ein bisschen enger um den Hals und beschloss herauszufinden, wie ich mit meiner neuerlernten Methode des *reframing* im Alltag über die Runden käme. Das hieß, nicht mehr über den Schneesturm zu jammern, sondern nach dessen positiver Seite zu suchen. Dabei dachte ich an einen Satz des englischen Künstlers und Gesellschaftstheoretikers John Ruskin, dass es kein schlechtes Wetter gebe, sondern nur verschiedene Arten guten Wetters.

die falsche Kleidung

Gerade in diesem Augenblick kam ich an einem Mann vorbei, der den Gehweg vor seinem Haus freiräumte. Als er schwungvoll eine Schaufel mit Schnee hinter sich warf, landete sie geradewegs auf meiner Schulter.

«Hey!», rief ich.

«Entschuldigung.» Der Mann wandte sich um. Er war dick eingemummelt in Mütze und Schal, hatte mich also vermutlich nicht kommen sehen.

«Sie müssen besser aufpassen», sagte ich empört, während ich mir den Schnee vom Mantel klopfte.

Im ersten Moment wollte ich davonrauschen, aber dann bremste ich mich. Schließlich hatte ich vor, meine dankbare Haltung in allen Situationen anzuwenden. Ich holte tief Luft und versuchte, von Schlecht auf Gut umzuschalten. Sicher, der Mann hatte mich mit einer Ladung Schnee getroffen, aber ich konnte mich glücklich schätzen, dass ich in einem Teil der Stadt wohnte, wo die Leute bei einem Schneesturm die Gehwege freiräumten. Vor allem aber war ich dankbar, dass er Schnee schippen musste und nicht ich.

Ich zögerte kurz, dann ging ich ein paar Schritte zurück auf den Mann zu und gab ihm ein Zeichen.

Mitten in der Bewegung hielt er inne. «Was ist?»

«Nichts. Ich wollte mich nur bedanken, dass Sie den Gehweg freiräumen.»

«Ach so.» Er nickte und machte sich wieder an die Arbeit.

Wahrscheinlich wunderte er sich über die Verrückte, die ihn erst anraunzte und sich anschließend bei ihm bedankte. Mir aber ging es besser.

Zu Hause angekommen, nahm ich ein Buch zur Hand, das ich erst kürzlich entdeckt hatte. Es enthielt die Gedanken von Mark Aurel, einem römischen Kaiser aus dem zweiten Jahrhundert nach Christus. Während er Kriegszüge kommandierte, die Markomannen abwehrte und das Reich schützte, schrieb er Selbstbetrachtungen, die sich mit Bewusstheit und der Frage nach der Essenz des Menschlichen befassten. Im Mittelpunkt steht bei ihm die Frage, was wir Menschen in der Hand haben und was nicht, in welchem Fall Handeln und wann schlichtes Hinnehmen angesagt ist. Mark Aurels Ausführungen dazu haben über die Jahrhunderte nicht an Aktualität verloren.

Während ich in seinen Schriften blätterte, entdeckte ich eine Passage, die mir passend für diesen Tag erschien: *Nichts soll Dir darauf ankommen, ob Du vor Kälte starrend oder vor Hitze glühend das Schickliche erfüllen müssest ...*

Als ich den Satz las, musste ich lächeln.

Mark Aurel gehörte zur philosophischen Schule der Stoiker. Während man heute unter Stoizismus Resignation nach langem Leiden versteht, ging es den Stoikern jener Zeit vor allem darum, die Menschen zu mehr Rationalität anzuregen. Bereits im dritten Jahrhundert vor Christus lehrten die Stoiker, dass unsere Reaktion auf Probleme davon bestimmt ist, wie wir darüber denken. Nach Mark Aurels Ansicht verfügt ein jeder von uns über die innere Stärke, destruktive Gefühle zu überwinden. Er hatte erkannt, dass wir niemals Glück finden werden, solange wir unsere Zeit damit verschwenden, uns über Dinge zu ärgern, die sich nicht ändern lassen.

Ich legte das Buch auf den Nachttisch, aufgeschlagen auf der Seite mit einer von Mark Aurels Meditationen. Sie lautete: *Wenn*

*wir morgens aufstehen, sollten wir uns darüber freuen, wie schön
es ist zu leben, zu atmen, zu denken, zu genießen und zu lieben.*

Am nächsten Morgen las ich gleich nach dem Aufwachen
diesen wunderbaren Satz, noch ehe ich meine Mails gecheckt
hatte. Inspiriert von dem römischen Kaiser, war ich bereit, den
Tag zu genießen, also meine Nicht-Jammern-Maxime in die Tat
umzusetzen.

So, wie das Wetter war, hätte ich es mir am liebsten zu
Hause vor der warmen Heizung gemütlich gemacht, aber ich
hatte einen Termin bei einer Werbeagentur am anderen Ende
der Stadt. Ich zog also ein Kaschmirkleid und dazu Lederstie-
fel sowie eine Skihose an, wie ich es bei einer Sechsjährigen
im Park gesehen hatte. Wasserdichte Handschuhe und eine
alberne Mütze mit Ohrenklappen machten mein Outfit kom-
plett. So stapfte ich durch den Schnee und traf rechtzeitig in
der Agentur ein, um in der Damentoilette die Schneehose aus-
zuziehen, meine Handtasche mit Papierhandtüchern abzu-
trocknen und meine von der Mütze platten Haare in Form
zu bringen.

Als ich kurz darauf das Büro betrat, sah ich wieder respek-
tabel aus.

Der gutgekleidete Manager, mit dem ich verabredet war,
stellte sich vor und begann das Gespräch mit den Worten:
«Schreckliches Wetter, nicht wahr? Wie geht es Ihnen damit?»

Ich dachte an das alte Sprichwort, dass man sich nicht über
die Dornen am Rosenstrauch beschweren, sondern über die
Rosen am Dornenstrauch freuen sollte.

«Wir können uns glücklich schätzen, dass wir drinnen
arbeiten dürfen. Hier ist es warm und gemütlich», sagte ich
fröhlich.

Er stutzte kurz, dann lächelte er. «Ja, besser als beim Straßenbau.»

Das war zwar nicht gerade ein heftiger Dankbarkeitserguss, aber mit Sicherheit positiver als ein Gespräch über die Gefahren von Frostbeulen an den Zehen. Vielleicht wurde uns beiden dadurch ja auch ein bisschen wärmer.

Im weiteren Verlauf der Woche machte ich es mir zur Aufgabe, jedem Gespräch eine positive Wendung zu geben. Wenn die Leute über das Wetter stöhnten, sang ich ein Loblied auf Thermostrumpfhosen und wasserfeste Stiefel. Ladenbesitzer, die vor ihrem Geschäft Schnee schippten, bedachte ich mit beifälligen Worten. Ich wies darauf hin, welch ein Glück es sei, dass die Straßenhändler überall in New York schöne warme Pashmina-Schals verkauften, und das für nur fünf Dollar. Meine letzte Zuflucht war die Bemerkung, das Wetter sei eine gute Übung für die Reise in die Antarktis, die ich plane.

Erstaunlicherweise gelang es mir mit meinen munteren Bemerkungen so gut wie immer, die Stimmung aufzulockern, und die Leute pflichteten mir bei.

«Sie haben recht», meinte ein Mann, der über das Wetter gestöhnt hatte, während wir in einer Kaffeebar auf unsere bestellten Getränke zum Mitnehmen warteten. «In ein paar Monaten beschweren wir uns wieder über die schwüle Hitze.»

«Und in der Zwischenzeit dürfen wir ohne schlechtes Gewissen heiße Schokolade trinken», ergänzte ich, als ich meinen dampfenden Becher von der Theke nahm.

«Oh, der sieht aber gut aus», meinte er.

«Noch ein Grund, dankbar zu sein», sagte ich und hob den Plastikbecher, als wollte ich ihm zuprosten.

An jenem Abend nahm ich mein hübsches Dankbarkeitstagebuch und trug einiges ein, das mich an diesem Tag froh gestimmt hatte. Abschließend fügte ich hinzu: *Unendlich dankbar, weniger zu jammern, weil es mich froh und glücklich macht.*

Aber dann hielt ich inne und überlegte: Wenn ich meinem Leben unablässig eine positive Wendung gab, redete und schrieb ich mir damit womöglich die Realität schöner, als sie war?

Welch gewaltigen Einfluss unsere Wahrnehmung haben kann, wurde in Studien der verschiedensten Fachbereiche mehrfach bewiesen. Es ist schwer, von «Realität» zu sprechen, wenn unsere Neurotransmitter auf Feinheiten reagieren, die wir eventuell gar nicht (zumindest nicht bewusst) erkennen. Sobald wir an etwas glauben, machen wir es zu unserer Realität.

Wenn Patienten beispielsweise meinen, ein Schmerzmittel von einer bekannten Marke (wie Aspirin oder Dolormin) gegen ihre Kopfschmerzen eingenommen zu haben, vermeldet ein großer Prozentsatz von ihnen eine bessere Schmerzdämpfung als jene, denen man ein Generikum gab. Ärzte und Pharmazeuten springen im Dreieck, wenn sie das hören, denn es kann beim besten Willen nicht sein. Aspirin und Dolormin haben nämlich die gleichen Molekülstrukturen und aktiven Bestandteile wie ihre Generika. Die inaktiven Bestandteile (wie die schimmernde Zuckerumhüllung) bieten auch keine Erklärung dafür, denn die Experimente wurden mit 100-prozentig identischen Tabletten durchgeführt. Den Teilnehmern wurde lediglich mitgeteilt, sie bekämen verschiedene.

Bewusst oder unbewusst erzeugen wir durch unsere Gedanken chemische Stoffe, die stärker sind als jedes Schmerzmittel. Wenn wir davon überzeugt sind, dass das Produkt einer bekannten Marke besser wirkt, dann bewahrheitet sich das auch. Ich weiß, dass es stimmt, denn ich erlebe es selbst oft genug. Während mein Mann, der Arzt, ausschließlich Generika auf seiner Seite des Medizinschränkchens stehen hat, sind es bei mir die schillernden Originalpräparate. Ich weiß, dass ich mit dem höheren Preis auch Verpackung und Werbung bezahle, doch wenn ich sein Ibuprofen einnehme, hat es einfach nicht die gleiche Wirkung. Man könnte es mit dem Placebo-Effekt erklären, darf es aber nicht als Einbildung abtun. Denn in allen Studien (meine eigenen eingeschlossen) richtete sich die Wirkung des jeweiligen Mittels danach, was die Kopfschmerzpatienten eingenommen zu haben glaubten.

Ähnlich sieht es selbst bei den renommiertesten Weinkennern aus, die sich von Preis und (echter oder angeblicher) Herkunft einer Flasche beeinflussen lassen. Wenn ein Experte den Korken eines schwer erhältlichen Bordeaux der Domaine de Chevalier für 200 Dollar aufzieht, wird ihm der Wein mit Sicherheit besser schmecken als einer mit «Landwein» auf dem Etikett. Der Yale-Professor Paul Bloom, der die Voraussetzungen für Vergnügen untersucht hat, setzte im Rahmen einer Studie Weinkennern Flaschen mit vertauschten Etiketten vor. Einige der Tester, die den vermeintlich billigen Wein tranken, fanden ihn ganz passabel, jedoch schätzten ihn dreimal so viele Probanden, als er unter einem schicken Namen serviert wurde. All die kennerischen Bemerkungen wie «erdig», «seidig», «mit Eichennote» und «charaktervoll» sind also nicht nur von den Geschmacksknospen inspiriert, sondern ebenso stark auch von der Marke.

Noch deutlicher zeigte sich dies bei einer Studie, in der Probanden den Wein durch einen Strohhalm tranken, während sie von einem Magnetresonanztomographen gescannt wurden (was tut man nicht alles für die Wissenschaft!). Über einen Bildschirm lieferte man ihnen vermeintliche Informationen über Preis und Art des Weins, den sie tranken, obwohl sie jedes Mal denselben bekamen. Laut Professor Bloom leuchtete ihr Lustzentrum auf wie ein Weihnachtsbaum, wenn sie annahmen, einen teuren oder seltenen Wein zu trinken.

Wir glauben also nicht nur, eine Präferenz zu haben, sondern wir erleben das entsprechende Produkt auch positiver. Wie bei dem Schmerzmittel einer bekannten Marke kann das individuelle Nervensystem aus ein und demselben Produkt unterschiedliche Erfahrungen ableiten. Als sich neulich bei einem Abendessen eine Gruppe von Freunden begeisterte, der Chablis aus dem Napa Valley habe eine hervorragende Eichen- und Zitronennote mit einem blumigen Nachgeschmack, merkte ich ironisch an, sie würden das Etikett loben und nicht den Wein. Für mich schmeckte er … eben wie Wein. Herablassend entgegneten sie, mit meinem unterentwickelten Geschmack sei ich offenbar nicht fähig, die Feinheiten einer Lage zu erkennen. Wahrscheinlich hatten wir alle recht. Unterschiedliche Erwartungen haben zur Folge, dass unser Lustzentrum unterschiedliche Meldungen aussendet. Wir möchten vielleicht gern glauben, dass ausgerechnet wir diejenigen mit der authentischen Erfahrung sind, doch wir sollten uns mit dem Gedanken anfreunden, dass es diese gar nicht gibt.

Was bei Wein und Schmerzmitteln gilt, lässt sich auf weitere Bereiche des Lebens ausweiten. Nicht mehr über das Wetter zu jammern war meine Methode, ein hübsches Etikett auf eine billige Flasche Wein zu kleben. Zwar änderte sich nichts an den Umständen, dafür veränderte sich die Art und Weise, wie ich sie erlebte. Es erschien mir einsichtig, zumal ich an dem Abend, als Ron spätnachts zu einer Patientin ins Krankenhaus fuhr, festgestellt hatte, dass ich damit etwas erreichte. Am Ereignis konnte ich nichts ändern, wohl aber an meiner Reaktion. Wenn ich also allein durch meine positiven Bemerkungen das Lustzentrum meines Gehirns zum Aufleuchten bringen konnte, dann wollte ich zukünftig mit den Leuchtreklametafeln am Times Square um die Wette strahlen.

Sobald wir das schätzen, was wir haben, sind wir eher zufrieden und seltener unglücklich. Da ich mich ohnehin schon mit den griechischen Philosophen befasste, wandte ich mich nun dem um 340 vor Christus geborenen Epikur zu. Ich wollte sehen, welchen Wert die Menschen vor langer Zeit der Dankbarkeit zugeschrieben hatten. Epikur empfahl: *Zerstöre nicht, was du hast, indem du dir wünschst, was du nicht hast. Bedenke: Was du jetzt hast, gehörte einst zu den Dingen, auf die du nur hoffen durftest.*

Im dritten Jahrhundert vor Christus vertrat Diogenes eine ähnliche Einstellung, und auf einer Wand in der Türkei findet man eine Inschrift von ihm, die lautet: *Wer sich nicht mit wenigem zufriedengibt, wird niemals zufrieden sein.*

Sicherlich waren dies sehr weise Gedanken, aber ich wollte auch ein bisschen Vorsicht walten lassen. Möglicherweise wollen Philosophie und Religion uns ja nur beschwichtigen, um uns dadurch zu unserem Glück zu verhelfen. Zu schätzen, was man hat, bedeutet keineswegs, dass man nicht nach mehr streben sollte. Dankbarkeit mag die wichtigste Zutat für ein glückliches Leben sein, doch vielen von uns gefällt das Rezept nur dann, wenn auch Ehrgeiz und Zielstrebigkeit erlaubt sind.

Da es mir allein dadurch besser ging, dass ich nicht mehr über das Wetter jammerte, konnte ich doch eigentlich auch ausprobieren, was passierte, wenn ich mich überhaupt nicht mehr beklagte. Also über rein gar nichts. Für mich gibt es zwei Arten von Klagen: eine, bei der man einfach nur jammert und an gewissen Dingen (etwa dem Wetter) etwas auszusetzen hat, und eine andere, bei der man tatsächlich will, dass sich etwas ändert. Mein Entschluss, nicht mehr zu jammern, bezog sich auf die erste Variante. Die zweite hat eine rein praktische Funktion. Dass ich in der Reinigung eine Entschädigung verlangte, wenn an meinem Lieblingskleid die geraffte Partie ausgeleiert war (was sich leider nicht rückgängig machen ließ), oder dass ich die neuen Stiefel zurückschickte und Ersatz forderte, weil der Absatz wackelte, wollte ich beibehalten. Meine Dankbarkeit sollte mich nicht daran hindern, Missstände abzustellen.

Trotzdem rief ich mir bei jeder Gelegenheit Epikurs Satz ins Gedächtnis, dass man das, was einem gegeben ist, nicht zerstören sollte, indem man sich etwas anderes wünscht (oder wie Stephen Stills 1970 sang: «Wenn deine Geliebte nicht bei dir sein kann, dann liebe die Frau an deiner Seite»). Anstatt mich zu ärgern, wenn ich im Feinkostgeschäft lange anstehen musste, machte ich mir dankbar bewusst, dass ich an einem Ort lebte, wo ich jederzeit frische Lebensmittel kaufen konnte (sogar Erdbeeren im Winter!). Ich beschwerte mich auch nicht über den Redakteur, der mir nicht antwortete – vermutlich lief sein Posteingangsfach über. Und als mich eine Freundin zu einem Konzert mitnahm, das uns beiden nicht gefiel, erklärte ich ihr (in vollem Ernst), dass es mir nichts ausmache, weil es schön sei, sie mal wieder zu treffen.

Mit der Zeit gingen mir die Bemühungen um gute Laune in Fleisch und Blut über. Was mit einer gewissen Anstrengung begonnen hatte, indem ich täglich bewusst nach Gründen suchte, um dankbar zu sein, wurde nach und nach völlig selbstverständlich. Es wirkte auch zu Hause weiter nach. Obwohl der Dankbarkeitsmonat, den ich Ron gewidmet hatte, (offiziell) vorüber war, hatte sich etwas geändert, weil ich nun das Positive sah, wenn er mal wieder zu einem Patienten eilte oder einen Anruf annahm. Dankbarkeit, Wertschätzung und eine positive Grundhaltung waren Normalität geworden.

Dies hatte allerdings den Nachteil, dass ich auf einmal höchst empfindlich auf Menschen reagierte, die nicht dankbar waren. Als ich mich eines Abends auf einen Drink mit meiner Freundin Dana traf, schilderte sie mir sogleich, wie schrecklich alles war. Das große Unternehmen, für das sie arbeitete, war mitsamt der Hauptverwaltung umgezogen, und das jetzige Umfeld gefiel ihr ganz und gar nicht. Ihr neues Büro war kleiner und hatte keine Aussicht, in der Nähe gab es keine vernünftigen Geschäfte, und der Fahrstuhl war furchtbar langsam.

Noch vor wenigen Wochen hätte ich sie vermutlich bedauert und eifrig mit ein paar eigenen Beiträgen in das Jammern eingestimmt. Aber das Klagen aufzugeben gleicht dem Verzicht auf fetttriefende Pommes frites. Anfangs fällt es schwer, doch nach einer Weile fühlt man sich so gut, dass man niemals an den Ausgangspunkt zurückkehren möchte. Irgendwann will man dann auch alle anderen von seinem Weg überzeugen.

«Deine Arbeit gefällt dir, du verdienst gut, und du gehörst zu den wenigen, die noch ein eigenes Büro haben und nicht bloß hinter ein paar Stellwänden hocken. Das ist eine ganze Menge! Du solltest dankbar sein», hielt ich ihr vor.

«Ich bitte dich! Du hast ja keine Ahnung, wie furchtbar es ist.»

«Furchtbar wäre es vielleicht, wenn du keinen Job hättest.»

«Ich muss abends mit der U-Bahn heimfahren, und das hasse ich!»

«Aber morgens wirst du vom Fahrdienst abgeholt, und das gefällt dir. Konzentriere dich lieber auf diesen Punkt!»

Nach all den Ausrufezeichen funkelten wir beide einander an und versuchten zu verstehen, was die andere nicht verstehen konnte. Dana, die mir gegenübersaß, sah makellos aus wie eh und je: das Haar schick geföhnt, mit sorgfältig manikürten Händen und stattlichen Diamanten an den Ohrringen. Ich berichtete ihr von meinem Dankbarkeitsprojekt und den Dingen, die sich in meinem Leben dadurch bereits geändert hatten. Aber Dana ging nicht darauf ein. Unser Abschied fiel deutlich kühler aus als sonst.

Zu Hause erzählte ich Ron, wie sehr mich das Gespräch mit Dana frustriert hatte.

«Sie ist total undankbar! Es gibt so viel Gutes in ihrem Leben, und sie sieht nur das, was nicht läuft.»

«Vielleicht kannst du ihr helfen.»

«Ich hab's ja versucht, bin aber gar nicht richtig zu ihr durchgedrungen.»

Eine Woche später rief Dana mich an, um ein paar nicht besonders wichtige Dinge mit mir zu besprechen. Erst am Ende merkte ich, dass sie eigentlich etwas ganz anderes im Sinn hatte.

«Weißt du noch, wie ich im letzten Jahr so schlimme Rückenschmerzen hatte, dass ich schließlich operiert werden musste?», fragte sie.

«Natürlich», antwortete ich.

«Als ich gestern unterwegs war, spürte ich mit einem Mal, dass ich überhaupt keine Schmerzen mehr hatte. Plötzlich war ich dankbar für jeden einzelnen Schritt. Ist das nicht wunderbar? Wann immer ich jetzt irgendwo zu Fuß hingehe, bin ich dankbar, dass die Schmerzen weg sind.»

Am liebsten wäre ich in diesem Augenblick bei ihr gewesen, um sie in den Arm zu nehmen. «Dankbar für jeden einzelnen Schritt», wiederholte ich. «Wenn das mal kein großer Schritt ist!»

Am nächsten Tag fuhr ich mit dem Zug nach Philadelphia, um mit Dr. Martin Seligman zu sprechen, dem berühmten Leiter des Positive Psychology Center an der University of Pennsylvania. Professor Seligman wird oft als «Vater der Positiven Psychologie» bezeichnet. Während sich die Psychologen in der Vergangenheit darauf konzentrierten, negative Gefühlszustände zu behandeln, hat Seligman eine Schule gegründet, in der ausschließlich die positiven Emotionen verstärkt werden. In seiner Zeit als Leiter der American Psychological Association initiierte er eine bedeutende Strömung, deren psychologische Arbeit nicht mehr auf die Heilung eines Leidens abzielte, sondern auf die Verstärkung des Wohlbefindens. «Wenn man das Negative heilt, entsteht nicht automatisch etwas Positives», erklärte er. Ein Mensch kann frei von Depressionen, Ängsten und Wut sein, ohne sich zufrieden und ausgefüllt zu fühlen.

Ich hatte Professor Seligman bereits ein Jahr zuvor kennengelernt, als ich mich mit dem Thema Dankbarkeit zu beschäftigen begann. Damals hatte er mich in ein schickes Restaurant in Philadelphia zum Abendessen eingeladen. Bei diversen Gängen mit Kaviar, Hummertarte, köstlichem Seebarsch und einer hervorragenden *mousse au chocolat* erläuterte er mir, wie Dankbarkeit das Wohlbefinden steigert (das leckere Essen trug das Seinige dazu bei). Als er damals die Positive Psychologie entwickelte, habe er Glücklichsein als oberstes Ziel aller Bestrebungen angesetzt. Inzwischen lägen jedoch Ergebnisse vor, die ihn davon überzeugten, dass es damit allein nicht getan sei und dass wir, um wirklich zu erblühen, auch positive Werte wie Engagement, Lebenssinn, Aufgaben, Ziele und Dankbarkeit bräuchten.

«Mit Lebenszufriedenheit meinen wir nicht bloß eine fröhliche Grundstimmung. Wir befassen uns vielmehr mit Wohlergehen in einem weiteren Sinn», sagte er, während er sich das *amuse-bouche* in den Mund schob, das der Kellner gerade vor uns hingestellt hatte.

Für unser zweites Treffen kaufte ich mir in einem Feinkostladen in der Gegend ein Sandwich und fuhr zu Professor Seligmans Büro in der medizinischen Fakultät der University of Pennsylvania. Aus seinem Konzept der Positiven Psychologie hatte sich ein ganzes Fachgebiet entwickelt, und sein Team, das den affirmativen Ansatz in der Psychologie untersuchte, war so groß, dass es fast ein ganzes Stockwerk belegte.

Nachdem ich mich gesetzt hatte, berichtete ich Professor Seligman von meinem Dankbarkeitsjahr. Er nickte beifällig.

«Als wir die verschiedenen positiven Haltungen untersuchten, stellte sich heraus, dass besonders dankbare Menschen das größte Wohlbefinden empfinden», sagte er.

So eindeutig dieser Zusammenhang auch war, offen blieb die Frage nach Ursache und Wirkung. Es war wie bei der Henne und dem Ei: Fördert Dankbarkeit nun unser Wohlbefinden, oder sind Menschen mit einem höheren Grad an Wohlbefinden grundsätzlich dankbarer? Vermutlich stimmt beides. Dankbare Menschen haben in der Regel mehr Freunde und soziale Kontakte und eine positivere Lebenseinstellung, was ihre Entwicklung fördert. Geschieht dies nicht von allein, kann man immer noch auf Seligmans sogenanntes «Dankbarkeitstraining» zurückgreifen, das sich als äußerst wirksam erwiesen hat.

«Wenn Sie eine relativ undankbare Person wie mich nehmen und dafür sorgen, dass sie ein Dankbarkeitstagebuch führt, Dankbarkeitsbriefe schreibt und anderen Dankbarkeitsbesuche abstattet, können Sie verfolgen, wie sich ihr Wohlbefinden steigert», erklärte er mir. In verschiedenen Studien habe sich gezeigt, dass diese Wirkung mehrere Tage, Wochen oder sogar Monate anhielt.

Daraufhin berichtete ich ihm, wie sich meine Einstellung durch mein Dankbarkeitstagebuch bereits verändert hatte und ich mich immer stärker auf das Positive ausrichtete.

«Sehr gut», meinte er nickend. «Es gibt da übrigens noch etwas, was Sie tun können. Machen Sie im Lauf des Tages Fotos von jenen Dingen, die Sie am Abend eventuell in Ihrem Tagebuch erwähnen werden. Handeln hat eine stärke Wirkung als Denken.»

Nach allem, was ich bisher über die Vorgänge in Körper und Gehirn gelesen hatte, konnte ich mir lebhaft vorstellen, wie eine bestimmte Handlung die richtige Botschaft an die Neuronen (und durch sie hindurch) schickte. Unsere Aktionen tragen dazu bei, jene neurologischen Bahnen zu kräftigen, die wir fördern wollen. Schon früher in seinen Forschungen hatte Seligman herausgefunden, dass eine spezielle Handlung die deutlichste Verbesserung nach sich zog: der Dankbarkeitsbesuch.

Dazu denkt man an einen Menschen, der seinem Leben

eine positive Wendung gegeben hat, setzt sich hin und schreibt ihm einen ungefähr 300 Wörter langen Dankesbrief. Dabei sollte man darauf achten, möglichst konkret zu bleiben und zu schildern, was der- oder diejenige getan und was es bei einem selbst bewirkt hat. Anschließend verabredet man sich mit der Person, ohne ihr zu sagen, worum es geht. Bei der Begegnung liest man den Brief dann langsam vor, ohne sich unterbrechen zu lassen.

«Die Interaktion mit anderen ist ein mächtiges Instrument. Dabei fließen Tränen, es kommen Gefühle auf, und es gibt viele Umarmungen. Darüber hinaus haben wir herausgefunden, dass sich der Verfasser des Briefes im Anschluss einen ganzen Monat lang weniger deprimiert und positiver fühlt», erklärte Professor Seligman.

Ein ganzer Monat schien mir ein ausgezeichneter Effekt zu sein, gemessen an dem kleinen Projekt. Ich aber verfolgte ein ganzes Dankbarkeitsjahr. Da brauchte ich schon ein bisschen mehr, das mir Auftrieb gab.

«Sie können ja selbst herumexperimentieren», meinte Seligman lächelnd. «Ich habe eigentlich nur einen einzigen Dankbarkeitsbesuch vorgesehen, aber Sie können gerne ausprobieren, was passiert, wenn Sie sich im Verlauf Ihres Jahres drei vornehmen. Oder zwölf.»

Auf der Rückfahrt im Zug dachte ich an einen Dankesbrief, den ich zwar schon vor vielen Jahren geschrieben hatte, bei dem mir aber immer noch ganz warm ums Herz wurde. Damals war ich Chefredakteurin der auflagenstärksten Zeitschrift der USA, die wöchentlich etwa 72 Millionen Leser erreichte. Ich hatte eine Titelgeschichte über George Bush geschrieben, als er Präsident war. Nach der Wahl von Barack Obama hielt ich es für einen großartigen Coup, wenn ich ihn dazu bringen könnte, für die Wochenendausgabe vor seiner Amtseinführung eine Titelstory zu schreiben. Ich sprach seinen Pressereferenten darauf an, der mich darauf hinwies, dass der zukünftige Präsident verständlicherweise alles an gutem Material für seine Rede zur Amtseinführung zurückhielt. Oder hätte mir vielleicht ein interessantes Thema vorgeschwebt, das nicht damit konkurrieren würde? Damit blieben mir knapp 30 Sekunden, um mir etwas Überzeugendes einfallen zu lassen.

«Wie wäre es mit einem Brief an seine Töchter, in dem er ihnen schildert, was er sich für die nächsten vier Jahre erhofft», schlug ich vor.

«Keine schlechte Idee», meinte der Pressereferent. «Ich werde mich darum kümmern.»

Innerhalb der nächsten Stunde kam die Antwort. Obama gefiel die Vorstellung, und er wollte gleich mit dem Schreiben beginnen. Doch kurz vor Redaktionsschluss der Ausgabe hatte ich immer noch nichts erhalten. Also rief ich wieder in Obamas Büro an.

«Ich warte gespannt auf den Text des Präsidenten», sagte ich.

«Wir auch. Er verfasst ihn nämlich tatsächlich selbst», antwortete der Referent.

Der Artikel kam am Nachmittag und war so gut geschrieben, dass ich kein einziges Wort ändern musste (und das ist wirklich ungewöhnlich, selbst im Werk eines Präsidenten). Als die Ausgabe erschien, wurde Obamas Brief an seine Töchter selbst auf internationaler Ebene begeistert aufgenommen. Einige Jahre später erweiterte der Präsident den Text zu einem Kinderbuch.

Der Trubel um den Artikel und das Lob, das ich für die Veröffentlichung bekam, machten mir bewusst, dass gute Ideen – sogar die «originellen» – aus irgendetwas geboren werden. Die Saat für meinen Einfall hatte ein Rabbi aus unserem Bekanntenkreis ausgebracht, indem er dazu anregte, ein «Testament der Werte» zu schreiben. Ein normales Testament handele von Geld und Besitz, meinte er, aber sollten wir unseren Kindern nicht auch eine Liste unserer Werte, unserer Hoffnungen und unserer Wünsche für ihre Zukunft hinterlassen? Dann las er uns den Brief vor, den er vor Jahren an seine Tochter im Krabbelkindalter geschrieben hatte und in dem er seine moralischen und ethischen Überzeugungen sowie seine Vorstellungen im Hinblick auf ihren zukünftigen Ehemann darlegte.

Bewegt ging ich nach dieser Begegnung nach Hause, und da ich den geistigen wie den emotionalen Sinn seines Vorschlags erkannte, verfasste ich mein eigenes «Testament der Werte» für Zach und Matt, damals vier und zwei Jahre alt. Tränen liefen mir über die Wangen, als ich mir vorstellte, sie nicht aufwachsen zu sehen, und so führte ich in dem Brief aus, worauf es meiner Meinung nach ankam im Leben und was ich mir für sie wünschte. Dann versiegelte ich die Umschläge und legte sie in den Safe.[1]

Diese eindringliche Erfahrung hatte mir vorgeschwebt, als ich Barack Obama den Brief an seine Töchter vorschlug. Nach Erscheinen des Artikels setzte ich mich hin und schrieb einen weiteren Brief, diesmal an Rabbi Jeffrey Segelman. Ich schil-

---

[1] Zum Glück blieben die Wertetestamente dort, bis meine beiden Söhne volljährig wurden. Zum Geburtstag gab ich ihnen das Schreiben. Mit 18 ist es nicht mehr peinlich, von der Mutter zu erfahren, wie sehr sie ihren Sohn liebt und was sie sich alles für seine Zukunft erhofft.

derte ihm, dass seine Worte in mir auf fruchtbaren Boden gefallen und in meinem Herzen geblieben seien und die Anregung zu einem Artikel gegeben hätten, den Millionen Menschen gelesen hatten.

«Ich bin ja so dankbar für die Anregung durch Sie vor all den Jahren und stolz, dass ich sie weitergeben durfte», schrieb ich.

Die Erkenntnis, wie andere unser Leben beeinflussen können, vermittelt uns ein tiefes Gefühl der Verbundenheit mit ihnen. Der Rabbi bedankte sich bei mir herzlich, allerdings war ich beim Verfassen meines Briefes wohl stärker von Gefühlen bewegt gewesen als er beim Lesen. Martin Seligman hatte recht: Aufrichtig ausgedrückte Dankbarkeit macht uns glücklich. Diese Empfindung, so die Ergebnisse seiner Studien, hielt oft mehrere Wochen lang an (und wirkte selbst Depressionen entgegen). Tatsächlich spüre ich die positive Wirkung der Dankesbriefe sogar noch nach Jahren.

Anknüpfend an Seligmans Positive Psychologie hat sich inzwischen eine ganze Reihe von Wissenschaftlern mit dem Thema Dankbarkeit befasst. Einige haben in Aufstellungen und Definitionen festgehalten, was in uns Dankbarkeit gegenüber anderen weckt. Ich bin nicht immer ihrer Meinung. In einer weithin bekannten Abhandlung steht beispielsweise, dass wir dankbarer sind, wenn uns etwas viel Zeit, Geld oder Mühe gekostet hat. Natürlich bedanken wir uns bei dem Freund, wenn er uns zum Flughafen mitnimmt, wo er sowieso hinmuss, empfinden aber viel größere Dankbarkeit gegenüber der Nachbarin, die sich extra die Mühe macht, uns hinzufahren. Auch freiwillige und aus Nächstenliebe durchgeführte Handlungen schätzen wir ganz besonders, also wenn jemand etwas aus freien Stücken tut. In einer Studie ging es um die Frage, wie dankbar wir demjenigen sind, der in den See springt, um uns vorm Ertrinken zu retten. Vermutlich unermesslich dankbar. Und wenn derjenige der Wasserwacht angehört? Wären wir ihm ebenso dankbar, wenn er einfach nur seinen Job gemacht hätte?

Was mich betrifft, würde ich – sobald ich aufgehört hätte, Wasser zu spucken – nicht weiter unterscheiden, wer mich da ans Ufer gezogen hat.

Während der Zugfahrt nach Hause überlegte ich, dass die wertvollste Dankbarkeit von Herzen kommt und nicht vom Verstand. Der Rabbi hatte seinen Vorschlag im Rahmen seines Berufs gemacht, dennoch war ich dankbar für die Weisheit und Kraft seiner Worte. All die von Martin Seligman empfohlenen Methoden wie Tagebuch, Fotos, Briefe und Besuche sind lediglich Hilfsmittel, die uns ins Hier und Jetzt bringen und uns die Augen für die Schönheit der Welt und die in ihr lebenden Menschen öffnen. Der Pendelzug zwischen New York und Philadelphia ist nicht unbedingt ein Ort für bahnbrechende Erkenntnisse, doch für mich war dies ein wahrhaft erhebender Augenblick.

Meine neue dankbare Grundhaltung konnte zwar nicht das Wetter in jenem Winter ändern, aber sie machte jeden Tag ein wenig heller. Im ersten Monat war es noch eine bewusste Anstrengung gewesen, mich bei meinem Mann zu bedanken, doch inzwischen erschien es mir selbstverständlich, und wir fühlten uns beide gut dabei. Ich führte noch immer regelmäßig mein Dankbarkeitstagebuch, allerdings erschienen mir dreimal pro Woche passender als jeden Abend. So wurden die

Einträge nicht zur Pflicht, sondern blieben etwas Erbauen-
des.

Meine Offenheit für die positive Seite der Dinge wirkte sich
nicht nur auf meine Stimmung aus, sondern machte auch
Spaß. Da ich nun wusste, dass mich nicht die Ereignisse glücklich machten, sondern die Art und Weise, wie ich sie betrachtete, fühlte ich mich befreit. Was ich in der kommenden Woche
im Umgang mit meinem Mann, den Kindern oder zufälligen
Ereignissen im Alltag erleben würde, unterlag weit stärker
meinem Einfluss als ursprünglich vermutet. Es war ganz allein
meine Entscheidung, ob ich mich ärgerte, aufregte oder freute.
Sicherlich musste ich mich auch weiterhin bewusst darum
bemühen, aber eines stand fest: Die Dankbarkeit verhalf mir
zu mehr Lebensfreude.

II
Frühling: Geld, Karriere und Besitz

*Nur wenn unsere Herzen sich unserer
Schätze bewusst sind, kann man sagen,
dass wir lebendig sind.*

Thornton Wilder

5

Wie Diamantringe schrumpfen und Erinnerungen wachsen

Dankbar für die Lektion, dass ich keinen Besitz brauche, um glücklich zu sein

Froh über die Erfahrungen, die mir im Gedächtnis geblieben sind

Glücklich, aus dem Ich-will-mehr-Hamsterrad auszusteigen

Dadurch dass ich den Menschen in meinem Leben vermehrt dankbar war, hatten sich in den vergangenen Monaten sowohl meine Erfahrungen als auch mein Blick auf die Welt verändert. Wenn ich mich nun in meinem Zuhause umsah, drängte sich die Frage auf, ob ich im nächsten Schritt auch all die mich umgebenden Dinge – wie Fotos und Möbel, Kunstgegenstände und Schnickschnack, neue Fernseher und altes Spielzeug – schätzen lernen sollte. Zwar mochte ich das meiste von dem, was ich besaß, aber auf den Gedanken, für irgendetwas davon dankbar zu sein, war ich nie gekommen. Oder sind es etwa nur die neuen Sachen, die uns dankbar machen?

Eines Samstagnachmittags, als Ron im Büro war, fuhr ich zu Bloomingdale's – natürlich nur zu Recherchezwecken. In der Damenmodenabteilung standen vor den Umkleidekabinen lange Schlangen, also wandte ich mich den Haushaltswaren zu, wo ich meine Kauflust schneller zu stillen hoffte. Ein hübsch gemustertes Geschirr war im Angebot, und ich kaufte glücklich ein halbes Dutzend gelber Müslischüsseln, obwohl ich sie gar nicht brauchte. Sie wirkten so fröhlich! Und wie wäre es mit neuen samtweichen Handtüchern? Die Pastellfarben würden sich in unserem Bad gut machen und mit der blassgrünen Bettwäsche harmonieren, die ich ebenfalls erstand (bügelfrei, weil es mir das Leben leichter macht). Magisch angezogen fühlte ich mich ein paar Meter weiter von einer Auslage mit Kochgeräten und einem Gemüsemesser aus Keramik mit leuchtend blaugrünem Griff für nur neun Dollar und wurde prompt schwach. Bei dem Preis konnte ich auch gleich zwei kaufen. Ich verließ den Laden bepackt mit mehreren großen braunen Einkaufstüten. Es hatte Spaß gemacht, die Dinge zu kaufen, aber auf dem Heimweg fühlten sich die Tüten sehr schwer an.

Bereits am nächsten Tag wogen meine Einkäufe noch schwerer.

Ich wollte dankbar sein für die neuen Sachen, aber der Kick, den mir das Shoppen verschafft hatte, war längst dahin. Fast alle leisten wir unseren Beitrag, um die Konsumwirtschaft am Laufen zu halten. Wir kaufen ein, wenn wir glücklich sind, und kaufen ein, wenn wir uns langweilen. Walmart brüstet sich damit, dass die meisten Amerikaner höchstens zehn Kilometer von der nächsten Filiale entfernt wohnen. Trotzdem schließen immer mehr Einkaufszentren in den städtischen Außenbezirken, weil wir die sofortige Bedürfnisbefriedigung beim Shoppen im Internet noch unmittelbarer erfahren.

Einmal bestellte ich mir auf One Kings Lane, meiner Lieblings-Website für Inneneinrichtung und Dekoration, spätnachts ein hübsches Kissen. Ich brauchte mit dem Einkaufen nicht bis zum nächsten Morgen zu warten. Der sofortige Rausch, den der «Kaufen»-Button auslöste, war so befriedigend, dass ich zwei Nächte später ein weiteres Kissen bestellte. Und das war nur der Anfang. Der UPS-Paketbote klingelte so oft bei mir, dass ich schon das Gefühl hatte, ihm einen Kaffee anbieten zu müssen.

Online-Händler machen Umsätze von mehreren hundert Milliarden Dollar und erleben gigantische Höhenflüge. Aber wenn wir all das Zeug erst einmal haben, was fangen wir dann damit an? Die Herausgeberin einer Frauenzeitschrift erklärte mir einmal, ihr bewährtester Trick zur Steigerung der Verkaufszahlen sei die Schlagzeile «Schaffen Sie Ordnung!». Ich ging in den nächstbesten Zeitungsladen, um nachzusehen, ob diese Weisheit immer noch gültig war. Tatsächlich: Ein halbes Dutzend Magazine lockte mit Tipps zum Entrümpeln und systematischen Einrichten von Schränken, kurz: dem Weg zu einem aufgeräumten Zuhause. Ich kaufte ein Heft, das Methoden zur «Chaoszähmung» versprach, so als wären unsere Habseligkeiten wilde Tiere, die mit der Peitsche gefügig gemacht werden müssten. Die Zeitschriftenredakteure sind jedoch nicht die Einzigen, die erkannt haben, dass unsere Habseligkeiten von uns Besitz ergreifen und nicht umgekehrt. Der Container-Store, der uns nichts anderes verkauft als Produkte zum Sortieren, Aufbewahren und Verstauen von Dingen, schreibt mit 750 Millionen Dollar Jahresumsatz Erfolgsgeschichte.

Nach meinem Abstecher zu Bloomingdale's versuchte ich, meine Einkäufe positiv in meinem Dankbarkeitstagebuch zu erwähnen, konnte jedoch kein gutes Gefühl heraufbeschwören.

Die Müslischüsseln eigneten sich zwar gut für Rice Krispies, würden aber auf lange Sicht mein Leben nicht viel bunter und fröhlicher machen.

Am nächsten Tag setzte ich mich mit Tom Gilovich in Verbindung, Psychologieprofessor an der Cornell University, der jahrelang den Zusammenhang zwischen Konsumgewohnheiten und Glücksgefühlen erforscht hat. Seine Haupterkenntnis lautet, dass uns gekaufte Objekte – von Autos über Computer bis zu Großbildfernsehern – eine Zeitlang in freudige Erregung versetzen können und wir vielleicht entzückt sind, wenn wir uns zum ersten Mal im heimischen Wohnzimmer *Avatar* in 3D ansehen. Dennoch sind materielle Besitztümer niemals so befriedigend, wie wir es uns vorstellen. In seinen Recherchen bestätigte sich immer wieder, dass Menschen aus Erlebnissen anhaltender Freude beziehen als aus Objekten. Ein Strandurlaub, ein Konzert in der Carnegie Hall oder ein Grillfest mit der Familie im Garten wird uns höchstwahrscheinlich auf längere Sicht eher zufrieden stimmen als der neue Fernseher.

Das Problem an materiellen Sachen ist, dass wir uns an sie gewöhnen. Wir sehen etwas und wünschen es uns sehnlich, doch sobald wir es besitzen, fällt es uns gar nicht mehr auf, und wir kümmern uns nicht mehr darum. Es ist das gleiche Gewöhnungsproblem, das ich bereits weiter vorne erwähnt habe. Wir sind keineswegs undankbar, sondern von Nervenzellen gesteuert, die auf neue Reize besonders stark reagieren. Werden diese Gehirnneuronen mit etwas Neuem konfrontiert, laden sie sich augenblicklich auf, während sie mit deutlich geringerer Frequenz feuern, wenn sie etwas Bekanntes erkennen. Überlebenstechnisch ist das überaus vernünftig. Wenn sich etwas nicht groß verändert, ist keine besondere Aufmerksamkeit erforderlich, denn Dinge, die schon länger da sind, stellen eher keine Gefahr dar. Also können die Neuronen sich ruhig verhalten. Tritt hingegen ein Neuankömmling auf den Plan, sei es ein Mensch oder ein Gegenstand, gilt Alarmstufe eins, und entsprechend reagieren unsere Neuronen. *Schnell! Seht mal! Ist das fliegende Objekt ein Vogel, ein Flugzeug oder Superman?*

Werden die Nervenzellen stimuliert, fühlen wir uns erregt und lebendig. Das verschafft uns ein gutes Gefühl, also sind wir ständig auf der Suche nach neuen Stimuli, um die Zellen zu «laden». Der Zustand erhöhter Aufmerksamkeit, der einst dazu diente, uns vor angreifenden Tigern zu schützen, weckt heute in uns den Wunsch, mitten in der Nacht Wohnaccessoires zu kaufen. Intelligente Vermarkter (wie die bei One Kings Lane) ändern ihre Websites ständig, damit es für unsere Gehirnzellen keinen Gewöhnungseffekt gibt. Mit anderen Worten: Für all die hübschen Kissen, die uns ins Haus flattern, bin ich eigentlich gar nicht verantwortlich. Vielmehr stimmt alles, was neu ist, meine Neuronen heiter und nötigt mich quasi zum Kauf.

Um den Gewöhnungseffekt auszuhebeln, kaufen wir immer weiter und weiter – ein Spiel ohne Schlusspfiff. Gilovich zufolge wird durch die Besitztümer, die wir anhäufen, die Erwartungshaltung nur noch gesteigert, also sind wir gar nicht besser dran als am Anfang. Ich habe dieses Phänomen das «Porsche-in-der-Garage-Syndrom» getauft, zu Ehren eines Typen, den ich vor Jahren kannte und der ständig von seinem Wunsch nach einem Porsche 911 Carrera redete – die lässige Handhabung, die schlanke Silhouette, die bewundernden Blicke der Honda-Fahrer! Eines Tages legte er das Geld im Autohaus auf den Tisch und freute sich diebisch, als er zum ersten Mal auf den weichen Ledersitz rutschte und von 0 auf 100 in zehn Sekunden beschleunigte. (Pfeif auf das Tempolimit, es ist ein Porsche!) Doch nach wenigen Wochen war er genauso unleidlich wie immer, wenn er im Stau steckte oder keinen Parkplatz fand. Das magische Gefährt, von dem er immer geträumt hatte, war am Ende nicht mehr als ein Auto, das in der Garage stand und einen Ölwechsel brauchte. Wer träumt denn schon von so was?

Meine eigene erste Erfahrung mit diesem Syndrom machte ich als kleines Mädchen, als ich Ballettstunden nahm. Die Lehrerin verkündete, ich meisterte die Pliés und Pirouetten inzwischen so gut, dass ich in die Spitzentanzgruppe wechseln dürfe. Spitzenschuhe! Wäre Baryshnikov persönlich hereingewirbelt und hätte mich auf seinen Armen davongetragen, meine freudige Erregung hätte nicht größer sein können.

Doch meine Mutter hatte Einwände, denn sie befürchtete, dass die Spitzenschuhe meine Füße ruinierten. Ich verkündete weinend, sie ruiniere mein Leben. Ich bettelte. Ich flehte. Ich versuchte zu erklären, dass ich für immer glücklich sein würde und das Universum nur noch eitel Sonnenschein wäre, wenn ich die Spitzenschuhe bekäme. Als ich einmal wegen Halsschmerzen nicht in die Schule konnte, stellte ich mir vor, wie ich mir Spitzenschuhe anzog, mich damit ins Bett legte und mich sofort besser fühlte. In meiner Phantasie nahmen sie die Kräfte von Sternenstaub an.

Schließlich gab meine Mutter nach, und der Tag, an dem wir das erste Paar erwarben, ist mir noch lebhaft im Gedächtnis. Die rosafarbenen Seidenbänder fühlten sich zwischen meinen Fingern hauchzart an, und ich wickelte sie mir liebevoll um die Knöchel.

Die Magie währte ... mindestens eine Stunde.

Obwohl die Spitzenschuhe seidenweich und betörend rosa-farben blieben, verloren sie bald ihren Zauber. Hätte ich das Balletttanzen an sich geliebt, wäre es etwas anderes gewesen, aber ich liebte nur die Spitzenschuhe. (Ich wusste schon immer, dass ich als Erwachsene eher Geschichten über Primaballeri-nen schreiben würde, als selbst eine zu werden.)

Also, lässt sich das Syndrom irgendwie umgehen?

Die naheliegende Antwort lautet: Ja, wenn man den Ein-satz erhöht. Wenn dich der Porsche langweilt, kauf dir einen Ferrari. Wenn die Spitzenschuhe ihren Glanz verlieren, probier es mit ... einem Tutu? Das Problem dabei ist: Es funktioniert nicht. Psychologen nennen das die «hedonistische Tretmühle». Man kauft etwas, das man sich sehnlichst wünscht, und wenn es einen dann nicht voll und ganz zufriedenstellt, kauft man etwas anderes. Und kurz darauf wieder etwas. Auch wenn jeder einzelne Gegenstand noch toller oder teurer ist als der vorige, endet der Kreislauf nie. Man kann den Einsatz beliebig erhö-hen, doch jedes Mal, wenn man die Messlatte neu definiert, entsteht erneut der Wunsch nach mehr. Professor Gilovich erklärt das so: «Man erreicht ein Ziel und strebt schon nach dem nächsten.»

Meine Freundin Lauren bereitete sich auf die verrückten Launen des Gewöhnungseffekts vor, als sie sich vor einigen Jahren verlobte und ihr jetziger Mann ihr zu diesem Anlass einen wunderschönen Diamantring schenkte. Als sie mir den Vierkaräter zum ersten Mal entgegenfunkeln ließ, schnappte ich nach Luft.

«Der Ring ist ja riesig», sagte ich.

«Alle behaupten, dass er schrumpft, je länger man ihn trägt», entgegnete sie lachend.

Diamanten zählen zu den härtesten Mineralien, die es gibt. Da würde man nicht erwarten, dass sie mit der Zeit wie Sandkörner weggespült werden. Aber unser Blick gewöhnt sich daran, und darum wusste Lauren, dass der Stein in ihren Augen immer kleiner werden würde. Nachdem wir uns länger nicht gesehen hatten, aßen wir kürzlich zusammen zu Mittag. Sofort fiel mir ihr funkelnder Ring auf, und ich erklärte ihr, ich hätte fast vergessen, wie groß und schön er sei. Sie wirkte überrascht und streckte die Hand aus, als betrachtete sie den Stein zum allerersten Mal.

«Ich bemerke ihn nicht einmal mehr», gestand sie mir.

Weil wir nicht mehr wahrnehmen, was wir besitzen, fällt es uns so schwer, dafür dankbar zu sein.

Zufällig ging ich an dem Tag, an dem das iPhone 6 auf den Markt kam, an einem leuchtenden Apple-Store vorbei. Lange Schlangen zogen sich bis um die nächste Ecke, begierig warteten die Leute darauf, etwas, das sie besaßen, gegen etwas einzutauschen, das sie unbedingt haben wollten. Apple verkaufte in den ersten drei Tagen zehn Millionen Telefone, und vermutlich werden mindestens genauso viele Millionen Menschen Schlange stehen, wenn das nächste Modell herauskommt. (Vielleicht stehen sie ja jetzt schon dafür an.) Egal, ob Apple oder Müsli, der Wettlauf um den nächsten Gegenstand, von dem man hofft, er möge einen glücklich machen, verursacht leicht Sodbrennen.

Gilovich untersucht seit neuestem auch den Zusammenhang zwischen unseren Neuerwerbungen und unserer Dankbarkeit für diese Artikel. In einer Reihe von Experimenten wollte er herausfinden, welche Käufe Dankbarkeit auslösen, und kam zu dem Schluss, dass Dinge – wie modisch, funkelnd oder teuer sie auch sein mögen – nicht dazuzählen. Dann verglich er die Gefühle von Menschen, die Geld für materielle Besitztümer ausgaben, mit der Stimmung derjenigen, die in eine wichtige Erfahrung investierten. Wer von beiden bekam die größere Dosis Dankbarkeit für sein Geld?

«Letztlich sind es nicht die Anschaffungen, die Dankbarkeit nach sich ziehen», erklärte er mir. «Aus den Berichten der Probanden geht hervor, dass sie für Erlebtes eindeutig mehr Dankbarkeit empfinden als für ihren Besitz. Wer an eine Mahlzeit mit der Familie, an ein großartiges Konzert oder an eine Urlaubsreise denkt, der empfindet sehr viel eher Dankbarkeit dafür, sein Geld sinnvoll ausgegeben zu haben.»

Ich fragte Gilovich, was neben der Gewöhnung noch dazu führt, dass uns Neuerwerbungen nicht dankbar stimmen. Er erklärte mir, dass unsere Erfahrungen uns in einer Weise definierten, wie es bei Objekten niemals der Fall sei. Man mag sich als Wanderer sehen, als Skifahrer, Tänzerin oder Konzertbesucher – und Aktivitäten nachgehen, die dieses Bild bestärken. Meine Freundin Lauren wäre allerdings entsetzt (und würde vermutlich kein Wort mehr mit mir sprechen), wenn ich sie als «die Frau mit dem überdimensionalen Diamantring» bezeichnete, ebenso wie ein Mann, der mit seinem Porsche angibt, einfach nur als traurige Figur erscheint. Dauerhaftes Glück, sofern es auf Dankbarkeit für das eigene Leben hinausläuft, braucht nun mal ein solideres Fundament.

Psychologen sprechen vom Endowment-Effekt (deutsch Besitztumseffekt), nach dem Menschen dazu tendieren, einem Besitzgut alle möglichen Werte beizumessen. Schenkt man jemandem während eines Experiments ein billiges Kinkerlitzchen wie einen Stift oder einen Kaffeebecher, betrachtet er den Gegenstand sofort als sein Eigentum und will ihn nicht eintauschen. Allerdings hat dieser Effekt Grenzen, denn der Dankbarkeit für Besitztümer steht ein großes Problem entgegen: Stets vergleicht man seinen eigenen Besitz mit dem der anderen. Man mag sich freuen, wenn man einen neuen Laptop kauft, doch sobald eine Freundin mit einem schnelleren und leichteren Modell daherkommt, mit dem sich bessere Animationsfilme drehen lassen, erscheint einem das eigene Gerät plötzlich weniger perfekt. Ein Teil der Freude stiehlt sich davon. Hätte man doch bloß einen besseren Laptop gekauft!

Erlebnisse vergleichen wir nicht auf diese Weise. «Das Phänomen, mit den Nachbarn mithalten zu wollen, ist dabei viel weniger ausgeprägt als bei materiellen Dingen», erklärt Professor Gilovich. Erlebnisse sind so persönlich, dass sie sich jedem Vergleich entziehen. Wenn einem das Konzert in der Hollywood Bowl gefallen hat, ist es einem egal, wenn wer anderes in einem Nachtclub Spaß hatte. Und dass ein Freund in Fort Lauderdale in einem schickeren Hotel untergekommen ist als man selbst, kann man achselzuckend abtun, wenn man zufrieden an Beach-Volleyball und Baden im Meer zurückdenkt.

Zudem zeigt sich, dass sich Erfahrungen viel leichter romantisieren lassen als ein Gegenstand. Ein pannenanfälliges Auto beschert einem nun mal nichts weiter als Frust, und es wird schwer, ihm etwas Positives abzugewinnen. «Hingegen kann man durchaus einen Urlaub voller Pleiten verlebt haben und bei der Rückkehr trotzdem sagen: ‹Ja, es hat die ganze Zeit geregnet, aber wir sind im Haus geblieben, haben Scrabble gespielt und sind uns dabei nähergekommen›», sagte Professor Gilovich lachend. Dann berichtete er mir von einem Experiment, bei dem man Leute, die eine Reise nach Disneyland planten, gefragt hatte, wie sehr sie sich darauf freuten. Alle waren voller Vorfreude und erklärten, es würde bestimmt großartig sein. Als man sie dann in Disneyland erneut befragte, hielt sich ihre Zufriedenheit in Grenzen, denn die Schlangen vor den Attraktionen waren endlos, es war brütend heiß, und das Essen war teuer. Bei einer Befragung nach ihrer Rückkehr waren die Berichte wieder positiv – der Familie habe es gefallen, und jeder hätte Spaß gehabt.

«Man ist eher dankbar für die Art, wie man sich an ein Erlebnis erinnert, als für das Erlebte selbst», meinte Gilovich.

Positive Erinnerungen sind bei Erlebtem deutlich ausgeprägter als bei Besitz. Da heute auch digitale Technologien eine wichtige Rolle in der Forschung spielen, untersuchte Gilovichs Team Bewertungen auf Websites wie TripAdvisor, CNET und Amazon und erfasste, wenn jemand in den Kommentaren Dankbarkeit ausdrückte. Wenn Menschen über Erlebtes berichteten, etwa einen Restaurantbesuch oder einen Urlaub, äußerten sie sich häufiger dankbar als bei Käufen von Kleidung oder Elektroartikeln.

Gilovich erklärte mir, er habe im Gegensatz zu vielen Forschern, die sich eher auf die Dankbarkeit gegenüber anderen Menschen spezialisiert hätten, ein besonderes Interesse an «ungerichteter Dankbarkeit». Damit meint er das Gefühl, mit dem Kosmos verbunden zu sein und in der Lebenslotterie ein gutes Los gezogen zu haben. Durch die vielen persönlichen Gespräche, Fragebögen und Berichte sei er zu der Überzeugung gelangt, dass auf der Dankbarkeitsskala fast jedes Menschen das Erlebte das Erworbene übertrifft. Zudem wollte er anhand einiger Experimente herausfinden, ob sich ein sogenannter «Dankbarkeitskreislauf» in Gang setzen ließe, ob also eine Aktivität, die uns dankbar stimmt, uns zugleich weniger materialistisch und damit noch dankbarer macht. Dabei hoffte er, wie er mir gestand, seine Forschungsarbeit möge Menschen auf ihrem Weg als Anstoß dienen.

«Wenn jemand vermehrt Dankbarkeit empfinden will, sollte er tendenziell eher in Erfahrungen investieren», sagte er. «Nicht immer merken wir, wie materialistisch wir sind und wie sehr wir uns bereits Unternehmen wie Einkaufszentren ausgeliefert haben, die keine Erfüllung bringen.» Erlebtes hat unter anderem den Vorteil, dass es uns mit anderen Menschen auf eine Weise verbindet, wie es bei materiellen Gütern nur selten der Fall ist. Gilovich betonte, dass wir vermutlich nicht viel Dankbarkeit empfinden werden, wenn wir allein in unserem Auto zu einem großen Einkaufszentrum inmitten einer Asphaltwüste fahren. Erleben wir dagegen mit Freunden oder Angehörigen oder in der Natur etwas Großartiges, empfinden wir Dankbarkeit gegenüber dem Kosmos, der uns dieses Erlebnis gewährt hat. Welche Ereignisse uns dankbar stimmen, unterscheidet sich von Mensch zu Mensch, doch fast immer zählen sie zur Kategorie «Erfahrungen». In einem Einkaufszentrum gibt es nun mal keine kosmische Dankbarkeit zu kaufen.

Professor Gilovichs Rat, lieber in Erfahrungen als in Dinge zu investieren, wird immer populärer. Nach unserem Gespräch ging ich online, um für ein junges Paar ein Hochzeitsgeschenk zu kaufen. Auf der Liste standen die üblichen Küchengeräte und Weingläser, doch es gab auch die Möglichkeit, einen Beitrag zur geplanten Hochzeitsreise nach Hawaii zu leisten. Ich entschied mich, den beiden einen Tag Sporttauchen mit einem Privatlehrer zu schenken, weil es sie vermutlich dankbarer stimmen würde als ein Turbo-Entsafter. Es entspricht Professor

Gilovichs Erkenntnissen, dass Paare immer häufiger «Erlebnislisten» erstellen und sich anstelle von Porzellan und Kristall eine Ballonfahrt, ein Wochenende in einer Pension oder ein Champagner-Diner wünschen. Eine wunderbare Entwicklung! Silberbesteck läuft an, Erinnerungen hingegen behalten ihren Glanz und gewinnen im Laufe der Zeit sogar noch an Leuchtkraft.

Um Dankbarkeit hervorzurufen und einen Menschen mit dem Universum zu verbinden, braucht eine Erfahrung weder kunstreich noch anspruchsvoll zu sein. Ein Technikfreak in meinem Bekanntenkreis besitzt Saisonkarten für die San Francisco 49er und sagt über die Sonntage, an denen die Mannschaft spielt, es seien «die Tage, an denen ich dankbar bin, am Leben zu sein». Es macht ihm nichts aus, die ganze Woche lang hart zu arbeiten, denn er ist überglücklich, wenn er im Levi's-Stadion an der 40-Yard-Linie sitzt, wo es keinen Dresscode gibt, und aus vollem Herzen seine Jungs anfeuert. «Ich habe keine Rolex, dafür aber meine Footballspiele», erklärte er mir lachend.

Allerdings müssen wir aufpassen, damit wir unsere Erlebnisse nicht zum Allerweltsprodukt machen und sie damit zum käuflichen Objekt degradieren. Eine Freundin von mir kam neulich von einer einwöchigen Reise nach Venedig zurück, wo sie in dem eleganten Hotel Cipriani gewohnt hatte. Sie hatte die Stadt nach der Lektüre von *1000 Places to See Before You Die – Die Lebensliste für den Weltreisenden* ausgewählt, das auf Amazon als «meistverkauftes Reisebuch der Welt» beworben wird. Nach seinem Erscheinen im Jahr 2003 hatte das Buch auf der Bestsellerliste der *New York Times* auf Platz 1 gestanden und damit eine Lawine ähnlicher Titel ausgelöst, die offenbar eine neue hedonistische Tretmühle erschaffen haben. Jedenfalls erwartete ich, dass meine Freundin nach ihrer Rückkehr von romantischen Gondelfahrten, beeindruckenden Kirchen und exzellentem Essen schwärmen würde. Sie hatte allerdings einen ganz anderen Ansatz.

«Venedig war schön, und ich kann es jetzt von meiner Liste streichen», sagte sie. «Wo wir schon mal da waren, haben wir dann auch gleich noch zwei weitere Orte in Italien abgehakt.»

«Super», sagte ich lachend. «Wenn du 300 Jahre lebst, schaffst du vielleicht das ganze Buch.»

Tatsächlich würde es sogar noch länger dauern, denn die Neuauflage ist um 200 Tipps ergänzt worden. Wie soll meine Freundin voller Freude den Venedig-Trip genießen, wenn sie in Gedanken schon beim nächsten Highlight in Wien oder Venezuela weilt? Wir sollten darauf achten, nicht zu Erlebnisjunkies zu werden, die immer mehr wollen und das tatsächlich Erlebte weniger schätzen.

Der Verhaltensökonom und Nobelpreisträger Daniel Kahneman hat mal erklärt, es sei deshalb so schwer, über das zu sprechen, was uns glücklich macht, weil zwei verschiedene Anteile von uns zufriedengestellt werden müssten: das erlebende Selbst und das erinnernde Selbst. Ersteres lebt in der Gegenwart und nimmt alles zur Kenntnis, was in den 86 400 Sekunden eines Tages geschieht. Das erinnernde Selbst hingegen ist ein Geschichtenerzähler und verwebt kleine Aspekte dieser Erfahrungen zu Erinnerungen, die uns zu dem machen, was wir sind.

Der römische Philosoph Seneca schrieb einst: *Süß ist die Erinnerung an vergangene Mühen.* Wir alle haben Erfahrungen gemacht, die uns zunächst leidvoll erschienen, rückblickend aber dankbar stimmten.

Vor ein paar Jahren fuhren mein Mann und ich mit unserem jüngeren Sohn Matt zum Wandern in die österreichischen Alpen. Tag für Tag streiften wir durch sattgrüne Berglandschaften, überall träge grasende Kühe und Wildblumenteppiche, so weit das Auge reichte. Die Nächte verbrachten wir in gemütlichen Herbergen, wo wir uns nach einem leckeren Abendessen behaglich ins Bett kuschelten. Es war der perfekte Urlaub – bis zum vierten Tag. Am Morgen bezwangen wir einen Berg, der uns herausforderte, als Felsenhänge die Blumenwiesen ablösten, und nach dem Mittagessen erreichten wir, beflügelt von den atemberaubenden Ausblicken, den Gipfel, von dem aus wir in der Ferne eine hübsche rote Hütte entdeckten, in der wir übernachten wollten. Da sah Matt den Pfad, der ins Tal führte, und ich bemerkte seinen sorgenvollen Gesichtsausdruck. Ein paar Minuten lang suchte er nach einem anderen Weg, doch es gab keinen.

«Ist ziemlich steil, aber wird schon gehen», meinte Matt und ging voraus.

Der schmale Pfad schlängelte sich den Berg hinunter, auf der einen Seite nichts als Fels, auf der anderen ging es ungefähr 1000 Höhenmeter steil in die Tiefe. Mit anderen Worten: Ein falscher Schritt, und ich würde abstürzen, um nie mehr gefunden zu werden. Da ich mich ziemlich unbeholfen anstellen kann, lag die Wahrscheinlichkeit etwa bei 50:50. Zum Glück waren ein paar Haltegriffe und ein Seil in den Fels eingelassen, und ich klammerte mich kläglich daran. Ich hatte Angst, mich zu rühren, doch mir blieb keine Wahl. Zurückzugehen war keine Option, und der Weg war viel zu schmal und tückisch, als dass mich jemand an die Hand hätte nehmen oder mir helfen können. Ich konnte also nur stehen bleiben und in Tränen ausbrechen (meine erste Wahl) oder eine Möglichkeit finden, es zu schaffen.

Ich konzentrierte mich ganz auf jeden Schritt. Ron ging zum Schutz hinter mir, während Matt voranstürmte und alle paar Minuten stehen blieb, um mir ermutigend zuzurufen.

«Noch zehn Minuten, Mom, dann haben wir's hinter uns», sagte er irgendwann.

Ich blickte nach vorn und wusste, dass seine Einschätzung übertrieben optimistisch war. Dennoch war ich dankbar, dass er mir gut zuredete. Eine halbe Stunde später wurde der Pfad breiter und der Abhang sanfter.

Matt hob triumphierend die Arme. «Geschafft!», rief er aus.

Als er merkte, wie erschöpft und zittrig ich war, nahm er meinen Rucksack und hängte ihn sich vor die Brust (auf dem Rücken trug er seinen eigenen).

«Du brauchst meinen Rucksack nicht zu tragen», sagte ich.

«Mach ich aber gern. So bin ich im Gleichgewicht», erwiderte er fröhlich.

Ein paar Minuten lang ging er neben mir her, erzählte bezaubernde Geschichten, sang kurze Lieder und pfiff eine fröhliche Melodie. Wieder hätte ich am liebsten geweint, wenn auch aus einem anderen Grund.

«Danke, dass du mich da durchgelotst hast», sagte ich.

Hätte mich während dieses Abstiegs ein Wissenschaftler befragt, hätte ich zugeben müssen, dass es einer der schrecklichsten Momente meines Lebens war. Glücklich? Dankbar?

Kam zu jenem Zeitpunkt in meinem Vokabular nicht vor. Als ich mir später dann vor Augen führte, was wir geschafft hatten, war ich überglücklich und voller Dankbarkeit für meinen fürsorglichen Sohn. Es dauerte nicht lange, bis das erinnernde Selbst aktiv wurde. Als wir uns mit großen Limonadegläsern auf der Hüttenterrasse niederließen, sagte Matt: «Was für ein cooler Wandertag!»

«Unglaublich cool», stimmte ich zu.

Jetzt, da der Abstieg hinter mir lag, konnte ich würdigen, wie schön die Wanderung gewesen war. Außerdem: Ich hatte es geschafft!

Während des Bergabenteuers musste mein erlebendes Selbst ziemlich leiden, und mein erinnerndes Selbst empfand anschließend tiefe Befriedigung, aber es kann auch umgekehrt sein. Nehmen wir ein Abendessen in einem neuen Restaurant, wo das Essen hervorragend und der Service erstklassig ist. Sie und Ihr Liebster oder Ihre Liebste berühren sich zärtlich zwischen den einzelnen Bissen. Ihr erlebendes Selbst genießt zwei Stunden Sinnesfreuden, und während Sie den Löffel in der Crème brûlée versenken, empfinden Sie vielleicht große Dankbarkeit für all diese Wonnen. Doch beim letzten Gang schüttet Ihnen der Kellner einen Kaffee über Ihre Lieblingsseidenbluse, und als Sie das Lokal verlassen, findet die Garderobiere Ihre Laptoptasche nicht mehr. War es ein guter Abend oder nicht?

Kahneman würde sagen, dass die zwei Stunden Schwelgen im Glück – und zwar jede einzelne der 120 Minuten – tatsächlich stattgefunden haben und sich nicht wegdiskutieren lassen. Allerdings ist das machtvollere erinnernde Selbst stinksauer. Nachdem Sie die Bluse in die Reinigung gebracht und versucht haben, die auf dem Laptop gespeicherten Daten wieder aufzutreiben, ist Ihnen die Lust auf das leckere Tiramisu vielleicht endgültig vergangen.

Professor Kahneman hat herausgefunden, dass das Ende eines Erlebnisses unangemessen großen Einfluss auf die gesamte Erinnerung hat. Wenn zum Beispiel eine medizinische Behandlung mit einem Schmerzanfall endet, bleibt Ihnen Letzteres als schlimmere Erfahrung in Erinnerung, als wenn Sie die Schmerzen mittendrin verspürt hätten. Außerdem, so Kahnemans Ergebnisse, spielt es für das erinnernde Selbst keine Rolle, wie lange ein Erlebnis dauert. Entscheidend ist allein die Intensität, also die Höhe- und die Tiefpunkte. Jene Neuronen, die auch dafür sorgen, dass uns alles Neue und Unbekannte im Gedächtnis bleiben, arbeiten bestenfalls zu Ihren Gunsten. Unternehmen Sie zum Beispiel mehrmals im Jahr Kurzreisen, liefern diese meist mehr Höhepunkte – und damit dankbar stimmende Erinnerungen – als ein langer, dafür aber eher unspektakulärer Urlaub.

Ein paar Tage, nachdem ich all diese Dinge erfahren hatte, ging ich mit meinem Freund David spazieren, und wir gerieten in einen Schauer.

«Hinterher lachen wir uns kaputt», sagte ich, als wir im strömenden Regen losliefen, um uns unterzustellen. Sobald wir ein Dach über dem Kopf hatten, erklärte ich ihm die Sache mit dem erlebenden und dem erinnernden Selbst.

David nickte nachdenklich. «Okay, aber woran sollen wir uns ausrichten? Was von beidem stimmt uns dankbarer?»

Eine interessante Frage, denn Dankbarkeit kann aus jedem Teil unseres Selbst entspringen. Der unmittelbare Ausdruck von Dankbarkeit wirkt sich positiv auf das erlebende Selbst aus. Wenn es dann noch dem erinnernden Selbst gelingt, eine vergangene Erfahrung (wie zum Beispiel die geschilderte Alpenwanderung) in ein positives Licht zu setzen, ist man erneut von Dankbarkeit erfüllt.

Beim Nachdenken über Kahnemans Forschungsarbeit wurde mir klar, dass Dinge oder Erlebnisse unser Wohlbefinden nur dann erhöhen, wenn sie das erinnernde Selbst aktivieren. Das, was wir am meisten schätzen, ist vermutlich mit einer Erinnerung verbunden, wie das auf der Paris-Reise gekaufte Parfüm oder der Strampelanzug, den unser Baby an seinem ersten Geburtstag anhatte. Manchmal erhält ein Gegenstand seinen besonderen und anhaltenden Glanz auch durch seine Herkunft, etwa die Liebe, mit der er geschenkt wird, oder die Dankbarkeit, die wir als Beschenkter empfinden. Doch dies sollten wir nicht als Ausrede benutzen, um haufenweise Zeug zu behalten. Ihr erinnerndes Selbst kann auch dann noch Dankbarkeit für den traumhaften Tag Ihrer Hochzeit empfinden, wenn das inzwischen leicht vergilbte, mit Spitzen und Perlen besetzte Hochzeitskleid nicht mehr auf dem Dachboden hängt. Selbst wenn wir glauben, für das, was wir besitzen, dankbar zu sein, wollen wir damit oft nur die Erlebnisse aus der Vergangenheit festhalten.

Wissenschaftliche Untersuchungen haben es mir angetan, weshalb ich den Gedanken, eher in Erfahrungen als in Dinge zu investieren, voll und ganz akzeptierte. Trotzdem meldete sich in mir eine Stimme zu Wort, und zwar die meiner sparsamen, vernünftigen Mutter. Praktisch veranlagt, wie sie war, hatte sie sich stets dafür ausgesprochen, sein hart erarbeitetes Geld in bleibende Werte zu investieren. Urlaube, Partys und vergnügliche Abende waren für sie flüchtige Frivolitäten, die im Wind verwehten. «Steck dein Geld in Dinge, die du jeden Tag siehst», belehrte sie mich in jüngeren Jahren mit dem Argument, das habe sie so von ihrer Mutter gelernt. Meine Mutter verreiste so gut wie gar nicht, dafür besaß sie immer tolle Sofas.

Auf einmal begriff ich, dass Mom recht gehabt hatte, als sie mir zu Investitionen in bleibende Dinge riet. Falsch lag sie nur bei dem, was sie für bleibend hielt. Sofas werden alt und fleckig, und bei Investitionen in Dinge, die man tagtäglich sieht, stellt sich das Problem, dass man sie irgendwann eben nicht mehr sieht. Besitz tritt in den Hintergrund, Erlebtes hingegen bleibt in unserer Erinnerung lebendig. Vielleicht dauerte der Urlaub in Miami nur fünf Tage, aber das ist nicht wirklich entscheidend. Wenn die Reise ein Teil Ihrer Erinnerungen und damit ein Teil dessen wird, was Sie ausmacht, dann sind Sie unter Umständen Ihr Leben lang dankbar dafür. Vergänglich? Ganz und gar nicht.

Als mein Vater am Ende seines Lebens sehr krank wurde, saß ich bei ihm im Krankenhaus, hielt seine Hand und erinnerte mich zusammen mit ihm an all das, was ihn glücklich gemacht hatte. Es war sehr bewegend. Er sprach von seinen Kindern und seiner Frau und beschrieb mir sogar eine ihrer seltenen Reisen – mit dem Schiff nach Alaska. Er hatte lebendige Erinnerungen an die Gletscherszenerien und ein Abendessen unter dem Sternenhimmel. Möbel standen nicht auf der Liste der Dinge, für die er dankbar war.

Ron und ich haben unsere Kinder in einem Vorort von New York großgezogen, und als sie älter wurden (seufz!), beschlossen wir, in die Stadt zu ziehen. Ich hatte es satt, immer dieselben Wände zu sehen, und sehnte mich nach etwas Neuem. Das Haus war schnell verkauft, worauf sich sofort die Panik bei mir meldete und ich seltsamerweise in den Rückwärtsgang schaltete. Seit mir das alles nicht mehr gehörte, sah ich die hübschen Tapeten, den eleganten Kamin und die deckenhohen Bücherregale mit anderen Augen. Wie hatte ich nur ihrer müde werden können? In unserem großen Keller und auf dem Dachboden stapelten sich Gegenstände aus der Kindheit unserer Söhne: Bilder, die Zach im Kindergarten mit Fingerfarben gemalt hatte, mit einer Eins bewertete Hausaufgaben von Matt aus der ersten Klasse, mindestens 20 Paar kleiner blauer Keds-Sneakers und Trikots aus jeder einzelnen Baseballsaison der Little League. Ich besaß etliche Truhen, Aktenschränke, Kisten und Schachteln voller Schätze.

«Warum verkaufen wir unser Haus überhaupt?», jammerte ich meinem Mann eines Abends vor. «Hier haben wir unsere Kinder großgezogen.»

«Stimmt, aber wir verkaufen ja nicht unsere Kinder», erinnerte er mich.

Ich wählte ein paar Sachen aus, die ich aufheben wollte (allem voran Zachs Aufsatz über die Mayas aus der dritten Klasse) und fotografierte vieles andere (all die niedlichen Stofftiere zum Beispiel). Irgendwann wurde ich gnadenlos. Ich brachte Kartons voll Kleidung zum Secondhandladen der Junior League und überließ riesige Taschen mit Decken und Kochgeschirr wohltätigen Organisationen. Ich verschenkte Hunderte von Büchern und spendete die zu klein gewordene Kleidung und Skates der Jungs, damit andere noch etwas davon hatten. Endlich verstand ich, dass mich nicht die ausgefranste Babydecke glücklich machte, sondern die Erinnerung an den süßen Säugling, der darunter geschlafen hatte. Am Umzugstag stand ich daneben, als jeder einzelne Gegenstand, den ich noch besaß, in dem Lastwagen gestapelt wurde. Wollte man das Leben an den im Lauf der Jahre angesammelten Dingen messen, dann fuhr meines gerade davon.

Sobald das Haus leer war, machten Ron und ich einen letzten Rundgang und empfanden zu den leeren Räumen seltsamerweise keine Verbindung mehr.

«Es war also gar nicht das Haus, das uns glücklich gemacht hat, sondern die Menschen, die darin gewohnt haben», sagte ich, als wir die Tür zum letzten Mal hinter uns schlossen.

Die Dinge, die ich weggegeben hatte, spielten keine Rolle mehr, denn mir blieb, was von Bedeutung war: meine Erinnerungen an Geburtstagspartys, Lachen und Umarmungen im Familienkreis. Die neue Wohnung in Manhattan richteten wir klar und minimalistisch ein, und die Besucher staunten, wie frei und offen sie wirkte. Eine Freundin wirbelte herum und sagte: «Hier habe ich das Gefühl, atmen zu können.» Mir ging es wie ihr.

In einer Studie der Baylor University stellten Forscher der Fakultät Psychologie und Neurowissenschaften fest, dass Dinge und Dankbarkeit in umgekehrtem Verhältnis zueinander stehen. Sie schlossen daraus, dass «Materialismus dauerhaft einem niedrigeren Niveau an Lebenszufriedenheit entspricht». Anstatt zu versuchen, die innere Leere mit Schmuck, Kleidern und Autos zu vertreiben, sollte man sich besser in Dankbarkeit üben, die der Leere keinen Raum lässt. Als Bonus verlangt es dankbare Menschen eher selten nach Dingen, die ihrem Wohlergehen auf lange Sicht ohnehin nicht zuträglich sind.

Der Gedanke, dass Besitz, Besitz und noch mehr Besitz uns nicht glücklich macht, scheint sich langsam durchzusetzen. Dem *Wall Street Journal* zufolge erreichte der Absatz von Kleidung im Jahr 2005 in Amerika seinen Höhepunkt – in dem

Jahr kaufte jeder Amerikaner durchschnittlich 69 Kleidungsstücke. 69 Kleidungsstücke? Selbst wenn ich jede einzelne schwarze Strumpfhose dazuzähle (und von denen besitze ich eine Menge), erscheint mir das verblüffend viel. Im Jahr 2013 gaben wir Amerikaner zwar mehr Geld aus als sonst, kauften aber weniger, nämlich nur noch 63 Kleidungsstücke pro Person. Anstatt sich mit ihren endlosen Einkäufen zu brüsten, priesen Mode-Blogger auf einmal den «minimalistischen Kleiderschrank» und posteten Fotos von halbleeren Fächern. Dahinter steckte das Konzept, weniger Dinge zu haben, um sie vermehrt schätzen zu können.

Zwar hatte ich inzwischen akzeptiert, dass Erlebtes wertvoller ist als materieller Besitz, doch ich merkte, dass mich einige meiner Habseligkeiten sehr wohl dankbar stimmten. Ron und ich lieben Kunst, und meine großartige Freundin Margot Stein, eine Kunsthändlerin mit wahrlich außerordentlichem Gespür, hat für uns im Laufe der Jahre einige traumhaft schöne Lithographien aufgestöbert, die wir uns sogar leisten konnten (wenn auch nur, weil sie uns jeweils einen wirklich guten Preis machte). Jeden Morgen, wenn ich ins Wohnzimmer kam, blieb ich stehen, um mir meine Lieblingsdrucke anzusehen, und jedes Mal musste ich lächeln.

Daher fragte ich mich, ob Kunst vielleicht eine Ausnahme zu der von Professor Gilovich aufgestellten Regel darstellt, dass Erlebnisse die größte Dankbarkeit auslösen. Doch dann fiel mir ein, dass Kunst ja Erleben ist. Ich trat zu interessanten Bildern in Beziehung, ob sie nun bei mir zu Hause oder in einem Museum hingen. Dies gilt sicher auch für andere Gegenstände, die eher eine Erfahrung darstellen und somit nicht dem Gewöhnungseffekt oder der hedonistischen Tretmühle anheimfallen. Ich kenne einen Mann, der klassische Gitarren sammelt. Es sind materielle Objekte, keine Frage, aber es sind zugleich auch Instrumente mit einer Geschichte, die jedes Mal in den Vordergrund tritt, wenn er darauf spielt. Der Komiker Jay Leno hat 130 Autos und 93 Motorräder in der Garage stehen (besser gesagt, in einer Halle neben einem Flughafen), und bei allen steckt der Schlüssel im Zündschloss, denn er benutzt sie alle. «Ich habe sie nie als Sammlung angesehen», sagte Leno einmal, um zu erklären, dass er behielt, was ihn glücklich machte, ob das nun ein 1,2 Millionen Dollar teurer McLaren war, ein altehrwürdiger Bugatti oder ein Chevy.

Für Leno sind die Autos selbst ein Erlebnis, allerdings kann Besitz auch Erlebnisse schaffen. Als meine wunderbare Verlagslektorin Jill und ihr Mann sich den ersten VW-Jetta kauften, spielten weder Sitzheizung noch Turbolader eine Rolle, sondern nur das, was sie mit dem Auto anfangen konnten. Mit einem Mal war es ihnen möglich, am Wochenende weiter entfernt wohnende Verwandte zu besuchen oder ihre Freunde nach einem Abendessen in ihrer Wohnung in Queens nach Hause zu fahren. («Andernfalls hätten wir uns eher gescheut, sie zu uns raus zu bitten», erklärte Jill.) Im Urlaub setzten sie sich in ihren Jetta und erkundeten die Umgebung. Nicht das Auto war das Vergnügen, sondern die Abenteuer, die sie damit erlebten.

Mein Mann besitzt eine Sammlung seltener amerikanischer Briefmarken, die er als Kind begonnen und über die Jahre weitergeführt hat. Einmal kam ich spätabends in sein Zimmer, als er gerade eine kürzlich erworbene Fünf-Cent-Marke von 1858 mit dem Konterfei von Thomas Jefferson unter dem Vergrößerungsglas betrachtete. Seine Augen leuchteten vor freudiger Erregung.

«Du siehst aus wie ein Mann in den Klauen der Leidenschaft», sagte ich.

«Meine Frau würde ich nicht gegen eine Briefmarke eintauschen, aber dieses Exemplar hier bereitet mir wirklich sehr viel Freude», gestand er.

Wir können die von Gilovich beschriebene kosmische Dankbarkeit also auch durch Gegenstände erfahren, sofern sie unsere Leidenschaft wecken. Dankbar sind wir immer dann, wenn wir echte Verbundenheit empfinden, ob nun zu einem anderen Menschen, einem Erlebnis oder einer Briefmarke. Ich bin für einige Dinge sehr dankbar, die zum Erlebnis geworden sind (oder denen ich es erlaubt habe), doch im Übrigen gilt für mich bis heute die Lektion, die ich beim Umzug nach Manhattan gelernt habe: dass ich mit weniger Dingen besser dran bin als mit vielen.

Daher suchte ich die Quittungen für die weichen Handtücher, die blassgrüne Bettwäsche und die gelben Müslischüsseln heraus und ging noch einmal zu Bloomingdale's. Die Verkäuferin war so nett, sie zurückzunehmen. Nur das Keramikmesser behielt ich, weil ich nicht für alles dankbar sein muss, was ich besitze. Hin und wieder möchte ich auch bloß in der Lage sein, den Kuchen anzuschneiden.

6

Aufs Geld kommt es an – oder vielleicht auch nicht

Dankbar, Geld inzwischen mit anderen Augen zu betrachten

Dankbar für die Entdeckung, wie ich mich selbst glücklicher machen kann

Dankbar, mich nicht mehr über Geld definieren zu müssen und nur noch an seinen praktischen Nutzen denken zu können

Als ich meinem Mann verkündete, dass ich mich in diesem Monat meines Dankbarkeitsjahres dem Thema Geld widmen würde, kräuselte er die Lippen, als hätte er gerade in eine Limette gebissen.

«Über Geld zu sprechen versetzt dich nie in eine dankbare Stimmung», sagte er.

«Genau darum will ich daran arbeiten», gab ich zu.

Ron verwendet verschiedene Apps und Computerprogramme, um unsere Ersparnisse, Investitionen und Ausgaben zu organisieren, und alle paar Monate bitte ich ihn, die Kontoauszüge auszudrucken, um sie zusammen durchzugehen. Das nahm bisher nie ein gutes Ende. Im Allgemeinen stand mir dann der Schreck ins Gesicht geschrieben, und ich fragte: «Ist das alles?»

«Was hast du dir denn erhofft?», fragte er mich letztes Mal. Darauf fiel mir dann keine Antwort mehr ein. Jedenfalls war es ... mehr als das.

Daher lautete mein neuer Vorsatz in diesem Frühling, dankbar zu sein für das, was ich auf dem Konto hatte, anstatt mich über das zu ärgern, was nicht da war. Ich beschloss, mir als Erstes eine neue Sichtweise auf das Thema Geld anzueignen. Wie sich gezeigt hat, ist es schließlich einzig und allein eine Frage der Perspektive, wie dankbar wir für das sind, was wir verdienen.

Die Standardökonomie behauptet, ein Dollar sei ein Dollar, und es spiele keine Rolle, wie man dazu kommt oder wie viel der Nachbar besitzt. Die neue Generation von Verhaltensökonomen weist jedoch darauf hin, dass die Frage, ob wir zufrieden mit unserem Verdienst sind, in hohem Maße davon abhängig ist, wie viel die Menschen in unserem Umfeld verdienen. Vor die Wahl gestellt, würden die meisten von uns lieber 100 000 Dollar verdienen, solange die Nachbarn nur 75 000 Dollar bekommen, als ein Gehalt von 110 000 Dollar zu haben, sofern der Nachbar 200 000 erhält. Das hat sich in diversen Studien und Untersuchungen gezeigt. Auf drei Jahre gesehen, würden die meisten lieber mit weniger Gehalt anfangen und jedes Jahr mehr bekommen, anstatt zunächst mehr zu verdienen und dann immer weniger. Dies gilt selbst für den Fall, dass die Gesamtsumme über die drei Jahre gesehen am Ende geringer ist. Wenn es um Geld geht, regiert offenbar nicht immer die Vernunft.

Vor ein paar Jahren schrieb ein 30-jähriger Börsenhändler namens Sam Polk in der *New York Times* einen Gastartikel, der viele Leser in Rage brachte. Darin erklärte er, er habe der

Wall Street den Rücken gekehrt, nachdem er einen Bonus von 3,6 Millionen Dollar erhalten und sich geärgert habe, dass es nicht mehr sei. «Ich vermute, dass sich 90 Prozent der Wertpapierhändler an der Wall Street unterbezahlt fühlen», erklärte er später. Er gab zu, dass er seinen Verdienst nur mit dem des Kollegen am Schreibtisch nebenan verglichen habe, anstatt ihn in Relation zum Rest der Welt zu setzen. Auf den ersten Blick mag man Sam Polk für völlig abgehoben halten, dennoch behaupten die Verhaltensökonomen, dass wir alle ähnlich reagieren (auch wenn wir weniger Geld auf der Bank haben).

Der Wertpapierhändler Polk erkannte, dass etwas nicht stimmte. Er kam zu dem Schluss, er sei geldsüchtig, und erkannte, dass er in einem Hamsterrad steckte, in dem er niemals glücklich werden würde. Als er ausstieg, erklärte er einem Reporter, er habe sich kein abenteuerlich hohes Ziel mehr gesetzt, vielmehr bestehe die Herausforderung für ihn darin, «mit tiefer Dankbarkeit mein Leben zu akzeptieren, so, wie es ist».

Ich sprach darüber mit meinem Mann, der schlagfertig konterte, ich hätte Polks Probleme nicht, denn wenn ich geldsüchtig wäre, besäße ich wahrscheinlich viel mehr davon. Trotzdem kamen wir überein, dass ich mir grundsätzlich darüber Gedanken machen sollte, welche Summe mich zufriedenstellen würde, bevor wir in diesem Monat zusammen unsere Finanzen durchgingen. Meine Theorie war, dass ich gar nicht so viel brauchte, um Dankbarkeit zu empfinden. Ich brauchte lediglich genug Geld, um nicht ständig ans Geld denken zu müssen.

In dem Versuch, mir einen Überblick zu verschaffen, fand ich heraus, dass ungefähr ein Drittel der Weltbevölkerung mit weniger als zwei Dollar am Tag auskommen muss. Am größten ist die Armut in Afrika südlich der Sahara. Wir Bewohner der Industrienationen sollten daher morgens beim Aufwachen dankbar sein, dass wir in diesem Teil der Welt geboren sind. Als ich mit Matt Damon an den Zeitschriftenartikeln arbeitete, begann ich mich für seine Wohltätigkeitsorganisation Water. org zu interessieren und investierte sogar Zeit in eines ihrer Projekte. Anders als viele Promis war Damon nicht nur das Aushängeschild, vielmehr hatte ihn die Tatsache, dass ungefähr 760 Millionen Menschen auf unserem Planeten keinen Zugang zu sauberem Wasser haben, zutiefst schockiert. Daran etwas zu ändern wurde für ihn zu einer wichtigen Mission (und war Thema unseres ersten gemeinsam verfassten Artikels). Er war oft in Late-Night-Shows zu Gast, von David Letterman bis Jimmy Kimmel, um über den Mangel an Toiletten und fließendem Wasser zu sprechen. Aber er wusste auch, dass die Zuschauer lieber etwas über seine letzten Auftritte auf dem roten Teppich hören wollten.

«Wie oft kann man darauf hinweisen, dass in jeder Minute ein Kind an einer Krankheit stirbt, die mit unsauberem Wasser zusammenhängt?», fragte er mich trocken. Einerseits wusste er, dass er es nicht oft genug sagen konnte, andererseits war ihm klar, dass wir die Entbehrungen extremer Armut nicht leicht nachempfinden können. Daran gewöhnt, einfach den Wasserhahn aufzudrehen, fällt es uns schwer, uns in die Lage von Menschen zu versetzen, die kilometerweit zum nächsten Brunnen laufen müssen.

Auf der Suche nach Vergleichen, die etwas leichter zu verstehen sind, fand ich heraus, dass Ökonomen der Internationalen Arbeitsorganisation der Vereinten Nationen versucht hatten, ein Weltdurchschnittseinkommen zu errechnen. Herausgekommen waren 1480 Dollar im Monat oder knapp 18 000 Dollar im Jahr. Diese Zahlen können wir schon eher nachvollziehen. (Die Berechnungen wurden mit endlosen Vorbehalten und Komplikationen veröffentlicht und bezogen nur Menschen ein, die einen Lohn bekamen.) Als die Zahlenjongleure beim Marktforschungsinstitut Gallup ein mittleres Haushaltseinkommen in allen Teilen der Welt ermitteln wollten, kamen sie auf Ergebnisse wie 673 Dollar im Jahr in Burundi bis hin zu über 50 000 Dollar im Jahr in Norwegen, Schweden und Luxemburg. Die Vereinigten Staaten und Großbritannien lagen beide an der 40 000-Dollar-Marke.

Zusammengenommen bedeutet das, dass der Durchschnittsbürger in den USA (oder Großbritannien) einen etwa doppelt so hohen Lebensstandard hat wie der Weltdurchschnitt. Doch wie der Autor Garrison Keillor uns in seinen Geschichten aus dem fiktiven Lake Wobegon gezeigt hat, gehen wir alle davon aus, über dem Durchschnitt zu liegen. Wie die Wertpapierhändler an der Wall Street vergleichen wir unseren Lebensstandard nicht mit dem der ganzen Welt, sondern mit dem unserer Nachbarn – und sind entsprechend deprimiert. Sofern man nicht der mexikanische Geschäftsmann Carlos Slim ist, der häufig die Milliardärslisten anführt, gibt es immer jemanden, der besser gestellt ist als man selbst. Wie arm müssen sich Bill Gates und Warren Buffett in den Jahren fühlen, in denen sie auf Platz zwei oder drei rutschen.[2]

---

[2] Bill Gates war kürzlich wieder mal Nummer eins, und in seiner der Menschenliebe entsprungenen dankbaren Haltung macht er sich jetzt wahrscheinlich nur darüber Gedanken, wie sich dieses Geld für gute Zwecke einsetzen lässt.

Ich habe eine entzückende Freundin, die ich hier Abby nennen möchte. Sie ist hübsch, lebenslustig und obendrein sexy und hat immer schon Männer angezogen. Mittlerweile ist sie glücklich verheiratet, aber immer noch gut befreundet mit einem Mann, mit dem sie vor Jahren liiert war. Dank seiner Intelligenz (die er zweifelsohne besitzt) und ausgesprochenem Glück (das er ebenfalls hat), ist er inzwischen äußerst erfolgreich. Eines Tages holte er Abby ab, um mit ihr Mittagessen zu gehen, und als sie auf der Rückbank seiner Limousine saßen, schlug er die letzte Ausgabe von *Forbes* auf, um ihr auf der Liste der 400 reichsten Menschen der Welt seinen Namen zu zeigen. Sie gratulierte ihm, während er weiter in dem Magazin blätterte – und einen Augenblick später vor Wut explodierte, als er las, dass einer seiner Konkurrenten 20 Plätze vor ihm lag. «Wie kann dieser Trottel mich bloß schlagen!», rief er.

Da Abby ihren Freund schon lange vor seinem Aufstieg zum «Master of the Universe» gekannt hatte, konnte sie gut beurteilen, wie weit er es nach oben geschafft hatte. Er vermochte es offenbar nicht. Ihm reichte es keineswegs, ein weltweit agierendes Unternehmen zu besitzen, Frau und Kinder zu haben, die ihn liebten, und stattliche Häuser an diversen Orten auf der ganzen Welt sein Eigen zu nennen. Er wollte lieber auf der *Forbes*-Liste 20 Plätze weiter vorn stehen.

Warum sabotieren wir uns auf diese Weise selbst?

Es ist leicht, sich über Abbys Freund zu mokieren oder den Wall-Street-Wertpapierhändler (vor seinem Umdenken) abstoßend zu finden, doch auf unserem bescheideneren Niveau ziehen wir fast alle die gleichen herabsetzenden Vergleiche. Es wurmt uns, wenn sich unser Nachbar ein größeres Haus oder ein schickeres Auto leisten oder eine neue Einbauküche kaufen kann. Wir wünschen uns den Viking-Herd nicht, um schneller Eier kochen zu können, sondern weil er mehr kostet und – zum Kuckuck! – weil er uns zusteht. (Zum Glück habe ich meinen simplen Gasherd beim Umzug behalten und bin nach wie vor damit zufrieden.) Eine Freundin von mir sagt, der Fluch ihres Lebens in der Upper East Side von Manhattan bestehe darin, dass jeder ihrer Bekannten reicher ist als sie und das auch zur Schau stellt. Doch egal, in welchem Umfeld man lebt, es findet sich immer jemand, der mehr Geld hat.

Viele Menschen haben sich wissenschaftlich mit dem Thema Geld befasst, unter anderem mit den Fragen, wie wir es anhäufen, wie wir darüber denken und welche Gefühle es in uns weckt. Einige der interessantesten Untersuchungen, auf die ich gestoßen bin, stammen von Paul Piff, einem hochintelligenten Sozialpsychologen, der inzwischen an der University of California in Irvine arbeitet. Piff erkannte, wie bereitwillig wir die Vorzüge übersehen, die uns gegeben sind. Mit am interessantesten finde ich ein Experiment, in dem er Menschen zum *Monopoly*-Spielen einlud und von Anfang an klarstellte, dass das Spiel manipuliert sei. Einer der beiden (zufällig ausgewählten) Spieler begann mit doppelt so viel Bargeld wie der andere, bekam doppelt so viel Geld, wenn er über «Los» ging, und durfte in jeder Runde zweimal statt einmal würfeln, kam also auch doppelt so schnell auf dem Brett voran. Piff beobachtete, dass die «reichen» Spieler schnell Anzeichen von Dominanz zeigten, die Spielsteine (sie bekamen immer den Rolls-Royce) aggressiv auf das Brett knallten und jeden Erfolg (selbstgefällig) feierten. Als man sie hinterher bat, das Spiel zu beschreiben, strichen die Sieger heraus, wie klug sie agiert hätten, bestimmte Straßen zu kaufen, und wie wohlverdient ihr Sieg sei. «Fast niemand schrieb seinen Erfolg dem anfänglichen Kopf-oder-Zahl-Spiel zu, das ihn erst in die privilegierte Position gebracht hatte», erklärte Piff mir lachend bei einem langen, lebhaften Gespräch über seine Arbeit.

Selbst wenn eindeutig klar ist, dass die Welt zu unseren Gunsten manipuliert wurde, verkünden wir instinktiv, dass uns das, was wir bekommen haben, auch zusteht. Würdigten die Gewinner beim *Monopoly*, dass sie mit 2000 Dollar begonnen hatten und nicht mit 1000 wie ihre Gegner? Oder dass sie, wenn sie über «Los» gingen, 200 Dollar einstrichen statt 100? Ja, natürlich, aber das habe nicht so stark zum Ergebnis beigetragen wie ihr (wie sie behaupteten!) brillantes Spiel. Piff sagte außerdem, unser Geist habe die Tendenz, positive Erfahrungen mit interner Attribution – also als eigene Leistung – zu interpretieren. «Das steht im Widerspruch zur Dankbarkeit, die bedeutet, dass ich keinen Anspruch auf das Gute habe, das mir widerfährt, aber glücklich darüber bin.»

In einem alten Song von Ray Charles heißt es: «Wenn es das Unglück nicht gäbe [...], dann hätte ich überhaupt kein Glück gehabt.» Was zunächst lustig klingt, beschreibt genau das, was die meisten von uns irrigerweise empfinden. Es gibt keine reale Antwort auf die Frage «Was bin ich wert?», daher nehmen wir alles als Messlatte, was wir gegenwärtig haben. Von dort aus kann es nur aufwärtsgehen, und wenn das nicht passiert, jammern wir über unser Pech. Doch nie kommt es uns in den Sinn, dass das Gute, das uns widerfährt, zumindest teilweise auch vom Glück abhängt und dass wir dafür dankbar sein sollten. Anstatt es als ungerecht einzustufen, wenn etwas schiefgeht, sollten wir lieber dankbar sein, wenn etwas gut läuft, oder?

Piff entwickelte sein *Monopoly*-Spiel wegen der offenkundigen Parallelen, die sich im echten Leben bei so vielen Menschen zeigen – von den Kindern aus privilegierten Familien bis hin zu fast jedem, der auf seinem Weg zu Wohlstand Hilfe erfahren hatte, ohne es sich einzugestehen. Der Sozialpsychologe erzählte mir von einem CNN-Bericht einige Zeit nach den Wall-Street-Rettungsaktionen. Der Nachrichtensender zeigte Interviews mit Männern, die in Bars vor ihren Kollegen damit protzten, ihr Erfolg beruhe allein auf ihrem Scharfsinn und Fachwissen, die Rettungsaktion habe damit nichts zu tun gehabt. Dass das Finanzministerium knapp 700 Milliarden Dollar ausgegeben hatte, um die Situation zu retten, die diese Wichtigtuer vermasselt hatten, schien ihnen nicht in den Kopf zu wollen.

«Wohlstand führt dazu, dass man sein Augenmerk verstärkt auf sich selbst richtet anstatt auf seine Umgebung», sagte Piff. «Es zeichnet sich die Tendenz ab, das Gute, das einem widerfährt, auf eigenes Handeln zurückzuführen, durch das man es sich verdient hat.» Dabei vergisst man schnell, jenen Menschen zu danken, die zum jeweiligen Erfolg beigetragen haben.

Der Sozialpsychologe, der fasziniert verfolgte, wie Geld die Menschen verändert, verglich in einer weiteren Studie die Fahrgewohnheiten von Menschen in teuren Autos (zum Beispiel BMWs) mit der von Fahrern günstigerer Modelle (wie Toyotas). In Kalifornien ist es gesetzlich vorgeschrieben, an einem Zebrastreifen anzuhalten, doch als er eine vielbefahrene Kreuzung beobachtete, stellte Piff fest, dass 50 Prozent der BMW-Fahrer nicht abbremsten, um die Fußgänger passieren zu lassen. Hingegen blieben sämtliche Fahrer der bescheideneren Modelle stehen, wie das Gesetz es verlangt.

Durch das Verhalten der BMW-Fahrer und *Monopoly*-Spieler wurde ihm klar, dass Geld in uns ein unangemessenes Anspruchsdenken weckt. Wertschätzung anderen gegenüber? Fehlanzeige. Die gesteigerte Ichbezogenheit und Selbstzufriedenheit der Probanden standen ihrem Mitgefühl und oft auch der altmodischen Moral im Weg. In einem weiteren Experiment sagte er den Teilnehmern, die Bonbons in einem Glas seien für Kinder reserviert, woraufhin die meisten die Süßigkeiten nicht anrührten. Die Reichen jedoch bedienten sich nach Herzenslust. Andere Studien haben gezeigt, dass Reiche einen geringeren Prozentsatz ihres Verdienstes für wohltätige Zwecke spenden als weniger gutgestellte Bürger. Piff nimmt an, dass Menschen, die auf alles, was sie besitzen, ein Anrecht zu haben glauben, es weniger bereitwillig teilen.

An diesem Punkt kommt die Dankbarkeit ins Spiel.

Der Sozialpsychologe ist der Meinung, das bereits erwähnte «Dankbarkeitstraining» könnte das Anspruchsdenken abmildern, sodass wir unsere «Aufmerksamkeit eher darauf richten, was andere für uns getan haben, anstatt darauf, was wir für andere getan haben». Schon mit kleinen Denkanstößen ließe sich eine beachtliche Wirkung erzielen. Wenn man erreichen könnte, dass sich die Reichen der Hilfe erinnern, die sie irgendwann im Leben von anderen bekommen haben, könnte man sie unter Umständen zu mehr Hilfsbereitschaft motivieren – und dazu, Kindern keine Süßigkeiten wegzufuttern.

Ich neckte Piff damit, dass er zum Rockstar der Sozialpsychologie geworden sei, immerhin wurde ein Interview mit ihm zum Thema «Geld und Anspruch» auf YouTube zweieinhalb Millionen Mal angeklickt.

«Bevor ich zum Rockstar werde, muss ich dringend etwas mit meinen Haaren machen», erwiderte er lachend. «Aber im

Ernst, ich glaube, das große Interesse zeigt lediglich, wie dringlich dieses Thema ist.»

Er würde als Erster zugeben, dass die meisten Reichen offenbar eine Menge zu ihrem eigenen Erfolg beigetragen haben. «Aber wir alle haben auch Unterstützung von anderen bekommen, und sei es nur durch den Elternteil, der uns die Windeln gewechselt hat. Dankbarkeit lenkt die Ausrichtung von einem inneren auf einen äußeren Fokus und erinnert uns daran, dass die Welt gut zu uns war.»

Während des Wahlkampfs im Jahr 2012 sagte die heutige Senatorin Elizabeth Warren in einer Rede, es sei «niemand in diesem Land ganz aus eigener Kraft reich geworden». Sie wünschte sich von den Geschäftsleuten in Amerika mehr Dankbarkeit für die Vorteile, die sie haben: Polizei und Feuerwehr, die unsere Fabriken schützen, die Autobahnen, die den Güterverkehr erleichtern. Präsident Obama versuchte es mit einem ähnlichen Ansatz, aber sein leicht abgedroschenes Argument («Sie haben das nicht selbst aufgebaut») wurde zur republikanischen Wahlkampfparole. Nachdem der politische Aktivismus abgeebbt und die Wahl vorbei war, hätten die meisten Amerikaner vermutlich zugestimmt, dass ein Geschäftsmann in den USA mit Vorzugsbedingungen startete, die viele andere auf der Welt auch gerne hätten. Sich an die Brust zu schlagen und zu verkünden: «Ich habe das ganz allein aufgebaut!», könnte da vermessen wirken.

Doch Geld ist und bleibt ein äußerst heikles Thema. Inzwischen habe ich fast allen Leuten, denen ich begegnet bin, von meinem Dankbarkeitsprojekt erzählt, und die Reaktionen waren fast durchweg positiv. Menschen, von denen ich es am wenigsten erwartet hatte (darunter ein Taxifahrer), berichteten mir, dass sie ein Dankbarkeitstagebuch führten. Auch die meisten anderen konnten dem Gedanken etwas abgewinnen, dankbarer für ihre Familie, ihre Freunde und das Alltagsleben zu sein. Sobald ich jedoch versuchsweise das Thema Geld anschnitt, war von Dankbarkeit keine Rede mehr. Die Leute erzählten mir, wie hart sie arbeiteten und dass sie jeden Cent verdient hätten. Daran zweifelte ich nicht, denn ich empfand ja genauso. Aber wenn wir schon alle eine manipulierte Partie *Monopoly* spielen, sollten wir dann nicht ein bisschen mehr Demut zeigen und den Menschen, dem Land und den Umständen, die uns all die Vorteile verschafft haben, dankbar sein?

Ich diskutierte diesen Gedanken mit meinem Freund Dr. Henry Jarecki, der eine Generation älter als ich und einer der klügsten Menschen ist, die ich kenne. Er begann seine Laufbahn als Psychiater, wechselte dann in die Wirtschaft und gründete schließlich viele verschiedene Firmen, um sie später für ein Vermögen zu verkaufen. Er wohnt in einem über 1600 Quadratmeter großen Townhouse in Manhattan, besitzt zwei der Britischen Jungferninseln und beschäftigt einen Privatpiloten, der ihn zu seinen diversen Wohnsitzen fliegt. Zu seinen Schätzen gehören außerdem seine Frau, mit der er schon ewig zusammen ist, vier liebende Söhne (darunter drei erfolgreiche Filmregisseure) und ganze Heerscharen von Freunden.

Da er ein äußerst nachdenklicher und reflektierender Mensch ist, fragte ich mich, ob er der von Piff beschriebenen Falle der internen Attribution – also der Annahme, das Gute, das einem widerfahre, stünde einem auch zu – aus dem Weg gegangen war. Ich ließ mich also auf einen Stuhl in seinem Büro sinken und fragte ihn, ob er für sein wahrlich wunderbares Leben dankbar sei. Dass er darüber erst einen Moment nachdachte, wunderte mich nicht.

«An wen sollte ich meinen Dank denn richten?», fragte er schließlich. «Ist man nicht immer irgendjemandem dankbar?»

«Du könntest dem Universum danken für all die Wendungen, die dein Leben genommen hat», schlug ich vor.

Den Gedanken wies er nicht sogleich von sich. Stattdessen sprach er darüber, dass vieles in seinem Leben zufällig passiere. Seiner Meinung nach böten sich uns allen ständig unzählige Gelegenheiten. Wir müssten nur bereit und aufmerksam sein, um die Chancen beim Schopf zu packen, wenn sie sich zeigten. Außerdem müssten wir hart arbeiten und uns einbringen, was er als «fokussierte Energie» bezeichnete. Trotz alledem seien aber auch stets glückliche Zufälle an seinem Erfolg beteiligt gewesen.

«Ich frage mich immer wieder, ob ich durch Glück oder durch Talent dort hingekommen bin, wo ich jetzt stehe», sagte er mit leicht verlegenem Lächeln.

Obwohl mein Freund Henry zugab, dass den meisten von uns die Rolle des Glücks in unserem Leben peinlich ist, erzählte er mit großer Freude eine Geschichte nach der anderen über die Menschen, denen er zufällig begegnet war und die ihm auf seinem Weg geholfen hatten. «Zufälle spielen eine größere Rolle, als irgendwer von uns zugeben mag», meinte er. Mit Hilfe einfacher Mathematik erklärte er mir dann, dass in den meisten wissenschaftlichen Untersuchungen Ereignisse immer dann als höchst unwahrscheinlicher Zufall gelten, wenn der sogenannte p-Wert der statistischen Signifikanz unter 0,05 fällt, also die Wahrscheinlichkeit, dass ein Ereignis eintrifft, weniger als fünf Prozent beträgt. «Bei jedem von uns ereignen sich pro Tag oder Woche Tausende von Dingen. Wenn man sie mit 0,05 multipliziert, erkennt man, dass die Wahrscheinlichkeit für Unerwartetes sehr hoch ist.» Die Ereignisse können von der zufälligen Begegnung mit einem alten Freund auf der Straße («Wie erstaunlich, dass wir beide gerade hier sind!») bis zu einer neuen Geschäftsidee reichen, die uns Wohlstand beschert. Dr. Jarecki ist der Meinung, dass es ihm seine Liebe zum Detail (oder besser, seine Detailbesessenheit) ermöglicht hat, all die «glücklichen» Gelegenheiten zu erkennen, die andere vielleicht übersehen hätten. Paul Piff hätte es vermutlich mit Freude registriert, dass jemand, der sich von einem Privatpiloten in der eigenen Falcon 7X herumfliegen ließ, als Erklärung für seinen Erfolg nicht nur das Innen, sondern auch das Außen heranzog.

Während ich über die Beziehung zwischen Glück und Dankbarkeit nachdachte, las ich einige Bücher und Artikel von Richard Wiseman. Der Psychologieprofessor befasst sich an dem einzigen derartigen Lehrstuhl in Großbritannien, wenn nicht gar weltweit, an der University of Hertfordshire, mit dem Psychologieverständnis der Öffentlichkeit. Er ist außerdem Zauberkünstler und behauptet, es bedürfe einiger Magie, um der Öffentlichkeit ein Verständnis von Psychologie zu vermitteln. Allem voran beschäftigte Wiseman die Frage, wieso manche Menschen Glück und andere Pech haben, und er kam zu dem Ergebnis, dass man anderen helfen könne, ihr Schicksal zu wenden. Ein Aspekt von Glück liegt laut Dr. Jarecki darin, dem eigenen Umfeld Aufmerksamkeit zu schenken. Ein weiterer Faktor sei, an sein Glück zu glauben, denn dann sei man offen, um Gutes geschehen zu lassen. In einem Experiment bat Wiseman mehrere Freiwillige, eine Zeitung durchzublättern und die Fotos zu zählen. Diejenigen, die sich als glücklos beschrieben hatten, drehten jede Seite sorgfältig um und zählten akribisch. Die vom Glück begünstigten waren hingegen in Sekundenschnelle fertig – weil sie die große Anzeige auf Seite zwei wahrgenommen hatten, in der es hieß: «Hören Sie auf zu zählen. Es sind 43 Fotos.» Die glücklichen Menschen entdeckten auch in einem anderen Experiment die Anzeige, in der es hieß: «Sagen Sie dem Leiter des Experiments, dass Sie diesen Text gesehen haben, dann gewinnen Sie 250 Pfund», was den Unglücklichen entging.

Bei guten Szenarien neigen wir zu Dankbarkeit, aber womöglich können wir sie auch aktiv herbeiführen. Stellen Sie sich vor, Sie gehen nach Feierabend in ein Café, wo Sie den Rat eines ehemaligen Kollegen einholen wollen. Bei Ihrem Eintreffen entdecken Sie auf dem Boden einen 20-Dollar-Schein, und da sich der Besitzer nicht ausfindig machen lässt, stecken Sie ihn freudig ein. Das fängt ja gut an, denken Sie und fühlen sich vom Glück begünstigt. Ihr Freund ist noch nicht da, also setzen Sie sich hin und unterhalten sich mit dem Mann am Nebentisch, der ebenfalls allein ist. Er lacht über Ihre Geschichten über die Jobsuche und gibt Ihnen schließlich seine Karte. Sie sollen ihn anrufen, wenn er Ihnen irgendwie behilflich sein kann. Es stellt sich heraus, dass er Manager bei einer Firma ist, in der Sie schrecklich gern arbeiten würden. Sie warten noch ein Weilchen auf Ihren Freund und brechen schließlich auf, glücklich, dass die Welt auf Ihrer Seite ist. Den Freund können Sie ja morgen anrufen.

Das Ereignis könnte aber auch ganz anders verlaufen. Nur darauf bedacht, Ihren Bekannten zu treffen, betreten Sie hektisch das Café und übersehen den 20-Dollar-Schein auf dem Boden. Sie sind viel zu angespannt, um mit Ihrem Tischnachbarn zu reden, deshalb erfahren Sie auch nicht, dass Ihr Traumjob nur ein «Hallo» von Ihnen entfernt ist. Als der Kollege, mit dem Sie verabredet waren, nicht auftaucht, ziehen Sie betreten und enttäuscht von dannen. Wie kann man einer Welt dankbar sein, in der niemals etwas Gutes geschieht?

Egal, wie wir dazu kommen, sei es durch Glück, einen Lottogewinn, Intelligenz oder harte Arbeit, Geld und Dankbarkeit stehen in einer komplizierten Wechselbeziehung. Zahlreiche Studien auf der ganzen Welt haben gezeigt, dass ein Mehr an Geld unser Wohlbefinden nicht verbessert, sofern es ein gewisses Grundniveau übersteigt. In den Vereinigten Staaten liegt die Grenze bei ungefähr 75 000 Dollar (mit inflationären Schwankungen). Alles, was darüber hinausgeht – ob wir nun 300 000 oder 100 000 Dollar verdienen –, spielt nur eine marginale Rolle.

Gut, das sind ein paar nette Zahlen, mit denen man auf einer Cocktailparty punkten kann und bei denen sich jeder gleich besser fühlt. Aber stimmen sie auch? Ich jedenfalls habe bis heute noch niemanden getroffen, der von sich sagt: «Ich wäre gern glücklicher, also brauche ich weniger Geld.» Einmal hörte ich einen Wissenschaftler behaupten, Menschen mit größeren und schickeren Domizilen seien glücklicher mit ihrem Wohnumfeld als Leute in weniger luxuriösen Behausungen, doch rasch fügte er hinzu, sie seien trotzdem insgesamt nicht glücklicher als andere. Wie soll man sich das vorstellen? Wenn man zufriedener ist mit seinem Zuhause und dem gutdotierten Job und obendrein jederzeit in gehobenen Restaurants essen gehen kann, ist man dann nicht auch insgesamt glücklicher?

Nun wollte ich nicht unbedingt von einer großangelegten Verschwörung der Psychologen ausgehen, die uns mittels gefälschter Forschungsergebnisse glauben machen möchten, dass Geld keine Rolle spielt. Wahrscheinlicher schien mir, dass sie Glück und Dankbarkeit durcheinanderbrachten. Mehr Geld macht Menschen im Alltag nämlich sehr wohl glücklicher. Trotzdem wirkte es sich nicht darauf aus, was sie in diversen Befragungen zu Protokoll gaben, in denen ein umfassenderes Gefühl von Wohlbefinden gemessen wurde.

In dieser Hinsicht hatten die Psychologen also recht. Wohlbefinden ist, wie ich von Dr. Martin Seligman wusste, ein viel tieferes Gefühl als subjektives Glücklichsein. Es hängt hauptsächlich mit den Erfahrungen zusammen, die wir machen, mit der Freude, die wir verspüren, mit den Menschen in unserer Umgebung und mit der Liebe, die wir empfinden. Professor Seligman hat herausgefunden, dass unser Wohlbefinden steigt, je mehr Dankbarkeit wir empfinden. Das ist der springende Punkt dabei: Wir sind nicht automatisch dankbarer, bloß weil wir reich sind. Im Gegenteil, manchmal wird Dankbarkeit durch Entbehrungen sogar gefördert. Wir werden wohl kaum behaupten, dass uns ein Brotkanten glücklich macht, aber kurz vorm Verhungern sind wir für jeden Krümel überaus dankbar.

Wie mir ein befreundeter Soziologe von der Columbia University schilderte, glauben die meisten Menschen, ihr Leben würde sich verbessern, wenn sie zu Hause ein weiteres Zimmer und zehn Prozent mehr auf dem Gehaltszettel stehen hätten. Er findet es äußerst amüsant, dass wir uns weder 40-Zimmer-

Paläste noch millionenschwere Einkommen wünschen. Fehlt es uns etwa an Phantasie? Eher nicht. Offenbar nehmen wir an, dass es uns bereits ganz gutgeht und alles so weit passt, es uns aber noch besser ginge, wenn wir ein paar kleine Korrekturen vornehmen könnten. Die gegenwärtigen Umstände dankbar anzunehmen ist allerdings der deutlich bessere Weg zum Glück, als nach einem zusätzlichen Zimmer oder zehn Prozent mehr Gehalt zu streben. Womit wir wieder bei dem bereits erwähnten Problem wären, nämlich dass wir uns ständig mit Nachbarn und Freunden vergleichen. Dankbarkeit – also innehalten, um das wertzuschätzen, was bereits an Gutem da ist – kann schädliche Anfälle von Neid verhindern. Und kaum etwas ist schädlicher als Neid.

Vor einigen Jahren wurde die Firma, bei der ich damals schon seit etlichen Jahren arbeitete, in einer jener desaströsen Fusionen geschluckt, die damals an der Tagesordnung waren. (Erinnern Sie sich noch an AOL-Time-Warner? Das war ähnlich schlimm.) Ich erhielt ein paar Optionsscheine der neuen Firma, und als ich sie legal verkaufen durfte, waren sie ungefähr 30 000 Dollar wert. Hurra, ein unerwarteter Bonus! Doch dann erfuhr ich, dass mein direkter Vorgesetzter, der den Deal ausgehandelt hatte, für seine Optionsscheine satte 30 Millionen Dollar kassierte.

«Er hat es nicht verdient, 100-mal mehr zu bekommen als alle anderen. Das ist eine Unverschämtheit!», sagte ich zu Ron, wütend über das Treppengeländer in unserem Haus gebeugt, während er unten ruhig im Sessel saß.

«Es ist keine Beleidigung, es sind immerhin 30 000 Dollar», konterte mein stets vernünftiger Mann.

«Zu diesem Preis verkaufe ich sie nicht», brüllte ich.

«Du hättest damit aber ein stattliches Sümmchen in der Tasche», versuchte Ron es noch einmal.

Ich bestand darauf, die Optionsscheine zu behalten, bis ihr Wert gestiegen sei, damit mir die ganze Sache gerechter erschien. Aber sie stiegen nicht im Preis. Vielmehr stürzten sie ab und waren irgendwann nur noch eine dicke runde Null wert. Aus dieser Erfahrung habe ich gleich mehrere Dinge gelernt. Erstens: Wenn derjenige, der die Fusion eingefädelt hat, seine Optionsscheine verkauft, sollte man das Gleiche tun. Zweitens: Man sollte sich niemals mit anderen vergleichen, sondern das schätzen, was man hat. Vor allem aber habe ich gelernt, über die Einstellung (meine natürlich) zu staunen, die einen Geldregen in nichts verwandelt – zuerst in meinem Kopf, später dann auf meinem Bankkonto. Hätte ich damals eine andere Geisteshaltung mit nur einem Quäntchen Dankbarkeit an den Tag gelegt, hätte ich jetzt 30 000 Dollar mehr (plus Zinsen).

Rückblickend ist es mir peinlich, dass ich damals so undankbar war. Das mittlere Haushaltseinkommen in Amerika liegt knapp über 50 000 Dollar im Jahr, und ungefähr ein Viertel der Haushalte muss mit weniger als 25 000 Dollar jährlich auskommen. Nur etwa vier Prozent verdienen 200 000 Dollar oder mehr. Was hatte ich mir bloß dabei gedacht? Wie Paul Piffs *Monopoly*-Spieler hatte ich, als ich über «Los» ging, einen doppelten Bonus bekommen – und vergessen, Danke zu sagen.

Letztlich ist nicht die Summe entscheidend. Wenn es die Hälfte oder das Doppelte gewesen wäre, würde ich ebenso empfinden. Verhaltensökonomen sagen, dass wir uns über finanzielle Verluste mehr ärgern, als wir uns über entsprechende Gewinne freuen, was wohl einer der Gründe dafür ist, dass mich das verlorene Geld bis heute nicht losgelassen hat. Weit wichtiger war jedoch, dass ich das Geld als Messlatte benutzt hatte, um meinen Wert zu definieren. Wenn ich für das dankbar sein wollte, was ich hatte, musste ich die Dollar ganz praktisch sehen.

«Was würdest du tun, wenn du mehr Geld hättest?», fragte ich meinen Mann.

Er dachte einen Augenblick nach und zuckte dann die Schultern. «Da fällt mir eigentlich nichts ein. Ich habe alles, was ich brauche.»

«Wow, das ist ja verrückt. Echt jetzt?»

«Ja. Und du?»

«Sachen brauche ich auch keine», sagte ich, schließlich hatte ich im Monat zuvor die Lektion über Besitz gelernt. «Aber anderes ...» Ich zögerte. Es war mir stets als normal erschienen, dass ein jeder mehr Geld brauchte und alles Erdenkliche tat, um es zu erlangen. Aber wenn Geld keine Messlatte mehr war und ich mich nicht länger darüber definierte, dann verloren die Dollar ihre Macht. Wie Ron hatte auch ich alles, was ich brauchte, und wusste auf einmal nicht mehr, wie mich ein dickeres Bankkonto dankbarer machen sollte.

Da ich bereits eine Menge aus der Lektüre der griechischen Philosophen gelernt hatte, beschloss ich zu überprüfen, was sich bei ihnen zu diesem Thema fand. Wieder einmal tauchte ich in die Welt Epikurs ein, der überzeugt war, genug, aber nicht zu viel zu haben sei eine Quelle der Freude. Mehr zu wollen verursache nur Schwierigkeiten. *Wem genug zu wenig ist, dem ist nichts genug,* sagte er. (Es sind nur sehr wenige seiner Werke im Original erhalten, und sein Gedankengut wurde größtenteils später von seinen Schülern und anderen Philosophen weitergegeben.) Ich schrieb das Zitat auf eine Karteikarte und hängte sie mir über den Schreibtisch, um mich selbst daran zu erinnern, dass genug tatsächlich genug ist.

Epikur lehrte das einfache Konzept, dass Freude gut sei und Schmerz schlecht (wogegen sich nichts einwenden lässt). Paradoxerweise bedeutet «epikureisch» heute im landläufigen Sinn hedonistisch oder genusssüchtig, obgleich er vor übermäßigem Genuss warnte. Seiner Ansicht nach wächst in uns die Freude, wenn wir dankbar dafür sind, dass wir genug haben, während es den Schmerz fördert, wenn wir immer mehr haben wollen. Mir kam bei der Lektüre spontan in den Sinn, dass sich von seiner Philosophie eine schnurgerade Linie zu dem Börsenmakler ziehen ließ, der wütend seinen Job kündigte, und zu dem Milliardär, der höher auf der *Forbes*-Liste platziert sein wollte. Sie hatten so viele Gründe, dankbar zu sein, jedoch war ihnen das Wesentliche entgangen und damit auch die Freude. Übermaß war das falsche Ziel.

Einige Tage nachdem ich beschlossen hatte, Epikur der Liste meiner griechischen Helden hinzuzufügen, unterhielt ich mich mit einem ehemaligen Polizisten, der ein paar Meilen von mir entfernt in Connecticut lebte und vor kurzem in Rente gegangen war. Er bezog – zeitlich begrenzt – eine großzügige Pension, da er aber noch relativ jung war, sparte er, wo er nur konnte. Unter anderem hatte er die Telefongesellschaft angerufen, um einen besseren Mobilfunkvertrag zu bekommen («Freiwillig informieren sie einen nie, wenn man nicht nachfragt!»), und einen billigeren Stromlieferanten gefunden. Er vermisste zwar seine Arbeit und die regelmäßigen Gehaltszahlungen, war aber auch glücklich, sich ein bisschen entspannen zu können, und genoss die Zeit mit seiner Frau und den vier Kindern. «Wir leben nicht wie die Bettler», meinte er. «Wir haben genug.»

«Genug» könnte zu meinem neuen Mantra werden. *Dank-bar, genug zu haben.*

Zufrieden mit meiner neuen Einstellung, hielt ich auf dem Weg zum Einkaufen bei einem Geldautomaten in der Nähe an. Er spuckte fünf 20-Dollar-Scheine aus, die ich in meine Brieftasche schob, ehe ich weiterging. Plötzlich wurde mir klar, dass ich überall, wo ich wollte, an Geld kam. War das nicht wunderbar? Wenn ich für das, was ich hatte, dankbar sein wollte, musste ich dafür sorgen, dass sich Geld bedeutsamer anfühlte.

Als ich an einer Konditorei vorbeikam, fiel mir ein, dass ich als Kind ganz hingerissen *Sara, die kleine Prinzessin* gelesen hatte, die Geschichte eines kleinen Mädchens, das dem Elend überlassen wird. Frierend und hungrig starrte Sara ins Schaufenster einer Bäckerei und konnte die Brötchen zwar riechen und sich die Wärme im Laden vorstellen, besaß aber keinen Heller, um sich etwas zu kaufen. Ich musste weinen, als ich die Geschichte damals las, und empfand zum ersten Mal Mitleid. *Ich gebe dir etwas von meinem Geld, Sara! Es ist nicht gerecht, dass du dir kein Brötchen kaufen kannst!*

Als ich nach Hause kam, ging ich in den Keller, suchte das abgenutzte Buch heraus und las es erneut. Am Ende, als Sara erfährt, dass sie eigentlich eine Prinzessin mit großem Vermögen ist, brach ich wieder in Tränen aus. Sie hatte es zwar warm, war gut versorgt und besaß schöne Kleider, aber sie konnte nicht vergessen, wie es war, arm zu sein. Daher ging sie in die Bäckerei und sagte der Verkäuferin, sie solle alle hungrigen Kinder, die die Auslage anstarrten, hereinbitten und ihnen etwas zu essen geben, und zwar auf Saras Rechnung.

Ich schloss das Buch mit einem Seufzer. Mir kam in den

Sinn, dass meine Probleme mit Geld und Dankbarkeit gar nicht erst aufgekommen wären, hätte ich Sara im Alter von acht Jahren mehr Beachtung geschenkt. Schließlich haben etliche Studien gezeigt, dass altruistisch eingesetztes Geld gut angelegt ist. Bei einem Experiment an der University of British Columbia hat man Menschen, die über den Campus gingen, nach dem Zufallsprinzip Umschläge mit einer kleinen Geldsumme (in der Regel fünf Dollar) ausgehändigt. Sie wurden angewiesen, es bis zum Ende des Tages entweder für sich selbst oder für jemand anderen auszugeben. Michael Norton, der an der Studie maßgeblich beteiligte Professor der Harvard Business School, stellte fest, dass diejenigen, die etwas für sich selbst kauften, es kaum wahrnahmen. Jene Versuchsteilnehmer hingegen, die das Geld für jemand anderen verwendeten, hielten inne und überlegten, wie sie die geschenkten Dollar ausgeben sollten – und machten eine ganz andere Erfahrung. Die fünf Dollar erschienen ihnen als etwas Besonderes, und am Abend jenes Tages waren sie nach eigenen Angaben ein wenig glücklicher als sonst.

Norton fragte sich, ob sich der positive Effekt des Geldausgebens für andere auch bei Menschen zeigen würde, denen es am Notwendigsten fehlte. Er wiederholte das Experiment in Uganda und erzielte die gleichen Ergebnisse. Geld für andere zu verwenden befriedigt mehr, als sich selbst etwas zu kaufen.

Die Erkenntnis erinnerte mich an einen Abend einige Monate zuvor, an dem Ron und ich über den Times Square geschlendert waren und einen zerknüllten 20-Dollar-Schein entdeckt hatten, der am Rand eines Abflussgitters steckte (man stößt offenbar häufiger auf verstecktes Geld, als ich dachte). Weil hier am Tag mehrere hundert Leute vorbeikamen, konnten wir unmöglich herausfinden, wem der Schein gehörte. Also behielt ich ihn beim Gehen in der Hand. An der nächsten Straßenecke spielten ein paar Straßenmusiker Reggae. Eine Menschenmenge hatte sich um sie versammelt. Ron und ich blieben stehen, hörten zu und wechselten einen langen Blick. Instinktiv spürten wir, dass das Geld nicht uns gehörte und weitergegeben werden musste. Als ich nickte, warf Ron die 20 Dollar in den Sammelhut der Musiker.

Was uns beide so glücklich machte, kann ich nicht recht erklären. Wahrscheinlich hätten wir die 20 Dollar verwenden können, um uns eine Straßenecke weiter zwei große Latte macchiato oder «I-love-New-York»-T-Shirts zu kaufen. Doch dann hätten wir das Erlebnis inzwischen vergessen, genau wie die Probanden in Nortons Experiment. So hingegen hat sich mir die Geschichte für immer ins Gedächtnis gebrannt.

Dr. Seligman berichtete mir Ähnliches. Als die Post vor einiger Zeit die Portopreise erhöhte, wollte er sich einige Ein-Cent-Briefmarken besorgen. Zunehmend frustriert wartete er in der langen Schlange, und als er endlich den Schalter erreichte, kaufte er die paar Briefmarken, die er benötigte. Dann hatte er einen Einfall und bat um weitere zehn Bögen à 100 Stück.

«Wer braucht Ein-Cent-Briefmarken? Sie kosten heute nichts!», rief er den Leuten in der Schlange zu. Fröhlich reichte er jedem, der darum bat, die gewünschten Marken, und binnen Minuten waren alle weg.

«So gut habe ich noch nie im Leben zehn Dollar investiert», trumpfte Dr. Seligman auf, als er mir die Geschichte erzählte.

Dass ich mir in diesem Monat voller Dankbarkeit der Geldsumme bewusst wurde, die ich besaß, machte mich weder reicher noch ärmer, aber es veränderte meine Einstellung. Nachdem ich mich jahrelang über Finanzangelegenheiten geärgert und immer gefürchtet hatte, nicht genug zu haben, war ich nun froh, die Dinge mit anderen Augen zu sehen.

Meine langjährige Freundin Susan, die ein paar Jahre zuvor ihre eigene Immobiliengesellschaft gegründet hatte, und ich trafen uns, um einander mal wieder auf den neuesten Stand zu bringen. Susan hatte ein sehr großes Geschäft abgeschlossen, und ich freute mich mit ihr. Sie hatte sich ihr gesamtes Berufs-leben lang in einer Machowelt behauptet (warum bauen Män-ner wohl Hochhäuser?), und wir scherzten darüber, dass ihr der Riesendeal auch deshalb viel bedeutete, weil die Männer-welt davon erfahren würde.

«Das macht mich echt glücklich», gab Susan zu. «Und wie sieht's bei dir aus?»

Ich zuckte die Achseln. Zwar hatte ich keine finanziellen Erfolge zu verzeichnen wie Susan, aber es war mir auch immer weniger wichtig, die nächste Sprosse der Reichtumsleiter zu erklimmen.

«Ich verdiene genug, um gut zu leben, und bin dankbar für das, was ich habe. Was brauche ich mehr?», fragte ich.

Susan sah mich an, als hätte ich gerade angeboten, nackt in den Erie-Kanal zu springen. Nun kannte sie mich schon so lange und dann so etwas! Da sie sich jahrelang mein Gejam-mer über meine Geldsorgen angehört hatte, war sie angesichts meiner neuen Einstellung überrascht und alarmiert zugleich.

«Arbeitest du immer noch so viel?», fragte sie besorgt.

«Sehr viel», bestätigte ich und fügte erklärend hinzu: «Ich konzentriere mich darauf, dankbar für die Gegenwart zu sein und hart für die Zukunft zu arbeiten.»

Ein paar Tage später, es war Monatsende, setzten Ron und

ich uns über den Kontoauszügen zusammen. Er schien auf mein übliches Gejammer zu warten, doch noch vor dem ersten Blick auf die Auszüge zückte ich ein Scheckbuch.

«Was machst du da?», wollte er wissen.

«Ich stelle fünf Schecks über jeweils 100 Dollar aus. Die beste Art, dankbar für mein Geld zu sein, ist, etwas davon abzugeben.»

«Wem denn?», fragte er.

«Das wird das Schönste. Wir überlegen es uns gemeinsam», sagte ich und küsste ihn.

Üblicherweise bringt Geld Paare auseinander, anstatt sie enger zusammenzuschweißen. Doch an jenem Abend sahen wir beide unsere Kontoauszüge in einem weit helleren Licht als sonst. Und einander ebenfalls.

7

Das Karrierespiel – oder:
Was ich von James Bond gelernt habe

*So dankbar ... dass mein Job darin besteht, über
Dankbarkeit zu schreiben*

*Dankbar für das Gespräch mit James Bond, in dem
ich etwas über Freude lernen durfte*

*Dankbar, dass Dankbarkeit meine Ambitionen fördert,
anstatt mich von ihnen zu entfernen*

In diesem Monat wollte ich herausfinden, wie Dankbarkeit
meine Einstellung zur Arbeit und zu meiner Karriere verändern würde. Meine in der letzten Zeit vollbrachten Heldentaten
– Erfahrungen wichtiger zu nehmen als Besitz und das Thema
Geld neu zu überdenken – hatten gut funktioniert, eine neue
Sicht auf meine Karriere zu entwickeln machte mich hingegen
nervös. Dankbarkeit setzt voraus, dass man die Gegenwart
würdigt, anstatt gedanklich schon beim nächsten Schritt zu
sein. Nur: Wenn ich mit den Gedanken im Hier und Jetzt blieb,
würde es dann je einen nächsten Schritt geben?

Ehrgeizige Menschen nehmen sich gewöhnlich nicht die
Zeit, zu genießen, was sie erreicht haben, weil sie bereits voll
und ganz auf ihr nächstes Ziel konzentriert sind. In fast allen

Berufen kann sich ein einfallsreicher Mensch verschiedene Möglichkeiten ausmalen, um weiter voranzukommen – zu mehr Geld, einem schöneren Büro, einem hochtrabenderen Titel, mehr Macht, einer höheren Umsatzbeteiligung oder mehr Followers auf Twitter. Als ich verschiedenen Leuten gegenüber erwähnte, dass ich in diesem Monat dankbarer für meine Karriere als Schriftstellerin sein wolle, erntete ich zweifelnde Blicke. Offenbar waren sie besorgt, ich könnte vor lauter Freude über das bereits Erreichte so krankhaft optimistisch werden, dass ich mir keine neuen Ziele mehr setzte.

Ich dagegen glaubte das nicht, und tatsächlich zeichnete sich eher das Gegenteil ab. Da Dankbarkeit inzwischen ein Teil meines Alltags geworden war, ging ich jeden neuen Tag noch motivierter an als zuvor. Ich wachte in diesem Frühling morgens früher auf und war ungewohnt energiegeladen. Weil ich nun vor allem das Positive in der Welt sah, wollte ich auch daran teilhaben. Ich beschloss, mit dem Dankbarkeitsguru Robert Emmons zu sprechen, da ich davon ausging, dass er durch seine mehr als zehnjährigen Forschungen zum Thema bereits auf die Frage gestoßen war, ob Dankbarkeit den Ambitionen im Weg stehe. Es war tatsächlich der Fall.

«Viele Kritiker haben die Sorge geäußert, dass Dankbarkeit die Menschen selbstzufrieden und faul macht und ihnen die Motivation nimmt, ihr Leben positiver zu gestalten», sagte er. «Doch unsere Forschung zeigt genau das Gegenteil. Dankbare Menschen erreichen ihre Ziele viel häufiger als andere.»

Zwar hatte ich nicht erwartet, dass ich aus lauter Dankbarkeit faul werden würde, trotzdem war ich überrascht darüber, dass das Bedürfnis, Pläne zu verwirklichen, sogar eher zunahm. Wie sollte ich mir das vorstellen?

Laut Dr. Emmons sind Menschen, die «bewusst Dankbarkeit praktizieren», zielstrebiger als andere und entwickeln auch häufiger den Wunsch, etwas zu erreichen. Um dies zu beweisen, hatte er die Teilnehmer einer Studie gebeten, sechs Dinge niederzuschreiben, die sie in den nächsten zehn Wochen umsetzen wollten. Anschließend wählte er einige von ihnen nach dem Zufallsprinzip aus und beauftragte sie, einmal die Woche ein Dankbarkeitstagebuch zu führen. (Einmal die Woche? Ein Kinderspiel!) Am Ende des Experiments stellte Dr. Emmons fest, dass die dankbare Gruppe 20 Prozent mehr Fortschritte im Hinblick auf ihre Ziele gemacht hatte als die nicht dankbare Gruppe und darüber hinaus auch mehr Einsatz zeigte.

Seine Berechnungen erschienen mir fragwürdig. Wie kann man einer Lohnerhöhung 20 Prozent näher kommen? Das Konzept hingegen zweifelte ich nicht an, denn das Gesamtergebnis entsprach meinen eigenen Erfahrungen. Dr. Emmons fand heraus, dass dankbare Menschen sich eher inspiriert fühlen, aktiv zu werden, anstatt sich zurückzulehnen und abzuwarten.

Von außen betrachtet erschien es mir offensichtlich, dass einige Menschen für ihre Karriere dankbar sein müssten. Wer wäre nicht gern Filmstar, Firmenchef oder Technologie-Unternehmer? Doch Dankbarkeit wird in keiner noch so großartigen Stellenbeschreibung aufgezählt. Das begriff ich zum ersten Mal in einem jener traumähnlichen Momente meiner Karriere, als ich in einer schicken Suite im Dorchester Hotel in London für einen Zeitschriftenartikel den Schauspieler Daniel Craig interviewte. Er hatte soeben die Dreharbeiten zu *Casino Royale* abgeschlossen und, kaum zu glauben, zunächst nicht gerade Lob geerntet. Ich war die erste amerikanische Reporterin, mit der er über seine Rolle als James Bond sprach, und als ich eintrat, wirkte er blass und besorgt.

Ein paar Minuten lang unterhielten wir uns zwanglos, während er beim Zimmerservice Frühstück bestellte – die japanische Tagesempfehlung. Als das Essen kam, packte er umständlich die Stäbchen aus und sah mich dann mit seinen eisblauen Augen an.

«Ich will nicht derjenige sein, der die Produktionsfirma in den Abgrund reißt», erklärte er.

Er war erschöpft vom gnadenlos durchgetakteten Zeitplan der langen Drehtage und der langen Nächte im Fitnessstudio, in denen er die schlanke, muskulöse Figur modellierte, die er als 007 brauchte. Wie er da vor seinem Frühstück hockte, sah er nicht gerade wie ein Actionheld aus. Aber er betonte, dass er für den Film gut zurechtgemacht worden sei und im Smoking phantastisch ausgesehen habe. (Nachdem ich den Streifen gesehen hatte, konnte ich das bestätigen.)

«Momentan ist mir eigentlich nur danach, mich irgendwo an einem Strand im Liegestuhl zu verkriechen», sagte er mit einem Seufzer.

Craig war klar, dass eine Veränderung in seinem Leben bevorstand, er wusste nur noch nicht, in welche Richtung es gehen würde. Umgetrieben von dem Wunsch, den Fans einen guten Film zu präsentieren und gleichzeitig Integrität im Hinblick auf seine Karriere zu bewahren, konnte er den Moment nicht genießen. Mich überraschte damals (und heute) die Erkenntnis, dass selbst ein Schauspieler an der Schwelle zum Ruhm eines Weltstars nicht unbedingt glücklich ist.

Als ich an Craigs Handgelenk ein Armband entdeckte, beugte ich mich vor, um es mir anzusehen.

«Je mehr Freude wir empfinden, desto näher kommen wir der Vollkommenheit», stand als Inschrift auf dem Armband.

Craig lächelte gequält. «Frei nach Spinoza», sagte er. «Mir gefällt der Gedanke, dass es die Freude ist, die einen vollkommener macht. Eine gute Philosophie, um damit durchs Leben zu gehen, oder?»

Wann immer er das Gefühl hatte, das Gewicht des Films würde zu sehr auf seinen breiten Schultern lasten, erinnerte ihn das Armband daran, das Leben zu schätzen und Freude zu empfinden.

«Freude und Dankbarkeit. In diesem Moment empfinde ich keins von beiden, aber ich habe es vor», sagte er.

Craig hatte begriffen, dass die Freude nicht am Filmset auf ihn wartete – er musste sie vielmehr selbst aufbringen. Wenn man unter Druck steht, kann Dankbarkeit einem dabei helfen, wieder ruhig zu werden und eine Perspektive zu entwickeln. Craig wusste, wie wichtig das war. Als Darsteller bekam er Bestnoten, weil er Ecken und Kanten hatte und obendrein sexy, zäh und einfühlsam war. Doch als sich die Dankbarkeit nicht von selbst einstellte, war er klug genug, sich dem Glück mit Hilfe der Philosophie zu nähern. Später, als *Casino Royale* mehr Geld einspielte als jeder andere Bond-Streifen in der Vergangenheit, hoffte ich, dass Craig sich nun besser fühlte. Mir kam in den Sinn, dass wir alle solche Armbänder tragen sollten, ob wir nun Filmstars sind oder Taxifahrer, damit wir unser Glück im Arbeitsleben in uns selbst finden, anstatt es im Außen zu suchen.

Mein Dankbarkeitsjahr erfüllte mich mit solcher Begeisterung, dass ich darüber nachdachte, wie ich meine Erkenntnisse weitergeben könnte. Ich wollte auch andere Menschen wissen lassen, dass sie ihr Leben genau jetzt, in diesem Moment, zum Guten verändern können. Kurz zuvor hatte ich eine Literaturagentin kennengelernt, die mir sympathisch war, und an einem sehr windigen Tag lief ich quer durch die Stadt zu ihrem Büro und erzählte ihr von meinen Erfahrungen.

«Finde ich super», sagte Alice, die sofort verstand, worum es ging. Dann senkte sie die Stimme, als wollte sie ein Geheimnis mit mir teilen, und fügte hinzu: «Es ist einfach großartig, wie Sie Ihre Einstellung Ihrem Mann gegenüber verändert haben. Mein Mann ist so toll, dass ich eigentlich in Dankbarkeit ertrinken müsste, aber ich lasse mich immer ablenken und sage es ihm nie!»

«Es ist leicht und funktioniert ganz sicher», versprach ich ihr.

«Dann müssen Sie darüber schreiben», sagte sie entschieden.

So kamen wir überein, dass mein eigenes persönliches Dankbarkeitstagebuch als Basis für *Das große Glück der kleinen Dinge* dienen sollte. Mein Hobby in diesem Jahr war damit zu meinem Job geworden.

In den vergangenen 20 Jahren hatte ich oft in irgendwelchen Büros oder Produktionsstudios gearbeitet. Als ich nun wieder den ganzen Tag schrieb, vermisste ich meine Kollegen. Niemandem konnte ich erzählen, dass ich mir für diesen Monat vorgenommen hatte, dankbar für meine Arbeit zu sein. Immerhin konnte ich es mir selbst erzählen und mit meinem besten Freund Robert Masello darüber diskutieren, einem wunderbaren Romanautor, der im kalifornischen Santa Monica lebte. Er war ironisch, äußerst intelligent, ungeheuer witzig und brachte mich seit unserer ersten Begegnung als junge Schriftsteller in New York regelmäßig zum Lachen. Er heiterte mich jedes Mal auf, wenn ich ihn anrief, um ihm von meinem Termindruck vorzujammern oder mich darüber zu beklagen, dass wir an den Computer gefesselt waren. Über viele Jahre hinweg war ich regelmäßig nach Los Angeles gefahren, um Fernsehserien zu produzieren, und danach hatten wir oft zusammen zu Abend gegessen. Da ich damals die Spesen abrechnen durfte, leisteten wir uns sogar ein Dessert. («Wir müssen uns nicht eins teilen?», jubelte Robert einmal. «Das heißt, ich bekomme eine ganze Portion Crème brulée nur für mich?»)

Jetzt rief ich Robert an und erzählte ihm von meinem Plan. Ich würde mir jeden Morgen als Erstes drei Gründe überlegen, weshalb ich dankbar für meine Arbeit war, und ich wünschte mir von ihm, dass er das ebenfalls tat. Wenn es an der Ostküste sieben Uhr morgens war und ich aufstand, war es in Kalifornien vier Uhr morgens, und er ging gewöhnlich ins Bett. (Robert leidet an Schlaflosigkeit, seit ich ihn kenne.) Wir konnten also unsere Listen zum selben Zeitpunkt schreiben und sie einander dann per Twitter oder SMS übermitteln. Eine Dankbarkeitskette quer durchs Land!

«Nenn mir ein Beispiel», sagte Robert skeptisch.

«Okay. Ich bin dankbar, Schriftstellerin zu sein, weil ich Interviews mit vielen interessanten Leuten führen kann. Ich werde dafür bezahlt, das Positive zu sehen. Außerdem wird mein neues Buch anderen Menschen helfen.»

«Mein neues Buch wird anderen nur helfen, wenn sie es nicht lesen», scherzte Robert.

Ich lachte, sagte ihm aber auch, dass Selbstironie (die er meisterhaft beherrschte) out sei. Vielmehr sei positives Denken angesagt. Wenn wir unsere ermutigenden Gedanken über das Schreiben teilten, würde das für gute Schwingungen sorgen und die tägliche Arbeit in hellerem Licht erscheinen lassen. Es wäre sozusagen unsere Version von Daniel Craigs philosophischem Armband.

«Komm schon, probier es aus», drängte ich. «Du wirst doch drei Gründe finden, warum du dankbar bist, Schriftsteller zu sein.»

«Ja klar», sagte Robert, der sich langsam in die Sache einfühlte. «Erstens kann ich nach meinem eigenen verrückten Zeitplan arbeiten und brauche mir nie den Wecker zu stellen. Zweitens werden die angesagten Mädchen von der Highschool, die damals nicht mit mir ausgehen wollten, es demnächst bitter bereuen. Der dritte Grund ist eine Entdeckung, die ich eines Nachmittags gemacht habe, als ich im Park saß und zusah, wie die Leute um mich herum ins Büro hasteten. Als Schriftsteller ist man reich, wenn auch nicht an Geld!»

«Den letzten Grund kannst du auf ein Deckchen sticken», sagte ich lachend.

Robert wurde ernst und erklärte mir, er habe sein Aha-Erlebnis im Hinblick auf Dankbarkeit im Job gehabt, als er nach Los Angeles gezogen war, um für diverse Sender Folgen von Fernsehserien zu schreiben. Es handelte sich um gutbezahlte, prestigeträchtige Projekte, für die nicht wenige Menschen töten würden, doch als Intellektueller von der Ostküste, der noch dazu in Princeton studiert hatte (er liest Chaucer zum Vergnügen), konnte er seinem damaligen Job als Story Editor der populären Serie *Charmed – Zauberhafte Hexen* nichts abgewinnen. Er fand es frustrierend, Stunde um Stunde im Schreibraum zu sitzen und sich gemeinsam mit seinen Kollegen Handlungsdetails zu überlegen. Eines Tages, nachdem sein Team gefühlte zehn Stunden lang die Motivation der Charaktere durchdiskutiert hatte, wollte Robert nur noch einen Zauberspruch sprechen und sich in Luft auflösen.

«Wir haben an einer Fernsehserie über drei hübsche Frauen geschrieben, die Hexen waren. Was brauchten die bitte schön für eine Motivation? Irgendwann habe ich mir nur noch selbst leidgetan. Ich hatte das Gefühl, mein Leben zu vergeuden», erklärte er.

Müde und verärgert ging er zur Toilette, um sich kaltes Wasser ins Gesicht zu spritzen. Als er vor dem Marmorbecken stand, kam fröhlich pfeifend der Hausmeister herein, begann den Waschtisch zu säubern und sprach voller Freude über den schönen Tag und das Glück, in L. A. zu leben.

«Ähm, ja», stimmte Robert zu und tupfte sich das Gesicht mit Papiertüchern trocken.

Immer noch glücklich pfeifend, machte sich der Hausmeister daran, die Toiletten zu putzen. Robert wandte sich um und betrachtete sich im Spiegel.

Du verwöhnter Sack, dachte ich nur. Wahrscheinlich verdiente ich in einer Stunde mehr als der nette Typ in einer Woche, trotzdem mochte er seinen Job, und ich hasste meinen. Wie konnte es sein, dass er glücklicher war als ich?»

Robert stellte fest, dass die Arbeit, die man tut – ob man nun Toiletten putzt oder Fernsehserien schreibt (bitte keine Witze über den Vergleich) –, nicht so wichtig ist wie die Einstellung, die man dazu hat. Die meisten Jobs sind mal angenehm und mal mühsam, und wenn man sich auf das Positive konzentriert, kann man selbst eine leidvolle Erfahrung in eine freudvolle verwandeln. Ob es ihn deprimierte oder ausfüllte, fürs Fernsehen zu schreiben, hatte er demnach selbst in der Hand.

«Es war ein Schlüsselerlebnis, das man niemals vergisst», sagte Robert. «Und ich habe es bestimmt ganze zehn Minuten lang nicht vergessen. Doch kaum saß ich wieder an meinem Schreibtisch, kam die schlechte Laune zurück. Zumindest wusste ich nun, dass es nicht angemessen war. So etwas nennt man Fortschritt!»

Ein paar Tage nach meinem Gespräch mit Robert setzte sich über mein College-Absolventen-Netzwerk ein junger Mann von Anfang 20 mit mir in Verbindung. Er brauchte einen Rat im Hinblick auf seine Karriere. Ich ließ mich auf ein Treffen mit ihm ein (wie hätte ich auch nein sagen können?). Er hatte offenbar seine erste Festanstellung bei einer Internet-Werbeagentur, und während wir an unserem Milchkaffee nippten (zu dem ich ihn eingeladen hatte), klagte er, die Arbeit mache ihm keinen Spaß, und manchmal würden die Tage kaum vergehen.

«Darum nennen wir das Ganze Arbeit», versuchte ich zu scherzen.

«Ja, aber ich habe Besseres verdient», entgegnete er indigniert.

Roberts Bezeichnung «verwöhnt» schoss mir durch den Kopf, doch ich schob den Gedanken beiseite. Der junge Mann hatte mich um einen Rat gebeten, nicht um ein moralisches Urteil, also zählte ich auf, welche Entwicklungsmöglichkeiten er in der Online-Werbung hatte. Anstatt meinen positiven Ansatz aufzunehmen, meckerte er über seinen Chef («Er hält sich für viel klüger als mich») und die vielen Überstunden, die er im Büro schob. Als die Sprache darauf kam, dass er kein Spesenkonto hatte («Ich muss mich jeden Tag mit dem Schnellimbiss begnügen»), ging mir sein Anspruchsdenken zunehmend auf die Nerven.

«Sie sollten dankbar sein, dass Sie überhaupt einen so guten Job haben!», fauchte ich ihn an.

Schon während ich es aussprach, spürte ich, wie mein Haar ergraute und mir am Kinn ein Bart wuchs, denn offenbar hatte ich mich in einen längst vergessenen Urgroßvater aus der Zeit der Großen Depression verwandelt. Damals, als Millionen Arbeitslose von trockenem Brot und Dosensardinen lebten, waren die Menschen für einen Arbeitsplatz zutiefst dankbar. Doch ein frischgebackener College-Absolvent mit einer ihn (zum Glück!) unterstützenden Familie im Rücken, der es für sein gutes Recht hielt, von neun Uhr morgens bis fünf Uhr abends Spaß zu haben, konnte dem Konzept «Dankbarkeit für die Arbeit» nicht viel abgewinnen.

Als wir auseinandergingen, kam mir in den Sinn, dass mein Kommentar nicht ganz so altmodisch gewesen war wie befürchtet. Männer und Frauen mit den verschiedensten gesellschaftlichen und ökonomischen Voraussetzungen, die oft nur schwer einen Arbeitsplatz finden, wären tatsächlich froh über eine Stelle, auch wenn sie nicht optimal war. «Auf Ihrem Platz haben schon Leute mit drei Hochschulabschlüssen gesessen und geweint, weil sie gekündigt wurden», hatte eine Mitarbeiterin des Arbeitsamts einer meiner Bekannten gesagt, einer Sozialarbeiterin, als sie sich arbeitslos meldete. Auch heute sind Angst und Sorgen weit verbreitet, selbst wenn die meisten von uns nicht von trockenem Brot und Sardinen leben müssen.

Doch jene, die das Glück haben, dass sie noch nie um Brot anstehen oder mit Arbeitslosengeld auskommen mussten, sind nur selten dankbar für ihren Job. Als wir die Teilnehmer in der von mir betreuten Studie fragten, wie dankbar sie für verschiedene Dinge seien, lag der Punkt «gegenwärtiger Job» an letzter Stelle. Nur 39 Prozent empfanden Dankbarkeit für ihre aktuelle Beschäftigung. In der Gruppe, die 150 000 Dollar oder mehr verdiente, waren es zwar deutlich mehr, aber selbst in diesem privilegierten Kreis kreuzten fast 40 Prozent «Nein, ich bin nicht dankbar für meinen Job» an. Angesichts dieser hohen Zahl wird deutlich, dass sich etwas ändern muss in der Art und Weise, wie Menschen am Arbeitsplatz behandelt werden (dazu später mehr). Doch auch hier ist es das Wichtigste, die eigene Einstellung zu ändern, wie mein Freund Robert treffend erkannt hat.

Als meine Söhne noch jünger waren, wollten sie oft so sein wie Jeremy. Sie hatten ihn nie kennengelernt, aber viel von ihm gehört, weil ich ihn schon damals als beispielhaft hinstellte. Er hatte Erfolg im Beruf, weil er optimistisch und dankbar geblieben war. Damals arbeitete ich als Produzentin einer Fernsehserie, und Jeremy war einer der vielen Praktikanten, die wir im Sommer einstellten. Aufgrund des gnadenlosen Tempos, das die tägliche Serie uns abverlangte, hatte niemand Zeit, sie zu verhätscheln. Die Pressereferenten spannten sie ebenfalls ein, oft für höchst wichtige, wenn auch nicht gerade aufregende Tätigkeiten («Legen Sie die Kassette ein! Prüfen Sie das noch einmal nach!»), und die Praktikanten verbrachten viel Zeit damit, sich gegenseitig etwas vorzujammern.

Alle außer Jeremy. Er dankte uns, dass er an der Serie mitarbeiten durfte, und war glücklich, Erfahrungen sammeln zu können. Egal, was bei den Pressekollegen gerade anstand, Jeremy bot seine Hilfe an, und wenn er nur Kaffee holen ging.

Eines Abends, als ich mal wieder länger arbeitete, fragte er, ob er ebenfalls noch bleiben und mir im Schneideraum zusehen dürfe.

«Das ist nicht nötig», erklärte ich.

«Aber ich will lernen, so viel ich kann. Ich bin wirklich dankbar für die Möglichkeit, hier zu sein», sagte er.

Am Ende des Sommers kannten wir die meisten Praktikanten kaum mit Namen, Jeremy hingegen fragten wir, ob er das College verlassen und Vollzeit bei uns arbeiten wollte. Er war so klug, es nicht zu tun, und nach seinem Abschluss ging seine Karriere beim Fernsehen richtig los. Mit seiner dankbaren Art hatte er seine Ambitionen nicht untergraben, sondern gefördert. Die unzufriedenen Praktikanten mögen allen Grund gehabt haben, zu murren (Kaffee holen und Videokassetten wechseln sind nun mal langweilig), aber was erreichten sie damit? Jeremy gewann seinen Erfahrungen etwas Positives ab und wurde dafür belohnt. Ich habe schon lange nicht mehr mit ihm gesprochen, aber wie ich ihn kenne, hat er dem Fernsehen inzwischen vielleicht den Rücken gekehrt und ist Biobauer geworden. Aber darauf kommt es nicht an. Ein jeder würde sich darum reißen, mit ihm Blaubeeren zu pflücken.

Jeder Job hat seine guten und seine schlechten Seiten. Wenn man sich nun zu sehr auf das Negative konzentriert, sind bittere Erfahrungen wahrscheinlich. Bemüht man sich hingegen, vor allem das Positive zu sehen (so schwer es auch zu finden sein mag), profitiert man von den meisten Tätigkeiten. Jeder von uns bemerkt es, wenn er einen Menschen wie Jeremy kennenlernt, ob es nun der einzige gutgelaunte Verkäufer in der Drogerie ist oder der Busfahrer, der uns kurz vor der Haltestelle Bescheid sagt, an der wir aussteigen wollen. Mit einer positiven

Grundeinstellung ist es wahrscheinlicher, dass man befördert wird oder eine bessere Stelle findet – weil wir Menschen, die dankbar sind und gute Laune haben, gerne weiterhelfen.

Manche Menschen sind von Natur aus optimistisch, aber viele von uns müssen hart an sich arbeiten, um dorthin zu gelangen. An diesem Punkt kommen die Dankbarkeitstechniken ins Spiel. Eine davon habe ich von Emily Kirkpatrick gelernt, zweite Vorsitzende der gemeinnützigen Organisation *National Center for Families Learning*, die sich der Förderung von Analphabeten widmet und die ich sehr bewundere. Emily lebt in Louisville, Kentucky, hat drei Söhne unter vier Jahren (darunter entzückende Zwillinge) und ist mit einem Mann verheiratet, der eine Führungsposition in der Republikanischen Partei bekleidet. Da sie sich mit großer Leidenschaft sowohl ihrer Familie als auch ihrer Arbeit widmete, war sie oft zu stark belastet, um beides zu würdigen. «Optimismus liegt mir nicht im Blut», erzählte sie mir bei einem Kaffee auf einer ihrer vielen Dienstreisen.

Wenn Emily abends nach der Arbeit nach Hause fuhr, dachte sie häufig darüber nach, was während des Tages alles schiefgegangen war. Erinnern Sie sich noch an die Erklärung der Psychologen, dass die Warnung vor giftigen Beeren überlebenswichtig sei, weshalb wir genetisch darauf programmiert sind, uns auf schlechte oder bedrohliche Dinge zu konzentrieren? Emily besaß diese Fähigkeit im Übermaß und wäre für das Leben in einem urzeitlichen Dschungel bestens gerüstet gewesen. Da sie sich aber jeden Abend auf den einen misslungenen Aspekt des Tages konzentrierte anstatt auf die fünf positiven, war sie zunehmend angespannt. Schluss damit, sagte sie sich eines Tages und beschloss, die 20 Minuten im

Auto zu nutzen, um alles Positive Revue passieren zu lassen, was geschehen war.

«Zunächst ist es mir ganz schön schwergefallen, die richtigen Dinge im Kopf zu behalten», erzählte sie lachend. «Aber nach einer Weile war es fast selbstverständlich.» Anstatt gestresst und sorgenvoll zu Hause anzukommen (so war es gewesen, als sie noch auf die Probleme fixiert war), erlaubte ihr die Fahrt in Dankbarkeit, sich zu entspannen und positiv gestimmt einzutreffen. «Ich bin jetzt viel fröhlicher und voller Energie, das ist für die Kinder und mich viel besser», sagte sie.

Emily leistete in ihrer Organisation hervorragende Arbeit, aber ihre Zukunft war ungewiss. Wann würde sich der erste Vorsitzende zurückziehen? Wie würde der Vorstand entscheiden? Und wie würde sich der Verband ausrichten? Würde sie irgendwann aufhören? Weil es auf die Fragen keine Antworten gab, entschied sie sich ganz bewusst dafür, mit einem Auge die Zukunft im Blick zu behalten und das andere auf das Hier und Jetzt zu richten und dafür dankbar zu sein. Die 20-minütige Fahrt in Dankbarkeit jeden Abend war eine kluge Methode, dies zu verwirklichen. (Wenn mehr Menschen diesem Ansatz folgen würden, ginge es im Straßenverkehr vielleicht friedlicher zu.)

Der Psychologieprofessor Tom Gilovich sagte einmal: «Wir streben nach Großem, und wenn wir es dann haben, bereitet es uns gar nicht so viel Freude. Das ist die Kehrseite der Habituation.» Jedwede Erfolge, die einen zunächst glücklich machen, müssen bald durch noch größere und bessere ersetzt werden. Wer ein kleines Absatzgebiet hat, möchte es vergrößern. Wer eine Abteilung führt, will die ganze Firma leiten. Nur ist die angestrebte Position ja vielleicht gar nicht mehr so befriedigend, wenn man sie erst einmal innehat. Soweit ich beurteilen kann, lässt sich das, was Tom Gilovich «die bemerkenswerte treibende Kraft der Adaptation» nennt, nur mit einer gehörigen Portion Dankbarkeit für das Hier und Jetzt umschiffen.

Als ich nach dem Gespräch mit Emily nach Hause kam, fiel mir ein Foto auf dem Bücherregal ins Auge, auf dem ein triumphaler Augenblick festgehalten war. Ich war damals Produktionsleiterin der *TV Guide Awards Show*, einer großen, zweistündige Sondersendung bei Fox. (Bei uns lief gleich im ersten Jahr sogar Werbung für den Super Bowl.) Auf dem Bild stehe ich auf dem roten Teppich, rank und schlank und in einem 12 000 Dollar teuren, silberbestickten Kleid, das mir ein Designer zur Verfügung gestellt hatte, behängt mit funkelnden Diamanten, der Leihgabe eines Kultjuweliers am Rodeo Drive in Beverly Hills. Mein Mann, gutaussehend und ebenso elegant in einem gutsitzenden Smoking, hat den Arm um meine Taille gelegt. Ich lächle und sehe glücklich aus.

Als ich das Bild genauer betrachtete, fragte ich mich, ob ich an jenem Abend wirklich dankbar gewesen war. Sicherlich dem Pressechef, der mir die Diamanten besorgt hatte, insgesamt aber war ich voll und ganz auf meine beruflichen Aufgaben und die Frage fixiert, ob die Einschaltquoten den Erwartungen entsprechen würden. Hätte ich damals schon mein Dankbarkeitstagebuch geführt, hätte ich vielleicht auch die guten Ereignisse besser zu schätzen gewusst. Es wäre zu schade, wenn Dankbarkeit für unsere Karriere nur im Rückblick möglich wäre.

Wie also lernen wir unseren gegenwärtigen Job zu schätzen? Wahrscheinlich wird niemand bestreiten, dass es einen Versuch wert ist, und genauso wenig, dass es nicht leicht sein wird. Ein Personalvermittler erzählte mir, dass er seine Klienten dazu ermutigt, ihren gegenwärtigen Job zu schätzen und darauf zu vertrauen, dass der nächste schon kommen wird.

«Man kann fast die Glocke klingen hören, wenn die Einstellung von Dankbarkeit zu Anspruchsdenken wechselt. Aber damit stoßen sie lediglich alle vor den Kopf, mit denen sie zusammenarbeiten», sagte er.

Er erzählte mir auch von einem jungen Finanzmanager, der sich über seinen neuen Arbeitsplatz so sehr freute, dass er ihm als Dank für die Vermittlung eine Flasche Scotch schickte. Allerdings konnte er sie kaum genießen, da der Typ ihn anschließend andauernd anrief und fragte, was er als Nächstes anstreben solle – größer, besser und lukrativer sollte es sein.

«Ich habe Erfahrung genug und hätte ihm am liebsten gesagt: ‹Hey, lern erst mal deinen jetzigen Job zu schätzen, denn es ist gut möglich, dass du ihn nicht mehr lange hast.› Aber das glaubt einem ja keiner.»

Auf das Thema Dankbarkeit stieß ich auch, als ich die Winterolympiade verfolgte, denn im Sport zeigt sich Leistung ziemlich klar: Man gewinnt Gold, Silber, Bronze oder gar nichts. Doch die Reaktionen der Athleten am Ende einer Sportveranstaltung haben weniger damit zu tun, wie sie tatsächlich abschnitten, als mit ihren Erwartungen. Einige der Bronzemedaillengewinner winkten auf dem Podest strahlend und wirkten glücklich. Viele wussten, dass sie mit nur ein paar Hundertstelsekunden mehr gar keine Medaille gewonnen hätten. Einige der Zweitplatzierten wirkten hingegen wie am Boden zerstört. Eiskunstlaufweltmeisterin und Olympiasiegerin Yuna Kim aus Südkorea hatte Gold erwartet, weshalb sich die Silbermedaille um ihren Hals für sie vermutlich wie ein Klumpen Kohle anfühlte. Im Sport wie im Leben hängt unsere Einstellung auch davon ab, was hätte sein können.

Schon im Jahr 1892 begriff der bedeutende Psychologe William James, dass Vergleiche für uns mehr zählen als das Absolute. Er schrieb über das «Paradox eines Mannes, der sich zu Tode schämt, weil er als Faustkämpfer oder Ruderer nur Weltranglistenzweiter ist. Dass er die gesamte Bevölkerung des Globus bis auf einen einzigen anderen Menschen ausstechen kann, bedeutet ihm gar nichts.» Ein Athlet kann wählen: Entweder richtet er den Blick auf das, was ihm entgangen ist (wie die Goldmedaille) und fühlt sich geschlagen, oder er sieht all die anderen, die weniger erreicht haben, und fühlt sich als Sieger.

Um von Bedauern zu Dankbarkeit zu gelangen, muss man unter Umständen die Vergleichsebene ändern. Einmal beobachtete ich den kanadischen Freestyle-Skifahrer Alexandre Bilodeau bei einer fast perfekten Abfahrt. Anschließend eilte er zu seinem behinderten Bruder Frederic, der ihn frenetisch angefeuert hatte, und umarmte ihn. Alex erzählte den Reportern später, dass er sich glücklich fühlte, gesund zu sein und seine Träume verfolgen zu können, während Frederic wegen seiner Gehbehinderung diese Möglichkeit nicht hatte. Dankbarkeit für das, was man hat, kann kaum herzzerreißender sein. Oder, wie der Persönlichkeitstrainer Tony Robbins bei seinen berühmten Wochenendseminaren mit dem Titel «Befreie die innere Kraft» immer wieder betont: Wenn man seine Erwartungen durch Wertschätzung des Gegenwärtigen ersetzt, verändert sich augenblicklich die Welt.

Sportler und Stars, die authentische Dankbarkeit an den Tag legen, sind unglaublich sympathisch, wie ich in dem Jahr feststellte, als die beliebte Fernsehserie *Seinfeld* auslief. Jerry Seinfeld, der in schwindelnde Höhen der Berühmtheit aufgestiegen war, hatte beschlossen, seinen Abschied zu nehmen und nur wenige Interviews zu geben. Ich produzierte damals gerade ein Special über die 50 besten Fernsehserien aller Zeiten, das zur Hauptsendezeit laufen sollte, und entschied mich für *Seinfeld* als Nummer eins.

Als ich Jerry anrief, um es ihm mitzuteilen, nahm er die Information bescheiden und freundlich auf. Die Anerkennung sei eine Ehre, erklärte er und wunderte sich, dass seine Sitcom Klassiker wie *The Honeymooners* und *I Love Lucy* ausgestochen hatte, die er als Kind verfolgt hatte. Jerry willigte ein, in dem Beitrag aufzutreten.

Am Tag des Interviews erschien er allein im Studio, ohne Pressesprecher und ohne Entourage.

«Hi», sagte er, als er hereinkam. «Bin ich hier richtig?»

Der Mann, der den Raum betrat, kam mir sehr vertraut vor, doch einen Augenblick lang konnte ich ihn nicht einordnen. Waren wir zusammen auf der Highschool gewesen? Im Ferienlager? Ach nein, natürlich. Eine Ahnung beschlich mich. Jerry Seinfeld war da. Ich hatte ihn so oft im Fernsehen gesehen, dass es mir vorkam, als wäre er ein alter Freund.

Er gab mir ein großartiges Interview, in dem er tief berührt und dankbar wirkte. Das von mir erstellte Ranking trug den Stempel der Zeitschrift *TV Guide* (damals noch ein wichtiges Medium), und Jerry äußerte staunend, dass er damit groß geworden sei. Also schickte ich ihm am nächsten Tag einen Korb mit *TV-Guide*-Give-aways: Regenschirme, Becher, T-Shirts,

Sweatshirts und sogar eine kleine Uhr. Ich legte eine Notiz bei, dass ich ihm außerdem ein lebenslanges Abonnement der Zeitschrift schenken wolle. Er hatte soeben abgelehnt, für fünf Millionen Dollar die zehnte Staffel von *Seinfeld* zu produzieren (was ihm allein durch die Vergabe von Lizenzen drei Milliarden Dollar eingebracht hätte), und brauchte ganz bestimmt kein Gratisabo von mir. Aber am Nachmittag klingelte mein Telefon, und als ich abnahm, sagte jemand: «Hi, hier ist Jerry. Danke für all die Sachen, die Sie mir geschickt haben.» Dann teilte er mir noch seine Privatadresse mit, damit die Zeitschrift geliefert werden konnte.

«Lassen Sie mich noch mal betonen, wie sehr ich Ihr Vertrauen in mich zu schätzen weiß», sagte er mit der wohlbekannten Stimme, die alles lustig klingen lässt, was er sagt. «Dass Sie *Seinfeld* als beste Serie aller Zeiten bezeichnet haben, macht mich sehr glücklich.»

Zufällig war an dem Nachmittag meine Freundin Lynn bei mir im Büro, und als ich auflegte, starrte sie mich an.

«Hat da etwa gerade Jerry Seinfeld angerufen, um dir seine Privatadresse zu geben?», fragte sie.

«Nein, eigentlich, um sich zu bedanken.»

«Ich kann nicht glauben, dass er dich angerufen hat!», sagte sie.

Ich musste zugeben, es klang surreal, dass Jerry Seinfeld ausgerechnet mir dankbar war. Aber in diesem Moment wurde mir klar, dass selbst ein so erfolgreicher Mensch wie Jerry Seinfeld Anerkennung von anderen braucht. Seine Bereitschaft, Danke zu sagen, ließ meine Bewunderung für ihn nur noch weiterwachsen.

Unsere Arbeit können wir fast ebenso schwer dankbar annehmen wie unseren Partner – weil wir beiden gegenüber differenzierte Erwartungen hegen. Von dem Menschen an unserer Seite erwarten wir, dass er unser Geliebter, bester Freund, Gesellschafter, persönlicher Berater und Seelenverwandter ist. Auch an den Job stellen wir oft viel zu hohe Ansprüche. Er soll gut bezahlt sein, uns ein Identitätsgefühl geben und dazu einen netten Kollegenkreis, der Chef soll verständnisvoll sein, wir wollen etwas bewirken und zugleich bestätigt bekommen, dass das, was wir tun, wichtig ist. Ach ja, bequem erreichbar sollte der Arbeitsplatz möglichst auch noch sein.

Wenn wir heiraten, dann hegen wir die Erwartung, dass es «für immer» ist. Für den Job gilt das nicht. Wir bleiben so lange in der Firma, bis (hoffentlich) etwas Besseres kommt. In diesem Monat wurde mir klar, dass sich unsere Ambitionen durch die Dankbarkeit für den gegenwärtigen Job keineswegs verringern. Wir werden nur glücklicher – und wahrscheinlich auch produktiver, und zwar sofort. Man kann durchaus für seine bisherige Karriere dankbar sein und trotzdem irgendwann weiter aufsteigen.

Es war eine nette Idee, mit meinem Freund Robert täglich über den Verlauf unserer Karrieren zu twittern, aber wir hielten es nicht durch. (Nicht alles entwickelt sich wie geplant.) Stattdessen notierte ich in meinem Dankbarkeitstagebuch in diesem Monat unter anderem, warum ich dankbar war, Autorin zu sein. Es waren eine Menge Einträge, und als sich der Monat dem Ende zuneigte, fragte ich mich, ob mir schon vor Ablauf der Zeit die Gründe ausgehen würden. Doch dann setzte ich mich eines Morgens an den Schreibtisch, um am Exposé zu arbeiten – und dann fehlten mir alle Erinnerungen bis um drei

Uhr nachmittags. In der Positiven Psychologie bezeichnet man das beglückende Gefühl, sich so in eine Aktivität zu vertiefen, dass man nichts anderes mehr wahrnimmt, als «Flow». Das kann geschehen, während man malt, näht, ein mathematisches Problem löst, ein Computerprogramm schreibt, läuft, liest, Yoga macht, letztlich bei allem, worauf man sich voll und ganz einlässt. An jenem Abend war es kein Problem, den Eintrag zu verfassen. Am nächsten Tag lief es mit dem Schreiben nicht ganz so gut, doch am Nachmittag hatte ich immerhin das Nötigste erledigt und blickte lächelnd auf das Ergebnis. Wieder nahm ich mein Tagebuch zur Hand.

Ich bin ausgesprochen dankbar, dass ich den ganzen Tag in Lammfellhausschuhen und Pyjama arbeiten kann, schrieb ich.

Das war zwar nicht weltbewegend, aber wir alle haben mehr Gründe, um für unsere Tätigkeit dankbar zu sein, als wir denken.

8

Dank und Undank im Job

*Dankbar, mit dem Vorstandschef gesprochen zu
haben, der 30 000 Dankesschreiben verfasst hat*

*Dankbar, ein Dankesschreiben von Clint Eastwood
erhalten zu haben*

*Froh über die Begegnung mit dem Professor von der
Wharton Business School, laut dem Dankbarkeit
eine gute berufliche Entscheidung ist*

Da ich nun in der Lage war, Dankbarkeit für meine Arbeit zu
empfinden, hielt ich es für angebracht, auch mal ein bisschen
Dankbarkeit zurückzubekommen. Na, dann mal viel Glück!
Als ich mich wieder meiner Studie zuwandte, stellte ich fest,
dass Dankbarkeitsbekundungen am Arbeitsplatz so rar waren
wie ein weißer Rabe. Nur sieben Prozent der Studienteilneh-
mer bedankten sich nach eigenen Angaben regelmäßig bei
ihrem Chef und gerade mal zehn Prozent bei Kollegen. Ein
«Dankeschön» bekommt man im Job nur selten zu hören, egal,
ob von Vorgesetzten, Untergebenen oder auf der gleichen Hie-
rarchieebene.

Als Daniel Kahneman und seine Kollegen in Princeton
Alltagsaktivitäten untersuchten, die Menschen in schlechte
Stimmung versetzen (im Fachjargon heißt das «negative Emo-

tionen» auslösen), stand ganz oben auf der Liste der Punkt «Interaktion mit dem Chef». Ich kann das gut verstehen. Wer hat schon gern mit jemandem zu tun, von dem er so gut wie nie ein Zeichen der Wertschätzung bekommt? Chefs, die sich bei ihren Untergebenen nicht bedanken, machen in so vielerlei Hinsicht Fehler, dass ich kaum weiß, wo ich anfangen soll. Einige weitere Ergebnisse der Studie sind dafür äußerst aussagekräftig:

- 81 Prozent der Befragten wären bereit, für einen sich dankbar zeigenden Chef härter zu arbeiten.
- 70 Prozent würden sich besser fühlen, wenn ihr Chef seine Dankbarkeit ausdrücken würde.

Wertschätzung ist im Berufsleben mit die größte Motivation und sogar wichtiger als Geld. Wissenschaftler der London School of Economics haben über 50 Studien analysiert, die sich mit der Frage befassten, was Menschen im Job beflügelt. Sie kamen zu dem Schluss, dass ein Arbeitnehmer sich am meisten anstrengt, wenn die Tätigkeit ihn interessiert und anregt, wenn er sie als sinnvoll empfindet und andere schätzen, was er tut. Finanzielle Anreize können unter Umständen sogar einen negativen Effekt haben. Natürlich ist es wichtig, einen fairen Lohn zu zahlen, aber Leistungszulagen können die persönliche Motivation untergraben, die uns veranlasst, unser Bestes zu geben.

Manche eher rigide Führungskräfte weigern sich, ihren Mitarbeitern zu danken, weil sie befürchten, dass sie dann weniger mächtig erscheinen. Meine Freundin Beth Schermer, Management-Trainerin und Beraterin in Phoenix, Arizona, erzählte mir, dass sie ihre Klienten ermutigt, sich stets dankbar zu zeigen. «Daraufhin bekomme ich dann Sätze zu hören wie: ‹Ich danke meinen Angestellten jede Woche. Mit dem Gehaltszettel›», sagte sie.

Beth hatte sowohl mit großen politischen als auch mit kleineren Projekten in Unternehmen zu tun und versteht es meisterhaft, Menschen zur Zusammenarbeit zu bewegen. Die rothaarige, energische Person mit dem reizenden Lächeln hat einfach eine geniale Art, die zu ihrer herausragenden Intelligenz passt. Der Hinweis auf den «Gehaltszettel» ist jedoch ein Rohrkrepierer. Sobald sie den Satz hört, weiß sie, dass ihr eine weitere Herausforderung bevorsteht. Beth rät Führungskräften häufig, schwierige Interaktionen grundsätzlich mit einem «Danke» zu beginnen, denn es gibt immer etwas, das der- oder diejenige gut gemacht hat. «In der Regel läuft das Gespräch dann besser, sogar bei einer Kündigung», sagt sie.

Selbst wenn ein Chef anderer Meinung ist, erweist sich Dankbarkeit im Berufsleben meist als geschickter Schachzug. In unserer Studie stimmten 96 Prozent der Befragten der Aussage zu, ein dankbarer Chef sei erfolgreicher, weil die Mitarbeiter hinter ihm stehen. Führungskräfte, die befürchten, ein Dankeschön oder die Würdigung der Arbeit eines Angestellten könne ihre Macht schwächen, liegen falsch. Niemand schafft es aus eigener Kraft an die Spitze. Wenn man genügend Leuten hilft und ihnen positives Feedback gibt, stehen die Chancen gut, im Gegenzug ebenfalls Unterstützung zu erhalten.

Adam Grant, Professor für Management an der Wharton Business School, die zur University of Pennsylvania gehört, teilt Menschen in drei Kategorien ein, und zwar in Geber, Nehmer und Tauscher. Nehmer versuchen andere dazu zu bringen, ihren Zwecken zu dienen, und Tauscher erwarten stets eine Gegenleistung. Sie helfen anderen immer dann, wenn sie sich einen Vorteil davon versprechen. Geber hingegen bieten Hilfe, Rat oder Wissen, teilen wertvolle Kontakte und stellen Menschen einander vor, ohne auf eine Belohnung zu schielen. Im Kampf jeder gegen jeden scheint es, als behindere die gebende Haltung ein Vorankommen, und tatsächlich fällt sie manchmal negativ auf den Geber zurück. Grant hat jedoch herausgefunden, dass es Geber auch bis nach ganz oben schaffen können. Diejenigen, die beim Geben ihre persönlichen Bedürfnisse nicht aus den Augen verlieren, können an allen Fronten höchst erfolgreich sein. Sie fördern andere und bringen gleichzeitig ihre eigenen Belange voran.

Professor Grant selbst ist das beste Beispiel dafür, dass es jemand mit einer dankbaren und gebenden Grundhaltung zum großen Star schaffen kann. Er schloss sein Studium in Harvard mit Auszeichnung ab, promovierte schon nach drei Jahren und avancierte zum jüngsten Lehrstuhlinhaber in Wharton (er erhielt den Posten mit Mitte 20 und ist heute gerade mal Anfang 30). Amerikas coolste Unternehmen – von Google über Facebook und Apple bis hin zu Pixar – lassen sich von ihm ebenso beraten wie das Weltwirtschaftsforum (und viele andere). Er ist einer der beliebtesten Professoren von Wharton, und seine Sprechstunden umfassen oft drei bis vier Stunden, denn er gibt unermüdlich Ratschläge, beantwortet Fragen, vermittelt aus seinem weitgespannten Netzwerk Kontakte und verfasst Empfehlungsschreiben.

Nachdem sich seine Hilfsbereitschaft herumgesprochen hatte, erwarb sich Grant den fast schon legendären Ruf, die 200 bis 300 E-Mails, die er jeden Tag und zumeist von ihm

Unbekannten erhielt, prompt zu beantworten. Wildfremde Menschen, die von seiner Auskunftsfreudigkeit gehört hatten, baten ihn um Kontakte, Empfehlungen, Ideen und Jobs. Ich bekam zunächst eine automatische Antwort, als ich zum ersten Mal versuchte, ihn zu erreichen. In der Mail hieß es, er erhalte mehrere tausend Anfragen pro Tag und könne sie unmöglich alle bearbeiten. Immerhin bot der Text allgemeinen Rat und Links zu einigen Artikeln, die Grant verfasst hatte. Wenn man für seine Hilfsbereitschaft berühmt wird, muss man offenbar doch irgendwann Grenzen ziehen.

Ich nahm mir vor, ein paar Freunde an der Wharton Business School anzurufen, um mit ihm in Kontakt zu treten, doch noch bevor ich aktiv werden konnte, hatte Grant meine Anfrage beantwortet. Ja, er sei gerne bereit, mit mir über Dankbarkeit zu sprechen («Ihr Buchprojekt klingt wunderbar»), schrieb er liebenswürdig und schlug mir drei Termine vor. Ob es an einem davon bei mir ginge? Nachdem ich mir einen ausgesucht hatte, bestätigte er ihn beinah sofort.

Gewöhnlich gestalte ich Interviews als zwangloses Gespräch, doch bei dem bestens organisierten und effizienten Professor Grant wollte ich ebenso gut vorbereitet sein wie er (vermutlich ein Ding der Unmöglichkeit, denn mit seinem außerordentlichen Gedächtnis kann ich es niemals aufnehmen). Wie im Rausch las ich sämtliche Forschungsartikel und sein interessantes Buch *Geben und Nehmen* noch einmal und schrieb mir eine Liste von Fragen auf. Aber ich hätte mir keine Sorgen zu machen brauchen.

«Ich weiß, dass es ironisch klingen mag, wenn ich mich bei Ihnen dafür bedanke, dass Sie über Dankbarkeit schreiben, aber es ist ein ebenso großes wie vernachlässigtes Thema, und deshalb danke ich Ihnen. Ich bin sehr froh, dass Sie das tun», sagte er bereits nach den ersten zwei Minuten.

Bingo! Der Professor des Gebens war mit einem Danke-schön schnell bei der Hand – und natürlich nahm ich es ihm ab. Damit sorgte er dafür, dass wir uns beide wohlfühlten, zeigte also jene Reaktion, die seiner Meinung nach die Geschäfts-welt verändern könnte. Mitarbeiter wollen als Menschen wert-geschätzt werden und entwickeln deutlich mehr Kreativität, Engagement und Durchhaltevermögen, wenn sie spüren, dass andere für ihre Beiträge dankbar sind.

«Wertschätzung ist der tragfähigste Anreiz in der Arbeits-welt», erklärte mir Grant. «Äußerliche Anreize verlieren irgendwann an Bedeutung. Die Lohnerhöhung empfinden Sie als berechtigt, der Bonus ist bald ausgegeben, und der neue Titel klingt, sobald Sie ihn haben, nicht mehr so wichtig. Das Gefühl, dass andere ihr Tun wertschätzen, bleibt hingegen.»

Wenn Dankbarkeit Menschen mehr arbeiten lässt und Chefs erfolgreicher macht, warum sind Firmen dann nicht Schauplätze ausgelassener Dankbarkeit? Grund ist letztlich die Einstellung der Führungskräfte, also Sätze wie: «Wir dan-ken unseren Mitarbeitern mit dem Gehaltszettel», gegen die meine Freundin Beth ankämpft. Grant sagte, das sei Teil des überlieferten protestantischen Arbeitsethos (oder dem irgend-einer anderen Ethnizität, die gegenwärtig dafür verantwortlich gemacht wird), die besagt, dass die erbrachte Leistung ohne-hin von uns erwartet wird. Wozu also sich die Mühe machen, jemandem zu danken? So haben wir auch weiterhin mit Mana-gern zu tun, die für die Leistung ihrer Mitarbeiter die Lorbee-ren ernten, alles unter Kontrolle haben und es so aussehen las-sen wollen, als bräuchten sie niemanden. «Das Schlimmste an dieser Ausrede ist, dass sie nicht stimmt», erklärte mir Grant. «Es ist zweierlei, von anderen abhängig zu sein und andere Menschen sowie deren Leistung wertzuschätzen.»

Zu Beginn seiner Karriere (wobei er noch längst nicht an deren Ende oder auch nur der Mitte angelangt ist) arbeitete Grant als Berater für ein College-Callcenter, in dem die Studenten für eine Spendenaktion ein Telefonat nach dem anderen führten. Die meisten Ehemaligen hatten auf die Bitte um eine Spende eine einfache Antwort: «Nein.» Da die vielen Absagen die Anrufer demotivierten, versuchte Grant herauszufinden, wie man sie besser bei der Stange halten konnte. Er zog einen Studenten hinzu, dessen Stipendium durch Spenden von Ehemaligen finanziert wurde, und ließ ihn mit den Anrufern sprechen. Das Ergebnis war bemerkenswert. Nachdem sie ein persönliches Feedback bekommen und gesehen hatten, wie wertvoll ihre Arbeit war, verspürten sie neuen Schwung. Sie strengten sich noch mehr an als vorher und akquirierten im Durchschnitt statt 400 ganze 2000 Dollar. Die Spenden ver-fünffachten sich also. Allein durch ein Dankeschön.

«Es ist nicht damit getan, wenn wir den eigenen Job für sinnvoll halten, wir brauchen auch ein Gegenüber, dem an uns gelegen ist, das unsere Arbeit schätzt und dankbar dafür ist», erklärte mir Grant. «Die Studenten im Callcenter haben ein neues Selbstwertgefühl bekommen, und zwar nicht nur, was den Job betrifft, sondern auch als Person.»

Fasziniert von der Kraft der Dankbarkeit, entwickelte Grant zusammen mit der Harvard-Professorin Francesca Gino eine weitere Studie, in der sie Fachkräfte baten, die Anschreiben zu den Lebensläufen in den Bewerbungen einiger Studenten durchzusehen. Nachdem die Studenten die Verbesserungsvorschläge erhalten hatten, baten sie bei einem weiteren Brief um Hilfe, worauf etwa 32 Prozent der Fachkräfte eingingen. Hatten die Studenten ihrem zweiten Schreiben jedoch eine einzige Zeile mit Formulierungen wie «Vielen Dank!» oder «Ich bin Ihnen wirklich sehr dankbar!» hinzugefügt, entschieden sich ganze 66 Prozent, ihnen erneut zu helfen. Eine schlichte Dankbarkeitsbekundung verdoppelte somit die Resonanz.

Es gab allerdings eine noch viel größere Überraschung. Nachdem der jeweils erste Student um Hilfe gebeten hatte, ließ Grant einen zweiten Studenten das Gleiche tun. Wenn der Professor eine Antwort mit einer Dankesbekundung erhalten hatte, stieg seine Bereitschaft, dem zweiten Studenten ebenfalls zu helfen, von 25 auf 55 Prozent. Mit anderen Worten: Sobald jemand Wertschätzung (oder, wie Grant es nennt, «soziale Anerkennung») erfuhr, verdoppelte sich seine Bereitschaft, anderen zu helfen. «Ich hätte nie gedacht, dass durch ein kurzes Dankesschreiben die Bereitschaft steigt, einem vollkommen Fremden zu helfen», sagte Grant. «Dankbarkeit ist mächtiger, als wir wahrhaben wollen.»

Als das *New York Times Magazine* eine Titelgeschichte über Grant brachte, leitete er der Reporterin 41 Dankes-E-Mails weiter, die er in der Woche zuvor erhalten hatte. Sie stammten überwiegend von Studenten, die ihm für seine Hilfe dankten und erzählten, wie er ihr Leben verändert habe. «Die meisten von uns wären überglücklich, im Lauf ihres Lebens auch nur ein einziges solches Schreiben zu erhalten», staunte die Journalistin Susan Dominus. Grant erklärte, er bekomme jede Woche Dutzende davon.

Als ich das in unserem Gespräch erwähnte, wurde der Professor verlegen und sagte, er habe der Reporterin die E-Mails nur für den Fall geschickt, dass sie ein paar Studenten über ihn befragen wollte.

«Sie meinen, das ist nicht gar die Regel?»

«Doch, meistens schon», gab er zu. «Für mich sind diese Schreiben eine Art Barometer, an dem ich ablesen kann, ob ich etwas bewirke. Es sollte machbar sein, dass mein Tun einigen Dutzend Menschen pro Woche zugutekommt.»

Ich hatte immer geglaubt, nur Gott oder Bill Gates könnten Woche für Woche so vielen Menschen helfen, aber Professor Grant fand es ganz selbstverständlich. Abgesehen von der Gewissheit, dass seine Ratschläge etwas bewirkten, waren die Dankesbekundungen seine wichtigste Motivation, wobei er allerdings einige Vorbehalte hatte. Ein Dankesschreiben, das zugleich eine ganze Reihe weiterer Bitten enthält, macht ihn misstrauisch. («Ich frage mich dann, ist dieser Mensch mehr Nehmer, als ich dachte?») Während er ein promptes Danke-schön als obligatorische Höflichkeit verstand, gefiel es ihm, wenn ihm jemand zwei, drei Monate später schilderte, dass seine Hilfe langfristig von Wirkung gewesen sei.

Als ich Grant fragte, wie man im Geschäftsleben mehr Dankbarkeit zeigen könne, gab er zu, dass es schwierig sei, dafür eine Formel zu finden. «Ich glaube, es ist schwer, denn was verbirgt sich letztendlich dahinter? Man kann anderen nicht in machiavellistischer Weise danken. Das durchschauen die Leute, denn sie können aufrichtige Dankbarkeit von mani-pulativer unterscheiden.» Dann erzählte er mir von Doug Conant, dem ehemaligen Geschäftsführer der Campbell Soup Company, der es seiner Meinung nach richtig anstellte.

Ein paar Tage später machte ich Conant ausfindig. Wie Grant war er hochintelligent, nachdenklich und bereit, mit mir über das Thema Dankbarkeit zu reden. Im Gespräch mit diesen beiden Männern fühlte ich mich wie Alice im Wunderland (in der Wirtschaftsausgabe), die aus dem Kaninchenbau ins Land der Guten im Geschäftsleben fällt.

Conant begann bei Campbell im Jahr 2001, als die Firma zu kämpfen hatte. Wirtschaftsexperten schreiben ihm zu, einen Wandel eingeleitet zu haben, nicht nur im Hinblick auf den Profit (der in die Höhe ging), sondern auch, weil er die «vergiftete Atmosphäre», wie er es selbst nannte, ins Gegenteil verkehrt hatte. Anders als viele Firmenbosse, die stolz auf ihre Macht sind, war Conant überzeugt, dass sein Erfolg von den Menschen abhänge, die für ihn arbeiteten. «Ich konnte unmöglich in jedem Raum sein und jede einzelne Entscheidung selbst treffen, also waren alle Mitarbeiter in der Firma meine Stellvertreter. Ich brauchte in dem Spiel ihre Köpfe und Herzen», sagte er.

Conant versuchte von dem üblichen Geschäftsmodell wegzukommen, bei dem man sich auf die Probleme konzentriert. «Üblicherweise widmet man 90 Prozent seiner Aufmerksamkeit jenen zehn Prozent der Sachgebiete, die schlecht laufen», sagte er. Er freue sich lieber über die (hoffentlich) 90 Prozent, die gut liefen.

Normalerweise bewerten wir instinktiv das Schlechte höher als das Gute. Conant wollte die Mentalität im Unternehmen verändern und sich lieber auf die vielen Kirschen in der Schüssel konzentrieren als auf die vereinzelten Kakerlaken. Obgleich er für eine Firma mit 20 000 Angestellten und zwei Milliarden Dollar Umsatz verantwortlich war, wählte er den persönlichen Weg, schrieb Dankesbriefe an die Angestellten und lobte sie für ihre Arbeit. Conant und ein Mitarbeiter hielten unentwegt

Ausschau nach positiven Neuigkeiten in der Firma, und wann immer ihm etwas zu Ohren kam, das er bewunderte, bedankte er sich dafür. Seiner eigenen Schätzung nach hat er in den zehn Jahren als Geschäftsführer sechs Tage pro Woche täglich 10 bis 20 handgeschriebene Dankesbriefe verfasst. «Wenn man das hochrechnet, sind es insgesamt mehr als 30 000», erklärte er. Zu feiern, was gut lief, wurde zur neuen Unternehmenskultur.

Conant schrieb nicht nur an die Führungskräfte, seine Briefe gingen vielmehr an Mitarbeiter auf allen Hierarchieebenen. Gewöhnlich geht man davon aus, dass ein Geschäftsführer nicht einmal von ihrer Existenz weiß. Conant hätte einen Schreibkrampf bekommen können, aber heute wird sein Führungsstil sogar in den Fallstudien der Harvard Business School zitiert. Seine Warmherzigkeit war keine Schwäche – er hatte durchaus finanzielle Ziele und Wertungslisten. Außerdem wechselte er bei seinem Antritt gut 300 der 350 Mitglieder der Führungsebene aus, um Menschen um sich zu versammeln, deren Werte seinen eigenen entsprachen. Die Hälfte der Stellen besetzte er mit Firmenangehörigen, die dank ihm befördert wurden. «Meine Botschaft lautete: Campbell wird zeigen, dass wir Sie als Einzelperson schätzen, und Sie werden uns an die Spitze helfen, indem Sie Großartiges leisten», sagte er. Er beobachtete, wie die Manager in allen Bereichen des Unternehmens den Gedanken aufnahmen und sich an seinem Führungsstil ein Beispiel nahmen.

Zu einer anrührenden Fußnote zu Conants persönlichem, auf Dankbarkeit fokussiertem Führungsstil kam es 2009, als er auf der New Jersey Turnpike einen Autounfall hatte, der beinahe tödlich ausgegangen wäre. Im Traumazentrum des

Krankenhauses, in dem er lag, trafen Karten von Mitarbeitern aus der ganzen Welt ein – aus New Jersey und Texas ebenso wie aus Kalifornien und Kanada, Asien und Australien. Mehrere Wochen saß seine Frau bei ihm auf dem Bettrand und las ihm die Karten und Briefe laut vor. Die meisten Verfasser erwähnten den Dankesbrief, den Conant ihnen Jahre zuvor geschrieben und der in ihnen das Gefühl hervorgerufen hatte, es bestehe eine persönliche Beziehung zwischen ihnen. Vom Geschäftsführer auf diesem Weg Wertschätzung zu bekommen war unglaublich bedeutsam für diese Menschen gewesen, und manche bewahrten sein Schreiben noch immer an einer Pinnwand oder am Kühlschrank auf. Egal, ob ein Mitarbeiter im Verkauf, in der Produktion oder in der Verpackung tätig war, Conant hatte sie alle als vollwertige Menschen betrachtet. Jetzt dachten sie an ihn wie an einen Freund oder ein Familienmitglied, und ihre Herzen und Gebete waren bei ihm, als er eine Operation nach der anderen über sich ergehen lassen musste.

«Alles kommt irgendwann zu einem zurück. Jetzt habe ich es selbst erlebt, und das gibt mir Kraft», erklärte mir Conan.

Im weiteren Verlauf des Gesprächs erwähnte ich die Anerkennung, die die Firma unter seiner Führung bekommen hatte, weil sie sich für Multikulturalität und Life-Work-Balance einsetzte. Conant brachte es auf den Punkt, als er sagte: «Dankbarkeit überwindet alle Grenzen, zwischen Generationen, Ethnien, sozialen Schichten. Dankbarkeit ist universell, nur sie kann uns zusammenbringen.» = Liebe

Beim Abschied war mir überraschend warm ums Herz, so als hätte ich gerade eine große Schüssel Hühnersuppe mit Nudeln verdrückt. Man kann darüber streiten, ob die Netten je nach oben kommen oder für immer unten bleiben, aber ich begann zu glauben, dass die Dankbaren stets die Gewinner sind.

Conant ist nur eine von vielen Führungspersönlichkeiten, die die Kraft der Wertschätzung erkannt haben. Als ich mit 22 meinen ersten Artikel für die *Cosmopolitan* verfasste, erhielt ich einen handgeschriebenen Brief von Helen Gurley Brown, der legendären Herausgeberin der Zeitschrift. In ihrer ausholenden Schrift und auf wunderschönem Briefpapier dankte sie mir wortreich und erklärte, wie glücklich sich die Leser schätzen dürften, mich zu haben. Ich war tief beeindruckt, dass sie überhaupt meinen Namen kannte, und verwahrte den Brief in einer Schublade. Ich besitze ihn übrigens heute noch.

Was die Menge ihrer Dankesschreiben betraf, kam die Cosmopolitan-Herausgeberin vermutlich nicht an Doug Conant heran, aber sie schickte regelmäßig Briefe – verfasst in ihrem Büro mit der rosafarbenen Seidentapete und dem Teppich in Leopardenmuster – an Fotografen, Kolumnisten, Models und Schauspielerinnen. Die Schreiben verhalfen ihr zu einer ungewöhnlich treuen Gefolgschaft. Natürlich war es nicht ihr einziges Erfolgsrezept, dafür zu sorgen, dass Menschen sich geschätzt fühlten – die vielen tiefen Dekolletés auf den Titelseiten spielten auch eine Rolle –, aber es half ganz sicher weiter. Als sie 2012 starb, war im Nachruf der *New York Times* zu lesen, ihre Art, «die richtigen Freunde zu gewinnen und die richtigen Menschen zu beeinflussen, entsprach der Tradition Dale Carnegies, wenn auch weniger vertikal orientiert». (Weiter unten hieß es, sie sei 90 geworden, abgesehen von gewissen «Teilen, die erheblich jünger» seien.)

Dale Carnegie hat das viele Millionen Mal verkaufte Buch *Wie man Freunde gewinnt: Die Kunst, beliebt und einflussreich zu werden* geschrieben, das sich auch über 80 Jahre nach Erscheinen nicht von den Bestsellerlisten vertreiben lässt. Ein Manager, mit dem ich einmal zusammengearbeitet habe, hatte ein Dale-Carnegie-Training absolviert; die Urkunde hing eingerahmt in seinem Büro. Mindestens jede zweite Woche erhielt ich am Freitagnachmittag eine E-Mail mit folgendem Inhalt:

> Liebe Janice,
> Danke!

Manchmal führte er es auch näher aus:

> Danke für alles, was du tust!

In den Dale-Carnegie-Trainings wird unter anderem das Schlüsselprinzip gelehrt, dass Anerkennung ehrlich und aufrichtig sein muss. Ich merkte, dass mein Kollege dieses «ehrlich und aufrichtig» noch nicht perfekt beherrschte, doch wenigstens gab er sich Mühe.

Jede Dankbarkeitsbekundung (und sei sie noch so ungeschickt) ist besser als gar keine. Ich kenne eine junge Prozessanwältin, die bei einer Firma in Washington D.C. arbeitet und extrem eingespannt ist. Meist kommt sie morgens um acht ins Büro und geht oft erst gegen Mitternacht nach Hause. Sie wird gut bezahlt und genießt die Herausforderung sowie das Gefühl, bei wichtigen Fällen im Mittelpunkt zu stehen. Aber auch sie sehnt sich nach persönlicher Anerkennung im Stil Conants.

«Der für mich zuständige Geschäftsführende Partner sagt nie Danke. Dabei würde es mir so viel bedeuten», flüsterte sie mir eines Tages zu, als wir in ihrem Büro saßen.

Sie hatte vor kurzem einen wichtigen Prozess gewonnen und gehofft, von ihrem Chef dafür ein wenig widerwillige Anerkennung zu bekommen. Doch anstatt sie zu loben, erklärte er lediglich, sie sei beim nächsten Mandat wieder in seinem Team. Da sie sich ein paar Streicheleinheiten mehr wünschte, ging sie später noch mal bei ihm im Büro vorbei und fragte freundlich nach, wie sie sich in der Arbeit mache. Da entgegnete er kühl: «Sie sollten wissen, dass ich mit Ihnen zufrieden bin, andernfalls wären sie nicht mehr hier.»

«Das hat mich zum Schweigen gebracht», erzählte mir die junge Anwältin.

Der Vorgesetzte ging vermutlich davon aus, der Verzicht auf ein Dankeschön demonstriere seine Stärke. Ich glaube eher, dass es seine Unsicherheit verrät. Wie Adam Grant betonte, ist die Haltung «Ich bin zu taff, um dankbar zu sein» ein Denkfehler. Zwar kommen Führungskräfte mit allen möglichen Managementstilen durch, aber mit Dankbarkeit nach dem Ausschlussprinzip («Wenn ich Sie noch nicht gefeuert habe, dann machen Sie Ihre Sache gut genug») ist niemandem geholfen.

In diesem Zusammenhang fiel mir ein, dass eines der liebenswürdigsten Dankesschreiben in meinem Berufsleben von Clint Eastwood stammte – trotz seines ungebrochenen Rufs als hartgesottener Kerl. Kurz vor der Premiere seines Films *Flags of Our Fathers – Die Flaggen unserer Väter* unterhielten wir uns in seinem Bungalow auf dem Gelände von Warner Bros. einen ganzen Nachmittag lang. Der Besuch begann damit, dass ich irrtümlich auf den für ihn reservierten Parkplatz fuhr. In Hollywood ist das praktisch eine Todsünde, doch Clint war barmherzig. Er kam zu mir ans Wagenfenster, stellte sich höflich vor (als wäre es möglich, dass ich ihn nicht kenne) und sagte mit beruhigender Stimme: «Fahren Sie einfach ein kleines Stück zur Seite, dann haben wir hier beide Platz.»

Anschließend schlenderten wir zusammen zu seinem Bungalow wie alte Freunde. Kaum hatten wir uns hingesetzt, unterhielten wir uns auch schon angeregt über alles und jeden – von Heldentum und Tapferkeit über die Verwüstungen, die ein Krieg anrichtet (Themen des Films) bis hin zu seinem anhaltenden Bedürfnis, an seine Grenzen zu gehen. Irgendwann, die Sonne fiel zufällig durch das Fenster auf sein markantes Gesicht, streckte er die langen Beine auf dem Sofa aus und gab zu, dass sein Ruhm ihn immer noch überraschte. «Und das ganz unverdienterweise.» Mit einem verlegenen Lächeln zwinkerte er mir zu, als er die Zeile aus seinem Film *Erbarmungslos* zitierte.

Nachdem ich schließlich aufgebrochen war, setzte ich mich im Studiogelände auf eine Bank und rief meinen Mann an.

«Ich muss schon sagen, Schatz, sosehr ich dich liebe, aber er ist der attraktivste alte Mann, dem ich je begegnet bin», sagte ich.

«Du bist jetzt aber nicht mehr bei ihm im Bungalow, oder?», fragte Ron beunruhigt.

«Nein, leider nicht», neckte ich ihn.

Clint war weit bezaubernder gewesen, als ich es mir vorgestellt hatte, freundlich und nonchalant und mit äußerst feinen Manieren. Wenn er sinnierte, hatten seine Gedanken wirklich Tiefgang. Doch der schwierigste Teil des Ganzen stand noch aus. Clint und ich hatten vereinbart, dass ich kein übliches Starporträt verfassen würde, sondern einen Artikel in der ersten Person, mit seiner Stimme. Ich hatte noch nie als Ghostwriterin gearbeitet, und etliche Schriftstellerfreunde riefen sogleich bei mir an, um mir von ihren eigenen schlechten

Erfahrungen zu berichten. Man bekommt keine Anerkennung. Der Star nimmt völlig absurde Änderungen im Text vor. Er tut, als hätte er das ganze Ding selbst verfasst. Und gibt einem die Schuld, wenn irgendwas schiefgeht.

Da es nun einmal ausgemacht war, schrieb ich den Artikel trotzdem und schickte ihn anschließend an Clint. Am Tag darauf kam er zurück – mit einer einzigen Änderung. Am Nachmittag rief Clint mich an.

«Danke für Ihren Text. Ich habe mich sehr gerne mit Ihnen unterhalten, und Sie haben gute Arbeit geleistet. Sie haben meinen Ton super getroffen, sogar besser, als ich es selbst gekonnt hätte», sagte er.

«Das freut mich», sagte ich und war froh, dass niemand in der Nähe war, denn mein Gesicht war rot wie eine Tomate.

«Danke noch mal, ich weiß zu schätzen, was Sie getan haben. Wirklich, vielen Dank», sagte er.

Als ich Clint ein paar Jahre später wieder traf, wirkte er deutlich älter und nicht mehr ganz so strahlend. Für mich allerdings wird er immer der große Star bleiben, der sich für ein Danke nicht zu schade war. Er wusste, dass Dankbarkeit glücklich macht.

Die besten Stars und Chefs sind in der Lage, Danke zu sagen, aber wie wir alle genießen sie es auch, wenn ihnen mal jemand dankt. Die langjährige Hollywood-Reporterin Jeanne Wolf rief mich einmal an, als sie in meinem Auftrag einen Artikel über Drew Barrymore schrieb, um mir zu sagen, dass die Arbeit mit der Schauspielerin großartig verlaufen sei. Barrymore sei entgegenkommend und völlig entspannt gewesen, sodass es die reine Freude war, mit ihr zu arbeiten. Außerdem habe sie in einem der präsentierten Kleider hinreißend ausgesehen, und

Jeanne wollte gern, dass sie es behielt. Üblicherweise sind die bei Fotoshootings getragenen Kleider nur geliehen und werden anschließend zurückgegeben. Wenn wir es Drew Barrymore schenken wollten, würden wir dem Designer den vollen Preis zahlen müssen.

«Ich bin nicht sicher, ob das mein Budget hergibt», sagte ich, denn damals leitete ich die Zeitschrift.

«Sollte es aber. Ein kleines Geschenk als Dankeschön kann viel bewirken», erklärte Jeanne unbeirrt.

Widerstrebend gab ich ihr grünes Licht. Fünf Minuten später meldete sie sich wieder und berichtete, dass sich Drew wahnsinnig gefreut, sich von Herzen bedankt und angeboten habe, alles Nötige zu tun, um für die Ausgabe mit ihrem Interview die Werbetrommel zu rühren.

«Ich will ja nicht darauf pochen, dass ich recht hatte, aber ich bin froh, dass Sie auf mich gehört haben», erklärte Jeanne vergnügt.

Jeanne hatte den richtigen Riecher gehabt. Stars bekommen viel Geld für ihre Arbeit, und Drew Barrymore kann sich jedes Kleid leisten, das sie haben will. Aber wahrscheinlich freute es sie einfach, dass es sich gelohnt hatte, bei dem Shooting fröhlich und heiter zu sein. Wir hatten es bemerkt und gewürdigt, wie sie das hübsche Kleid als Dankeschön zeigte. Die protzigen Geschenke, die manche Studioleiter verteilen – unter anderem Autos für die gesamte Besetzung! –, erschienen dagegen manchmal eher wie Bestechung oder Werbemanöver. Jeannes Geschenke waren kleiner, aber sie kamen von Herzen.

Menschen auf allen Ebenen brauchen die Bestätigung, dass sie geschätzt werden, und um ihnen dies zu vermitteln, muss man nicht zwingend in ein 400-Dollar-Kleid investieren. Als

meine Schwester Nancy eine Spitzenposition bei einer gemeinnützigen Beratungsgesellschaft in Washington D. C. bekleidete,
teilte sie bei der wöchentlichen Mitarbeiterrunde Kudos-Müsli-
riegel (Kudos, abgeleitet vom griechischen Wort für Ruhm oder
Ehre, heißt so viel wie «Hut ab» und bedeutet ein Lob), um den
Angestellten für ihren vielfältigen Einsatz und die erfolgreiche
Arbeit zu danken. Die Aktion kam gut an, bis der Eigentümer
und Geschäftsführer der Firma sie eines Tages zu sich bestellte
und sich beschwerte, dass er nie einen Riegel abbekam. Nancy
brauchte einen Moment, um zu begreifen, dass er nicht
scherzte. Obwohl die Firma ihm gehörte und alle, die an den
Mitarbeiterrunden teilnahmen, für ihn arbeiteten, wünschte
auch er sich ein Zeichen der Anerkennung.

Auf einmal verstand ich, warum mein Mann so viel Freude
an den kleinen Geschenken seiner Patienten hatte – an der
selbstgemachten Pizza von der italienischen Familie, den Obst-
körben an Weihnachten, den Flaschen Harveys Bristol Cream,
die wir nie tranken. Neugierig ging ich in den Keller und stieß
auf ein halbes Dutzend handgearbeiteter Wolldecken, die Ron
dort verstaut hatte und mit denen sich einige ältere Patientinnen bei ihm für seine Freundlichkeit und Fürsorge bedankt
hatten. An einer löchrigen Decke in Grün-Orange hing ein
Kärtchen mit der Aufschrift: *Für Sie gemacht, weil niemand lie-
benswürdiger zu mir ist!* Neben der Unterschrift *Mae* prangten
kleine rosafarbene Herzchen. Ich nahm die Decke mit nach
oben und fragte Ron, ob Mae mit ihm geflirtet habe.

«Sie ist 93, mach dir keine Sorgen», sagte er.

«Aber du liebst es, wenn du geliebt wirst», neckte ich ihn.

«Tun wir das denn nicht alle?»

Für Allgemeinmediziner und Internisten ist Geld nicht die

Hauptmotivation, sonst hätten sie eine andere Fachrichtung gewählt. Ron braucht vor allem anderen die Gewissheit, dass die Patienten sein Engagement anerkennen. Dank ist kein Ersatz für eine angemessene Bezahlung, aber gemeinsam haben sie eine starke Wirkung. Selbst Daniel Craig reichten die drei Millionen Dollar nicht, die er für seinen ersten Bond-Streifen bekam (beim dritten waren es übrigens schon 20 Millionen). Es war ihm wichtig, dass sowohl die Fans als auch die Filmverleihe zufrieden waren, und er brauchte die Anerkennung. In dieser Hinsicht ist mein Mann ihm sehr ähnlich (ein dickes Kompliment für alle beide).

Meine Freundin Anna Ranieri, mit der ich auf dem College das Zimmer geteilt habe, arbeitet von Stanford aus als Psychologin und Trainerin für Führungskräfte. Sie fand heraus, dass sogar in den angesagten Technologieschmieden Anerkennung höher bewertet wird als ein großzügiger Bonus. «Eine Firma, die dafür bekannt ist, dass sie ihre Mitarbeiter wertschätzt, wird immer talentierte Leute anziehen. Wenn die Angestellten ab und zu ein zusätzliches Dankeschön erhalten, werden sie auch nicht zum nächstbesten Start-up wechseln», sagte sie. Anna meinte außerdem, zur Arroganz neigenden Führungskräften könne man Dankbarkeit am besten verkaufen, indem man ihnen die Vorteile vor Augen führt. Da Dankbarkeit in alle Richtungen ausstrahle, fühle sich auch der Chef besser, wenn er anderen Dank ausspricht.

Mit anderen Worten: Selbst im Silicon Valley könnte Dankbarkeit zu einer Killer-App werden. Ein paar intelligente Unternehmenschefs haben bereits damit begonnen, Dankbarkeit in ihr Gesamtkonzept zu integrieren. Google gilt weithin als Traumarbeitgeber – und das nicht nur wegen der Billardtische und des kostenlosen Mittagessens (obwohl auch das dazu beiträgt). Die Personalvermittler der Firma haben eine Liste mit «Gründen, bei Google zu arbeiten» erstellt. Zu den fünf ersten gehören:

- Das Leben ist schön
- Wertschätzung ist die beste Motivation
- Wir mögen unsere Angestellten und wollen, dass sie es auch wissen.

Ich kann weder Codes lesen noch programmieren und mit einem Computer kaum mehr anstellen, als darauf Texte zu schreiben, aber wenn man mir bei Google einen Job gäbe, würde ich dort bestimmt hervorragende Arbeit leisten. Denn wenn jemand sagt, das Leben sei schön und er schätze und möge mich, dann will ich verdammt noch mal alles mir Mögliche tun, um ihn ebenfalls glücklich zu machen. Ginge das nicht jedem von uns so? In Konferenzräumen geht es im Grunde nicht viel anders zu als in unseren Wohn- oder Schlafzimmern. Auch im Büro erreicht man mit Liebe mehr als durch Angst, und wer gut gelaunt ist, zieht wie von selbst andere Menschen an.

Von Professor Grant weiß ich, dass es bei coolen Unternehmen wie Zappos und Southwest Airlines (ebenso wie bei Google) auf gegenseitige Anerkennung ausgerichtete Programme für die Mitarbeiter gibt, die einander für besondere Einsätze nominieren können. «Das kommt einem Dankesschreiben schon sehr nahe, außerdem gibt es noch einen kleinen Bonus von der Firma», sagte Grant. «Indem man die Angestellten ermächtigt, einander Wertschätzung zu zollen, stellt man sicher, dass die Dankbarkeit im Job nicht zu kurz kommt.»

Es kommt auch vor, dass man Danke sagen will und wirklich Danke sagen muss. Unsere lieben Freunde Jacques und Karen kamen uns für ein Wochenende in unserem Landhaus besuchen und brachten uns wunderbare Gastgeschenke mit – vollmundiges Olivenöl und köstlichen Honig, beides von ihrem Griechenlandurlaub mitgebracht. Sie haben einen großen Kreis langjähriger Freunde (nicht nur wegen ihrer großartigen Geschenke) und wohnten während der Reise für ein paar Tage bei einem Paar, das sie aus London kannten und das ein Sommerhaus auf Kreta besitzt. Gerade zum Zeitpunkt des lange geplanten Besuchs schied ihr Gastgeber Mark Sebba bei dem Luxus-Online-Versandhändler Net-a-Porter aus.

«Wenn du ein Beispiel für Dankbarkeit am Arbeitsplatz brauchst, schau dir an, was Mark erlebt hat», sagte Jacques, während wir alle die Löffel in den himmlischen Honig tauchten. (Eigentlich wollten wir ihn über den Joghurt träufeln, konnten aber nicht warten.)

Die Firmengründerin Natalie Massenet, ehemals Model und Modejournalistin, wollte ihm ihre Anerkennung ausdrücken, da Sebba maßgeblich dazu beigetragen hatte, aus ihrer Idee ein führendes Online-Unternehmen zu machen. Da ein Diner in Abendgarderobe in der Branche Standard ist, ließ sich Natalie etwas Ausgefalleneres, Denkwürdigeres einfallen.

«Mark dachte an seinem letzten Arbeitstag an nichts Böses», erzählte Jacques schmunzelnd. «Er rechnete vielleicht mit einem Kuchen von Natalie, aber bestimmt nicht mit dem, was ihn erwartete.»

Ihn erwartete eine Kreuzung aus Karneval und Rockkonzert. Tausende von Angestellten aus drei Kontinenten und verschiedenen Zeitzonen versammelten sich zu einer Riesenparty, um ihm Danke zu sagen. Als Sebba die Rolltreppe hochkam und über den Flur in das weitläufige Großraumbüro trat, begrüßten ihn Scharen seiner Londoner Angestellten. Manche klatschten Beifall und winkten, andere tanzten auf den Tischen. Ein Gospel-Sänger in einem blauen Gewand rief: «Willkommen in deiner Welt!», und schmetterte, unterstützt von einem lebhaften Backgroundchor, ein Ständchen von der Qualität eines Musikvideos. Akrobaten schlugen Saltos, Samba-Tänzerinnen wirbelten durch den Raum, und eine Steeldrum-Band spielte auf. Im eigens für die Gelegenheit abgewandelten Text des beliebten Songs «The Man» von Aloe Blacc hieß es unter anderem:

Es ist Zeit, zu sagen: gut gemacht!
Du bist der Beste, du bist der Größte!
Na los, sagt es weiter, jeder soll es wissen ...
Er ist der Mann, er ist der Mann, er ist der Mann!

Auf einer riesigen Videoleinwand wurden Live-Szenen aus Hongkong, Shanghai und New York eingeblendet, wo weitere Angestellte in ihren Büros und Auslieferungslagern in das perfekt choreographierte Lebewohl einstimmten, sangen und die Arme schwenkten. Es herrschte eine Stimmung wie in einem Coca-Cola-Werbespot. Als Sebba schließlich an seinem Schreibtisch stand, reichte ihm Natalie Massenet lächelnd eine Tasse schwarzen Kaffee.

Natürlich hatte die Feier einiges gekostet, aber noch beeindruckender waren die Zeit und die Mühe, die die Angestellten aufgewendet hatten, damit alles perfekt lief. Wegen der verschiedenen Zeitzonen waren einige Mitarbeiter mitten in der Nacht ins Büro gekommen. Massenet postete das sechseinhalbminütige Video auf YouTube mit dem Titel «Riesenüber-raschung für den beliebtesten Chef der Welt». Sie schickte es an alle ihre Angestellten und bat sie, den Link zu teilen, aller-dings ohne zu erwähnen, dass er von Net-a-Porter stammte, damit man es nicht für einen Werbegag hielt. Dass sich eine Firmenchefin zum Dank so etwas Extravagantes hatte einfallen lassen, kam derart gut an, dass das Video schon bald mehr als eine Million Klicks verzeichnen konnte.

Mit einem Gospelchor und der singenden Belegschaft aus aller Welt Danke zu sagen war wirklich etwas ganz Außerge-wöhnliches. Aber vielleicht begreifen die Chefs, Firmeninhaber und Manager ja nach und nach, dass sie mit Dankbarkeit am Arbeitsplatz viel bewirken können.

III
Sommer: Dankbarkeit und Gesundheit

Die Natur trägt immer die Farben des Geistes.

RALPH WALDO EMERSON

Eine traurige Seele kann einen schneller töten, viel schneller, als ein Krankheitskeim.

JOHN STEINBECK

9

Die Kraft von Vitamin DA

Dankbar für das Wissen, dass Dankbarkeit auf unser Immunsystem wirkt und unsere Gesundheit verbessern kann

Froh über die Erkenntnis, dass Dankbarkeit das Stresslevel senken kann

Erstaunt, dass Dankbarkeit gegen meine Kopfschmerzen hilft

Nachdem es im Mai viel geregnet hatte und kalt gewesen war (worüber ich mich selbstredend nicht beklagte), zeigte sich das erste Juni-Wochenende sonnig und warm. Bei uns in Connecticut wechselte das Wetter so drastisch, dass ich Ron vorschlug, sofort von Heizung auf Klimaanlage umzustellen. «Oder wir schalten beides ein», schlug ich spaßeshalber meinem Ehemann vor, der am liebsten beides ausschaltet.

Er machte sich auf den Weg in die Garage, um die Gartenmöbel hervorzuholen, und ich folgte, um ihm zu helfen.

«So was erledigt man am besten allein», sagte er, während er einen Tisch anhob, der aussah, als könnte ihn ein Mensch allein keinen Zentimeter bewegen.

«Du brauchst mich also nicht?», fragte ich und ging mit leeren Händen hinter ihm her.

«Ich brauche dich immer», sagte er und schnaufte dabei ein wenig, weil die Last so schwer war. «Jetzt gerade würde es mir zum Beispiel helfen, wenn du mir sagst, wie dankbar du bist, einen so starken Ehemann zu haben.»

«Das schreibe ich heute Abend in mein Journal», erwiderte ich fröhlich. «*Sehr dankbar für den überaus männlichen Mann an meiner Seite.*»

Nachdem er den Tisch abgestellt hatte, kam er herüber und nahm mich liebevoll in den Arm. Auch wenn er oft Witze über mein Dankbarkeitsjahr machte, kamen wir in letzter Zeit deutlich besser miteinander aus und hatten so viel Spaß wie schon lange nicht mehr. Meine positive Einstellung hatte die Atmosphäre zwischen uns gewandelt. Da Ron inzwischen wusste, dass ich bei allem, was er tat, nach dem Guten Ausschau hielt (und nicht herumkritisierte), hatte er sich entspannt. Vor Jahresbeginn war unsere Beziehung gut, aber ein wenig eingefahren gewesen. Wie die meisten Paare, die lange verheiratet sind, nahmen wir einander gar nicht mehr richtig wahr. Jetzt beachtete ich ihn wieder und er mich. Es kam nach wie vor gelegentlich zu Streitereien, aber wir konnten sie schnell wieder ausräumen. In der Vergangenheit hatte es oft drei Tage gedauert, bis eine Unstimmigkeit geklärt war. Inzwischen ließ sich aufgrund des tiefen Reservoirs an Dankbarkeit und gutem Willen vieles innerhalb von drei Minuten beilegen.

Nachdem ich den ersten Monat meines Projekts darauf verwandt hatte, meinen Ehemann zu schätzen und mich bei ihm für das, was er tat, zu bedanken, hatte Ron gescherzt: «Das war ja ganz nett, aber wann bekomme ich meine Frau zurück?» Inzwischen war meine Wertschätzung für ihn jedoch zur Normalität geworden, und er fragte längst nicht mehr nach der Frau von einst.

Seit geraumer Zeit probierte Ron es bei einigen seiner Patienten mit dem Dankbarkeitsansatz. Den ersten Versuch hatte er im Fall einer im Grunde gesunden, aber griesgrämigen älteren Frau gewagt, die regelmäßig klagend und mit ihren Sorgen zu ihm in die Praxis kam. Am Ende eines ihrer Besuche, nachdem er das gewünschte Rezept ausgestellt und ihr geholfen hatte, so gut er konnte, erklärte er ihr freundlich: «Bevor Sie gehen, widmen wir uns noch eine Minute den Gründen, die Sie haben, dankbar zu sein.»

Sie war vollkommen überrascht. Doch als er nicht lockerließ, begriff sie, worum es ging, und schaffte es zu sagen, sie sei dankbar, dass sie immer noch spazieren gehen könne (obwohl ihre Füße schmerzten) und in der Lage sei, ihre Enkel zu besuchen (auch wenn sie sie nicht mehr auf den Arm nehmen konnte).

«Diese zwei Dinge sollten Sie sich immer wieder ins Gedächtnis rufen», riet Ron ihr.

Der kleine Anstoß genügte, um ihre Stimmung zu heben, und sie fühlte sich insgesamt wohler, als sie die Praxis verließ. Ron hat ein besseres Gespür für die Bedürfnisse seiner Patienten als jeder andere Arzt, den ich kenne, und ich freute mich, dass er nun auch Dankbarkeit in seine Trickkiste aufnahm.

Wenn Dankbarkeit mich glücklicher machte, konnte sie dann vielleicht auch zu meiner Gesundheit beitragen? Emotionen haben immer auch einen Einfluss auf unseren Körper. Das zeigt sich Tag für Tag an ganz einfachen Dingen: Unsere Hände zittern, wenn wir nervös sind, und wenn wir uns schämen, merken wir, dass wir erröten (oder rot werden wie eine Tomate). Wenn wir Angst haben, schlägt uns das Herz bis zum

Hals. Zahlreiche Studien haben sich mit dem Einfluss negativer Emotionen auf die Gesundheit befasst. So werden Ärger und Stress mit allerlei Beschwerden von Diabetes (Stress verändert den Insulinbedarf) bis hin zu Asthmaanfällen (leidvolle Emotionen können die Bronchien verengen) in Zusammenhang gebracht.

Aber funktionierte es umgekehrt ebenfalls? Wenn negative Emotionen uns unter Umständen krank machen, können positive Gefühle wie Dankbarkeit dann auch dafür sorgen, dass wir gesund bleiben?

Von Dr. Martin Seligman wusste ich bereits, dass das Schreiben (und persönliche Übergeben) eines Dankbarkeitsbriefes Depressionen lindern und diese Wirkung bis zu einem Monat anhalten kann. Andere Wissenschaftler fanden heraus, dass das Führen eines Dankbarkeitstagebuchs bei einigen Patienten den Blutdruck senkt und das Schlafverhalten verbessert. Um mehr zu erfahren, rief ich Dr. Mark Liponis an, den medizinischen Leiter des berühmten Canyon-Ranch-Kurzentrums und Experten für die von ihm so genannte «integrative Medizin». Bei seinem Ansatz ging es darum, alle Anteile von Körper, Geist und Seele zu integrieren und mit einer positiven Haltung zu verbinden, die ein gesundes Leben ermöglicht. Wir unterhielten uns sehr angeregt, und auf seine Einladung hin machte ich mich ein paar Tage später auf den Weg zur Canyon Ranch in Lenox, Massachusetts. Die Strecke war sehr schön, und ich genoss die Fahrt.

Nachdem der Wachmann am Tor mir gezeigt hatte, wo ich mein Auto abstellen konnte, ging ich über das malerische Gelände zu dem restaurierten Landhaus von 1897, in dem sich inzwischen ein Wellness- und Gesundheitszentrum befindet.

Abgesehen vom Zwitschern einiger Vögel herrschte in dieser idyllischen Atmosphäre absolute Stille. Zwei Frauen in Frottee-bademänteln lächelten mir zu, als sie mir in dem blühenden Park begegneten, und einen Augenblick lang erfasste mich zwischen den hügeligen Wiesen in der frischen Luft das Gefühl, in dem Sanatorium aus Thomas Manns *Zauberberg* gelandet zu sein (ohne die Tuberkulose natürlich).

In dem zweiten Innenhof, in dem einige Stühle aufgestellt waren, damit man den friedvollen Anblick der fernen Gipfel (etwa Thomas Manns Berge?) auf sich wirken lassen konnte, hielt ich inne. Die ruhige Umgebung schien mir geeignet, selbst den ehrgeizigsten Karrieremenschen zur Entspannung und, im wörtlichen wie im übertragenen Sinn, zum Genießen der Aussicht anzuregen. Ich war im Himmel der Dankbarkeit angekommen, ohne dafür sterben zu müssen.

Nachdem ich das Landhaus betreten hatte und mich im Speisesaal umsah, fühlte ich mich bereits beim Blick auf die Speisekarte gesünder. Zur Auswahl standen Gerichte wie marinierter Tofu, Kichererbsensalat und ein vegetarischer Burger, außerdem glutenfreie Haferflocken und Kürbiskerne. Anstelle der Preise waren die enthaltenen Kalorien aufgeführt. Eine Treppe führte hinauf zum Gesundheitszentrum, das eher einer vornehmen Büroetage glich als einer Arztpraxis.

Dr. Liponis kam fast sofort heraus, um mich zu begrüßen. Er war Mitte fünfzig, fit und gutaussehend. Sein sportliches Jackett und das am Hals offene Hemd vereinten Lässigkeit und Stil in idealer Weise. Er führte mich in sein Büro, von dem aus er den gleichen großartigen Blick genoss, wie ich ihn draußen bereits bewundert hatte.

«Ich finde es wunderbar, dass Sie über Dankbarkeit schreiben», sagte Dr. Liponis, und seine Augen funkelten. «Die richtige Perspektive trägt viel dazu bei, gesund zu bleiben. Man kann nicht wirklich gesund sein, wenn man nicht glücklich ist.»

Als Leiter des ärztlichen Zentrums der Canyon Ranch in Lenox sowie in Tucson, Miami, Las Vegas und bald auch in Südostasien behandelte Dr. Liponis regelmäßig Menschen, die gesund waren, aber noch gesünder sein wollten. Er erklärte, dass sie sich oft Gedanken über zurückliegende Ereignisse machten, die sie deprimierten, oder dass sie sich über Bevorstehendes sorgten und dadurch Ängste entwickelten.

«Die intensive Beschäftigung mit der Vergangenheit oder der Zukunft ist im Grunde das Einzige, was uns die Ruhe rauben kann», erklärte mir Dr. Liponis.

Wenn Menschen zur Behandlung zu ihm kamen, fragte er sie, wie sie sich jetzt gerade fühlten. Noch bevor sie in ihren Groll, ihre Sorgen oder ihre Enttäuschungen abdriften konnten, versuchte er ihnen eine neue Perspektive zu vermitteln.

«Sehen wir erst einmal nach, ob noch alle Glieder dran sind», sagte er. Um mir zu zeigen, was er meinte, klopfte er seinen Körper ab. «Okay, ich habe zwei Arme und zwei Beine. Nicht schlecht für den Anfang. Ich sehe aus zwei Augen, ich atme und habe keine Schmerzen. Ich habe heute schon etwas gegessen und leide keinen Hunger. Das heißt ... Mann, ich fühle mich ziemlich gut!»

Ich lachte, aber mir gefiel sein Ansatz. Statt über die Vergangenheit nachzugrübeln oder uns um die Zukunft zu sorgen, könnten wir uns den Gefallen tun, eine Bestandsaufnahme der Gegenwart zu machen. Zwei Arme, zwei Beine, Augen, die gut sehen (in meinem Fall mit Kontaktlinsen). Nur wie standen die positive Sichtweise und Gesundheit in Zusammenhang?

Dr. Liponis zufolge haben viele der offenen Fragen in Bezug auf unsere Gesundheit mit dem Immunsystem zu tun. Er erzählte mir von einer der größten Entdeckungen des letzten Jahrzehnts: dass bei modernen Erkrankungen, einschließlich Herzkrankheiten, Krebs, Diabetes, Alzheimer, Schlaganfall und vielen anderen, Entzündungen eine zentrale Rolle spielen. Entzündungen sind eine Stressreaktion des Immunsystems, die ausgelöst wird, wenn die weißen Blutkörperchen etwas als Problem wahrnehmen und dagegen ankämpfen.

Infektionen waren fast in der gesamten Menschheitsgeschichte das größte gesundheitliche Problem, mit dem wir konfrontiert waren. Das Immunsystem entwickelte sich, um sie zu bekämpfen, und es hatte reichlich Gelegenheit zum Üben, denn bis vor relativ kurzer Zeit überlebten nur jene Menschen, die Typhus, Tetanus, Diphterie und Durchfallerkrankungen überstanden. Sie allein konnten ihre Gene weitergeben, die anderen nicht.

Das Immunsystem lässt sich in Aktion beobachten, wenn beispielsweise Streptokokken in den Hals gelangen und Halsschmerzen verursachen. Sie äußern sich in Entzündung, Röte und Schwellung des betroffenen Gewebes, während die weißen Blutkörperchen fieberhaft arbeiten, um die Bakterien zu bekämpfen. Sie rufen ihre Freunde zu Hilfe, damit sie Antikörper herstellen und die nötigen chemischen Stoffe produzieren. Der Blutfluss am Ort des Geschehens verstärkt sich. Die Zahlen sind gigantisch: 150 Milliarden weiße Blutkörperchen zirkulieren unter Stressbedingungen, dreimal mehr als normal. Die chemischen Prozesse führen zu Rötung und Schwellung, und oft tut dann nicht nur der Hals weh. Häufig bekommt der Erkrankte auch Fieber und Gliederschmerzen, denn wenn das

Immunsystem erst richtig loslegt, hat das nicht nur eine lokale Reaktion, sondern eine des gesamten Systems zur Folge.

Die weißen Blutkörperchen bekämpfen zwar die Infektion, hinterlassen jedoch selbst neue Entzündungen, was, wie Wissenschaftler nun feststellen, eine Gefahr darstellen kann.

Dr. Liponis wies darauf hin, dass Patienten, die mit einer Lungenentzündung im Krankenhaus waren, in den folgenden sechs Wochen aufgrund der infektionsbedingten Aktivitäten der weißen Blutkörperchen ein verdoppeltes Herzinfarktrisiko hätten. «Die Liste der Todesursachen bei Amerikanern hat sich in den letzten achtzig Jahren stark verändert. Heute sterben wir daran, dass die weißen Blutkörperchen uns anstelle der Krankheitserreger angreifen», erklärte er.

Nun aber zum wirklich interessanten Aspekt. Es hat sich herausgestellt, dass das Immunsystem auch auf Emotionen reagiert. Sorge, Ärger oder Angst schicken die gleichen weißen Blutkörperchen auf Patrouille wie Erkrankungen, und auch wenn es nichts Spezifisches gibt, das sie angreifen könnten, hinterlassen sie eine gefährliche Spur ihrer Aktivitäten. Aufrichtig empfundene Dankbarkeit kann diesem Effekt tatsächlich entgegenwirken und unser Immunsystem daran hindern, außer Kontrolle zu geraten.

«Die Hormone, die ausgeschüttet werden, wenn man Dankbarkeit, Liebe oder Mitgefühl verspürt, unterscheiden sich sehr stark von jenen, die bei Sorge, Beunruhigung oder Angst freigesetzt werden. Dankbarkeit kann für viele dieser negativen Reaktionen ein Gegenmittel sein», sagte Dr. Liponis.

Nur woher sollte mein Immunsystem wissen, dass ich Einträge in meinem Dankbarkeitstagebuch vornahm oder meinem Ehemann Wertschätzung zollte? In meiner Vorstellung entstand ein Bild dieser hübschen kleinen weißen Blutkörperchen, die sagten: «Oh, sie ist glücklich! Dann brauchen wir nicht auf Streife zu gehen.» Meine vermenschlichten chemischen Stoffe waren für mich vollkommen einleuchtend, aber zum Glück hatten Wissenschaftler bereits andere Erklärungen gefunden.

Dr. Liponis meinte, die Kette aus physiologischen Reaktionen, die Gesundheit und Emotion verbindet, habe am zutreffendsten eine Neurowissenschaftlerin namens Candace Pert beschrieben. Als junge Doktorandin in einem Labor an der John Hopkins University entdeckte sie den ersten Opiatrezeptor, die Oberfläche bestimmter Gehirnzellen, an der nur ein ganz bestimmtes Molekül andocken kann. Der große Durchbruch führte dazu, dass die Rolle der Endorphine, die sie «körpereigene Schmerzmittel und Stimmungsaufheller» nannte, verständlich wurde. Ihr Vorgesetzter erhielt 1978 für diese Entdeckung den Lasker Award, der häufig dem Nobelpreis vorausgeht, doch anstatt wie ein braves Mädchen still im Hintergrund zu bleiben, machte Candace Pert einen Riesenwirbel und bestand darauf, dass der Preis eigentlich ihr zustehe. In der Folge arbeitete sie in zahlreichen renommierten Instituten, darunter am National Institute of Mental Health und an der Georgetown University. 2013 starb sie im Alter von nur 67 Jahren. Ich wünschte, ich hätte Gelegenheit gehabt, sie kennenzulernen.

Endorphine und andere chemische Stoffe wie Dopamin, Serotonin und Adrenalin heißen Neurotransmitter, weil sie im Gehirn emotionale Botschaften übermitteln. Pert und ihre Kollegen fanden irgendwann heraus, dass Rezeptoren für Botenstoffe nicht nur im Gehirn, sondern überall im Körper existieren. Die Wissenschaftlerin nannte die Proteine oder Peptide, die unseren Körper durchströmen, «Moleküle der Gefühle».

Sie zirkulieren, um Informationen weiterzugeben. Hier die überraschende Erkenntnis: Die weißen Blutkörperchen, die überall im Organismus zu finden sind, haben Oberflächenrezeptoren, mit denen sie an diesen zirkulierenden Peptiden andocken können. Wenn man aufgeregt ist, merken die weißen Blutkörperchen das (vereinfacht gesagt) daran, dass die Rezeptoren davon erfahren. Daraufhin treten sie in Aktion.

Historisch betrachtet war es durchaus sinnvoll, dass das Immunsystem auf unsere Emotionen abgestimmt ist. Sorge oder Angst signalisierten, dass die Gefahr einer Verletzung bestand, also zirkulierten die Sorgenhormone, und das Immunsystem bereitete sich darauf vor, schützend aktiv zu werden. Der frühzeitige Alarm wäre eine angebrachte und vermutlich lebensrettende Aktion, wenn die «Verletzung» in einem Speerangriff bestünde, doch kündigt uns jemand auf Facebook die Freundschaft, ist er weniger wertvoll. Die meisten Sorgen in der heutigen Zeit *(Werde ich die Gehaltserhöhung bekommen? Schafft es mein Sohn aufs College?)* werden nicht dadurch gelindert, dass weiße Blutkörperchen in höchster Alarmbereitschaft durch unseren Körper schießen. Trotzdem folgen die Zellen ihrer Mission und hinterlassen eine Spur ihres Wirkens.

Dankbarkeit erhält uns vielleicht einfach deshalb gesund, weil sie ein direktes Gegenmittel gegen die negativen «Moleküle der Gefühle» darstellt. Wenn Dankbarkeits-, Liebes- und Mitgefühlshormone zirkulieren, erhalten die weißen Blutkörperchen die Botschaft: keine Bedrohung in Sicht, alles in Ordnung. Sie brauchen nicht aktiv zu werden. «Die Zahl der weißen Blutkörperchen geht zurück, ebenso die Zahl der inflammatorischen Moleküle, und die Menschen fühlen sich besser», erklärte Dr. Liponis.

Dankbarkeit hält das Immunsystem davon ab, unnötigerweise zu übersteuern. Allerdings reicht es nicht aus, die Dankbarkeitshormone lediglich einmal auszusenden, man muss daraus vielmehr einen Dauerzustand machen. Dr. Liponis hatte die Liebe einmal als «Vitamin L» bezeichnet, darum sagte ich ihm, dass ich Dankbarkeit künftig als «Vitamin DA» betrachten würde.

«Ja, Vitamin DA! Nehmen Sie es regelmäßig ein!», erwiderte er.

In Online-Apotheken ist Vitamin DA bisher nicht erhältlich, doch Dr. Liponis versucht, symbolisch jeden Tag eine auf die Perspektive wirkende Pille zu schlucken. «Wenn ich mir wegen einer Nichtigkeit selbst leidtue, dann halte ich inne und mache mir bewusst, dass alles relativ ist. Immer wieder erinnere ich mich daran, dass ich der glücklichste Mensch auf Erden bin. Der glücklichste Mensch auf Erden.»

Für den Fall, dass er es einmal vergisst, hat er die E-Mail-Adresse mark@glücklichstermenschauferden.com angelegt.

Dr. Liponis hatte begriffen, dass sich seine Sichtweise, abhängig von den Menschen in seinem Umfeld, dramatisch ändern konnte. Als wir uns trafen, war er gerade aus Singapur zurückgekehrt, wo er die Gründung der Canyon-Ranch-Filiale in Südostasien vorbereitete. Während er seine Zeit in Gesellschaft von «milliardenschweren Firmenchefs», wie er sie nannte, verbrachte, fragte sich Mr. GlücklichsterMenschaufErden, warum er trotz all seiner harten Arbeit nie so viel besitzen würde wie sie. «Es ist vollkommen absurd! Man glaubt mit der Zeit, es würde einem alles zustehen. In einer Gruppe wie dieser entwickelt eine solche Haltung leicht ein Eigenleben.»

So konzentrierte er sich rasch auf eine Reise, die er und

seine Frau, eine Kinderärztin, ein paar Monate zuvor in ein ärmliches Dorf in Laos unternommen hatten. Sie hatten ihre eigenen Medikamente mitgebracht, in einem Raum mit blanken Betonwänden eine Praxis eingerichtet und von sieben Uhr morgens bis sieben Uhr abends gearbeitet. Hunderte von Menschen hatten tagtäglich Schlange gestanden, um sich behandeln zu lassen. Eltern schleppten ihre Babys meilenweit oder waren sogar die ganze Nacht unterwegs, um medizinische Hilfe zu bekommen.

Als sich Dr. Liponis nun an diese Szenen erinnerte, schüttelte er den Kopf und lächelte schief. «Die Menschen, denen wir in Laos begegnet sind, hatten weder Kleidung noch Lebensmittel und tranken Flusswasser, und doch fanden sie Wege, glücklich zu sein. Ich dagegen, ich bin so glücklich und besitze so viel!»

Vermutlich flammten in seinem Körper weniger Entzündungen auf, wenn er sich im bitterarmen Laos dankbar und nützlich fühlte, als wenn er in Singapur mit den Reichen reiste, wobei er Stress und auch (ein bisschen) Neid empfand. «Wenn ich gebe oder helfe und nichts dafür erwarte, erreiche ich ein Level an Zufriedenheit und Genugtuung, das seinesgleichen sucht. Es liegt ein Zauber darin, anderen zu helfen», erklärte er.

Ich sagte Dr. Liponis, wie dankbar ich jetzt gerade für seine Hilfe sei, obwohl wir nicht in Laos waren. Weil Patienten auf ihn warteten, umarmte er mich herzlich zum Abschied und versprach, mir jederzeit zur Verfügung zu stehen, falls ich noch etwas brauchte. Nachdem ich das Gebäude verlassen hatte, schlenderte ich noch über das Gelände der Canyon Ranch und dachte über die Auswirkungen von Dankbarkeit auf das Immunsystem nach. Meine Vorstellung von Gesundheit hatte sich total gewandelt. Bisher hatte ich Krankheit immer als etwas betrachtet, das sich eindeutig erklären ließ: Erreger oder Bakterien greifen an und machen uns krank, und das war's dann. Aber durch die Erkenntnis, dass die weißen Blutkörperchen auf unsere Emotionen reagieren, hatte sich alles verändert. Eine Erkältung ist nicht mehr bloß eine Erkältung, wenn das Immunsystem weiß (oder zumindest davon beeinflusst wird), ob der eigene emotionale Zustand gegenwärtig von Dankbarkeit und Liebe oder von Wut und Angst geprägt ist.

Um mehr über Candace Pert zu erfahren, lud ich mir, sobald ich wieder zu Hause war, ihr Buch herunter und sah mir einige der Interviews an, die sie zum Thema «Moleküle der Gefühle» gegeben hatte. Darunter war eine Schwerpunktsendung des Fernsehsenders PBS mit dem Titel *Heilung und der Geist*. Gastgeber war der angesehene und sehr ernsthafte Journalist Bill Moyers. Lebendig und herzlich erklärte die Autorin Moyers, Rezeptoren unterschiedlicher Struktur würden jede Körperzelle überziehen. Peptide seien Aminosäuren, aneinandergereiht wie Perlen an einer Kette, die die Rezeptoren an der Zelloberfläche kitzeln. Neuropeptide hätten Wissenschaftler zuerst im Gehirn gefunden, doch inzwischen an jeder Körperzelle kartographiert. «Alles im Körper wird von Botenstoffen in Gang gehalten», schilderte sie.

Moyers erkundigte sich vorsichtig, ob es richtig sei, dass der Geist mit Hilfe der Neuropeptide mit dem Körper kommuniziere. Sie zögerte. Im Sinne einer starken Vereinfachung der wissenschaftlichen Erkenntnisse habe er zwar recht, aber sie wolle die Formulierung trotzdem nicht einfach so stehenlassen. «Warum gehen Sie davon aus, dass sich der Geist außerhalb des Körpers befindet?», fragte sie.

Schließlich gab er mit einem kleinen Lächeln zu, dass man

ihm stets beigebracht habe, Geist und Körper als voneinander getrennt zu sehen. Pert wies darauf hin, dass es an der Zeit sei, den (wie sie sagte, von Descartes und der katholischen Kirche angezettelten) Revierkampf zwischen Wissenschaft auf der einen sowie Seele, Geist, Bewusstsein und Gefühl auf der anderen Seiten zu beenden. Sie diskutierten darüber, und als Moyers eine weitere Frage stellte, gab sie zurück: «Wenn Sie ‹ich› sagen, meinen Sie damit nach wie vor Ihr Gehirn. Aber Ihr ‹Ich›, das ist Ihr gesamter Körper. Es ist die Weisheit Ihres Körpers. Intelligenz steckt in jeder Ihrer Körperzellen. Der Geist ist nicht auf das beschränkt, was sich oberhalb des Halses befindet. Der Geist steckt in allen Teilen von Gehirn und Körper.»

Dass Pert jede Trennung von Geist und Körper bestreitet, erfordert ein Umdenken. Bislang fehlen uns jedoch noch die entsprechenden Begriffe, um sie als Einheit sehen zu können. Pert hatte jahrelang versucht, aus neurochemischer Perspektive zu beweisen, was wir alle intuitiv wahrnehmen, nämlich dass unser Körper sehr schnell auf unseren emotionalen Zustand reagiert. Sind wir in Sorge, müde oder gestresst, hat jeder von uns seine eigenen Schwachstellen – die einen bekommen eine Erkältung, andere Rückenschmerzen, und viele haben mit Magenproblemen zu kämpfen, die wahrscheinlich ebenso stark von Angst und Sorge beeinflusst werden wie von Gluten.

Mich selbst setzte hin und wieder eine Migräne außer Gefecht. Selbst nach bestem Wissen ließen sich die Attacken nicht mit den klassischen Auslösern wie Rotwein, Käse oder Schokolade in Zusammenhang bringen. Ich habe versucht, meinen Koffeinkonsum zu erhöhen (ich trinke nämlich keinen Kaffee) oder das Koffein ganz wegzulassen (Cola light dagegen mag ich), aber weder das eine noch das andere hatten eine Auswirkung. Seit mich vor zehn Jahren die erste heftige Migräne beutelte, und zwar an einem Abend, an dem ich in einer großen Buchhandlung einen neuen Roman vorstellen musste, vermutete ich insgeheim, dass die Kopfschmerzen stressbedingt seien. Doch selbst diese Theorie bestätigte sich nicht. Große Ereignisse kamen und gingen, ohne dass ich auch nur eine Schmerztablette gebraucht hätte. Hingegen machte es manchmal auch an einem total schönen, ganz gewöhnlichen Tag plötzlich bums. Mein Kopf pochte, die Welt verschwamm vor meinen Augen, und ich konnte mich kaum noch auf den Beinen halten.

Ließ sich mit Dankbarkeit tatsächlich eine Migräne heilen? Es klang ein wenig nach Hokuspokus, andererseits war Mark Liponis nicht der Typ für faulen Zauber und Candace Pert (soweit ich das beurteilen konnte) ebenso wenig. Trotzdem glaubten sie beide, dass positive Emotionen in jede Körperzelle eindringen. Ich beschloss, beim nächsten schlimmen Anfall die Augen zu schließen und Gefühle der Dankbarkeit herauf-zubeschwören – für meine Familie, für meine Gesundheit und für alles, was in meinem Leben gut war. Ich konnte es kaum erwarten, die Probe aufs Exempel zu machen, doch dann stellte ich fest, dass mir meine neue dankbare Grundhaltung die Kopfschmerzen anscheinend vom Leib hielt. Mehrere Monate waren vergangen, seitdem ich aus dem Medizinschrank eine der starken, verschreibungspflichtigen Tabletten geholt hatte. Hatten die Dankbarkeitshormone womöglich dafür gesorgt, dass mein Immunsystem nicht mehr in Alarmbereitschaft war, und damit das Aufflammen von Entzündungen in mei-nem Körper eingedämmt? Meine persönliche Erfahrung zählte natürlich nicht so viel wie eine medizinische Studie, doch ich fand es erstaunlich, um wie viel besser ich mich inzwischen fühlte. Mein größter Schwachpunkt war seit einer ganzen Weile nicht mehr zutage getreten.

Begeistert von meinen neuen Erkenntnissen über Körper und Geist, setzte ich mich mit Linda Stone in Verbindung, einer Technikvisionärin, die ich ein paar Monate zuvor bei der Gala des World Science Festival kennengelernt hatte. Das Festival machte Wissenschaft in den Straßen von New York zu einem Spiel und war von dem gefeierten Physiker Brian Greene und seiner Frau Tracy Day, einer preisgekrönten Fernsehproduzentin, ins Leben gerufen worden. Gemeinsam brachten sie neuen Schwung, Glamour und Promiglanz in die Naturwissenschaft. Ich hatte Greenes Bestseller *Das elegante Universum* gelesen, als mein Sohn Zach am College Physik studierte, und mir auch sein nächstes Buch besorgt. Beide standen auf meinem Nachttisch. Eines Abends nahm ich das zweite zur Hand, obwohl ich eigentlich gerade mitten im ersten war, ohne es zu bemerken. Trotzdem gelang es Greene, seine Leser glauben zu machen, sie würden die komplizierten Theorien verstehen. Ich war ihm unheimlich dankbar, dass er mir ausreichend Einblick in die String-Theorie verschafft hatte, um mich beim Abendessen noch mit Zach unterhalten zu können.

Bei der Gala saßen Linda und ich zufällig am selben Tisch.[3] (Dr. Martin Seligman, der Professor für Positive Psychologie

---

[3] Ich lud Brian als Chefredakteurin einer auflagenstarken Zeitschrift zum Essen ins Four-Seasons-Restaurant ein, und er kam zehn Minuten zu spät, verschwitzt und verlegen, weil er versehentlich ins Four-Seasons-Hotel gegangen war. Ich versuchte einen Scherz über das Raum-Zeit-Kontinuum zu machen, aber nachdem er den ganzen Weg gerannt war, wollte er erst mal nur ein Glas kaltes Wasser. An meiner Bewunderung für ihn änderte das übrigens nichts.

von der Pennsylvania University, gesellte sich ebenfalls zu uns – es war ein guter Tisch.) Geehrt wurde an diesem Abend die Genetikerin Dr. Mary-Claire King, sozusagen der Rockstar in der Welt der biologischen Forschung. Sie entdeckte das BRCA1-Gen, das mit Brustkrebs im Zusammenhang steht, und war verantwortlich für die Erkenntnis, dass Menschen und Primaten zu 99 Prozent die gleichen Gene haben. In Argentinien leitete sie außerdem ein Projekt, bei dem unter der Militärdiktatur verschleppte Kinder gesucht und mit Hilfe genomischer Sequenzierung wieder ihren biologischen Familien zugeführt wurden.

Erfreut beobachtete Dr. King die Broadway-Darsteller, die auf der Bühne mit Gesang und Tanz ihre Triumphe feierten. Sie gab zu, dass Wissenschaftler sich selten so wertgeschätzt fühlten wie hier, und hatte zuvor in einem Interview erklärt, warum man Dankbarkeit zelebrieren sollte, wann immer man konnte. «Wissenschaftlern sage ich stets, dass man, wenn sich eine Entdeckung als richtig erweist, ungefähr zwanzig Minuten lang glücklich sein kann. Lange Zeit hat dir jeder gesagt: ‹Du irrst dich, du irrst dich, du irrst dich.› Morgen werden sie alle sagen: ‹Wir haben es ja gleich gewusst, wir haben es ja gleich gewusst.› Deshalb muss man den Moment genießen.»

Mit Brian Greene und Mary-Claire King im selben Raum zu sein war, wie das Finale in Wimbledon live zu sehen. Man wusste, dass man niemals so gut sein konnte wie die Akteure, aber im besten Fall Anregungen mitnahm, um die eigene Spielweise zu verbessern. Beide hatten ihr wissenschaftliches Genie für eine größere Sache eingesetzt. Dr. King mit ihrem starken humanitären Instinkt hatte ihre genetische Identifikation in Argentinien auf andere Länder und Bedürfnisse ausgeweitet. Dr. Greene brachte seine Liebe zur Wissenschaft in Hörweite jedes Normalbürgers. Besser als die beiden kann man Dankbarkeit nicht äußern – sie nutzten ihren Scharfsinn, um sich zu revanchieren, mehr zu geben und die Welt besser zu machen.

Am Ende des Abends unterhielt ich mich mit Linda über meinen Eindruck und merkte dabei auch an, dass ich in letzter Zeit alles durch die Brille der Dankbarkeit sah.

«Dankbarkeit? Wir müssen reden», sagte sie und nahm meinen Arm, als wir aus dem atemberaubenden Raum im Jazz at Lincoln Center, wo das Abendessen serviert worden war, in die ebenso atemberaubende Lobby zum Dessert wechselten.

Wir setzten uns auf eine gepolsterte Bank, und als wir anfingen, uns über Dankbarkeit auszutauschen, machte es klick. Und gleich noch mal klick. Und noch mal klick. Am Ende des Abends holten wir als Allerletzte unsere Mäntel aus der Garderobe.

Als ich Linda jetzt anrief, erzählte sie, dass sie in der kommenden Woche von Seattle, wo sie wohnte, nach New York reisen werde, und wir verabredeten uns zum Mittagessen. Ich schlug ein Restaurant mit Dachterrasse vor, aber als wir dort ankamen, erhob Linda Einspruch – zu heiß. Also setzten wir uns drinnen an einen Tisch, wo es kühler war, und sie informierte den Kellner über ihre zahlreichen Lebensmittelallergien. «Haben Sie trotzdem etwas für mich?», fragte sie freundlich. Da sie nicht die Nerven verlor, blieb auch er gelassen, und das Essen verlief reibungslos.

Zu Beginn der Hochtechnologiephase hatte Linda als Managerin sowohl bei Apple als auch bei Microsoft gearbeitet und war für ihre Pionierarbeit im Bereich Multimedia und soziale Medien bekannt geworden. Sie hatte den Begriff «ständige Teilaufmerksamkeit» geprägt, um den Zustand zu beschreiben, in dem wir uns befinden, wenn wir permanent in Verbindung zu bleiben versuchen. Aus Angst, etwas zu verpassen, verharren wir in jenem Alarmzustand, der einst Krisenzeiten vorbehalten war. (Wenn unser Geist übersteuert, dann tun die weißen Blutkörperchen es ja vielleicht auch?) Irgendwann untersuchte Linda, was mit unserem Körper passiert, wenn wir mit Technik zu tun haben. Sie sprach von «E-Mail-Apnoe», um zu beschreiben, wie wir den Atem anhalten, wenn wir in gekrümmter Haltung vor dem Computer sitzen. (Die Lösung lautet: Seien Sie sich Ihrer Haltung und Atmung bewusst, und stehen Sie mindestens einmal pro Stunde auf.)

Linda erzählte mir, sie habe seit ihrem Abschied bei Microsoft etliche Rückschläge erlitten. Ihr Haus in Seattle war abgebrannt, und ein Großteil ihres Besitzes war für immer verloren. Die Wohnung, in die sie danach zog, wurde nach einem Kurzschluss in der Sprinkleranlage überflutet. Vor allem aber hatte sie unter ernsten gesundheitlichen Problemen gelitten, etwa einer heftigen Kieferinfektion, die mehrere schmerzhafte Operationen nach sich zog.

«Irgendwann war ich total überfordert», sagte sie.

Um die Dinge wieder ins Lot zu bringen, begann sie ein Dankbarkeitstagebuch zu führen. Allerdings schilderte sie es als «Dankbarkeit mit zusammengebissenen Zähnen». Zwar schrieb sie jeden Abend etwas auf, aber sie spürte es nicht wirklich.

«Anstelle von Dankbarkeit, die vom Kopf gesteuert wird, brauchte ich Dankbarkeit von Körper, Herz und Seele», sagte sie.

Dr. Liponis hätte Lindas Ansatz gefallen, denn sie blieb in der Gegenwart und nahm das Gute um sich herum wahr.

Durch Ausgeglichenheit und Ruhe versuchte sie, ihren Körper Dankbarkeit empfinden zu lassen und sie gegenüber anderen (wie dem schwergeprüften Kellner bei unserem Mittagessen) zum Ausdruck zu bringen. Sie bezeichnete es als «verkörperte Dankbarkeit» ein Begriff, der mir auf Anhieb gefiel.

Angestoßen durch ihre gesundheitlichen Probleme, befasste sich Linda mit der Frage, wie Technologie zur Förderung von Gesundheit und Wohlergehen eingesetzt werden kann. Einmal nahm sie zu einem Vortrag vor hochrangigen Managern aus dem Technologiebereich ein Testgerät mit, das die Variabilität der Herzfrequenz maß. Bei hohem Stresspegel färbte es sich rot, bei Ruhe grün. Sie begann einige Atemtechniken vorzuführen, mit denen sich das Stressniveau senken ließ. Es hätte eigentlich eine simple Vorführung sein sollen, aber das Gerät blieb stur auf Rot, Rot und noch mal Rot, obwohl sie eine Atemübung nach der anderen machte.

Was sollte sie tun? Als sie den Blick durch den Raum schweifen ließ, stellte sie fest, dass unter den Anwesenden viele Freunde waren, die ihr schon einmal geholfen hatten. Sie beschloss, sich einen Moment Zeit zu nehmen, um auszudrücken, wie sehr sie sie schätzte. Besonders ein Mann fiel ihr auf, und von einer Welle der Dankbarkeit durchflutet, dankte sie ihm ausführlich.

«Ich hatte kaum angefangen, als aus dem Publikum die ersten Rufe kamen: ‹Es ist grün! Es ist grün!›», erzählte mir Linda, immer noch schwer beeindruckt von der Erfahrung. «Dankbarkeit auszudrücken hatte meine körperlichen Reaktionen tiefgehender und schneller verändert als jede Atemtechnik.»

Fasziniert von diesem Ergebnis, experimentierte Linda bald auch mit anderen Menschen. Als eine Microsoft-Managerin über den ständigen Stress klagte und beteuerte, Atemübungen würden ihr nicht helfen, erklärte ihr Linda, dass sich Stress auch reduzieren lasse, indem man an jemanden denkt, den man liebt oder schätzt. Zufällig stand der Ehemann der Frau bei dem Gespräch daneben, und so gab Linda ihr das Gerät und bat sie, es auszuprobieren. Die Managerin nahm den Apparat und konzentrierte sich. Zunächst geschah nichts. Doch nach ungefähr einer Minute leuchtete er grün auf.

Wie Linda berichtete, wandte sich die Frau mit einem breiten Lächeln an ihren Ehemann und sagte: «Tut mir leid, Schatz. An dich zu denken hat nichts geholfen, aber der Gedanke an unsere Katzen schon!»

Ob wir nun mit aufrichtiger Dankbarkeit an Katzen, Ehemänner oder Kellner denken, unser Körper reagiert mit reduziertem Stress und (potenziell) besserer Gesundheit. Wichtig ist, sich die Zeit zu nehmen, die Dankbarkeit wirklich zu empfinden. Obwohl sie mit Schmerzen und Gesundheitsproblemen zu kämpfen hatte, schätzte Linda einen Arzt ganz besonders, der sie regelmäßig fragte: «Welcher Teil von Ihnen fühlt sich gut?» Dem Positiven Beachtung zu schenken verhinderte, dass sie sich hoffnungslos und verzweifelt fühlte. Sie begann wahrzunehmen, was in ihrem Körper funktionierte, anstatt immer nur das zu beachten, was schlecht lief. Das machte einen großen Unterschied.

«Die Glücksbewegung treibt mich in den Wahnsinn, weil es da nur ein Entweder-oder gibt. Bist du glücklich oder nicht?», beschwerte sich Linda. «Eigentlich müsste die Frage lauten: Wie schaffe ich es, diesen Moment mehr zu schätzen? Was fühlt sich gerade jetzt gut an? Jeder Augenblick hat etwas Gutes, das wir wahrnehmen und schätzen können.»

Auf dem Nachhauseweg von dem Mittagessen ging ich mit flottem Schritt durch die Straßen und empfand Dankbarkeit für meinen gesunden Körper. Ich dachte an das positive Mantra von Dr. Liponis, das da lautet: *Ich habe zwei Arme, zwei Beine, ich atme. Das Leben ist schön.* Nachdem ich es ein paarmal im Stillen wiederholt hatte, musste ich lächeln.

Als ich in die Madison Avenue einbog, fiel mir eine Passantin auf, die direkt vor mir herging. Sie hatte lange Beine, lange Haare und war dünn wie ein Model. Ich dachte an ein Spiel, das ich früher gespielt hatte, wenn ich eine solche Frau sah (in New York wimmelt es von ihnen). Wenn ich meinen Körper gegen ihren eintauschen könnte, würde ich es dann tun? Ich wäre immer noch ich, aber beim Blick in den Spiegel wäre ich schlank und schmalhüftig und nicht (ziemlich) birnenförmig wie jetzt. Ich könnte enge Jeans mit Overknee-Stiefeln tragen und hätte einen Riesenbusen anstelle meines (ziemlich) flachen.

Keine Frage, da tauscht man doch gerne, oder?

Doch dieses Mal zögerte ich, meinen Dschinn zu rufen. Laut Spielregel musste ich von der Tauschpartnerin alles übernehmen, innerlich wie äußerlich. Mein eigener Körper funktionierte prima. Würde ich meine derzeitige Gesundheit für etwas Unkalkulierbares aufs Spiel setzen? Als ich an der Frau auf der Madison Avenue vorüberging, betrachtete ich sie genauer. Sie sah tatsächlich kerngesund aus. Ihre Haut schimmerte, ihr Po war rund, und sie stand vor dem Schaufenster eines Designerladens, in dem sie mühelos passende Klamotten finden würde.

Ich lächelte sie an, und sie lächelte zurück. Ja, sie war mit Schönheit gesegnet. Wahrscheinlich hätte es mir das Leben leichter gemacht, aber ich war dankbar für das, was ich hatte. Mein Dschinn konnte in der Flasche bleiben.

Zwei Arme, zwei Beine, ich atme.

Wie Dr. Liponis betont hatte, war das Leben auch jetzt schon gut.

Als ich – immer noch in meinem eigenen Körper – wieder zu Hause war, fragte ich mich, wieso wir so viel und zugleich so wenig über Gesundheit wissen. Es ist kurzsichtig anzunehmen, alle Krankheiten hätten ihren Ursprung in einer Geisteshaltung oder dass man Gesundheit erzwingen könnte. Viele positiv eingestellte Menschen werden schon in jungen Jahren von schweren Krankheiten heimgesucht. Nicht alles unterliegt unserem Einfluss. Aber wir können für uns selbst die bestmöglichen Voraussetzungen schaffen.

Mitte des 19. Jahrhunderts präsentierte uns Louis Pasteur Bakterien als Ursache von Krankheiten. Seit kurzem erlaubt uns das Human Genome Project, den genetischen Bauplan eines jeden Individuums abzubilden und jene Gene zu identifizieren, die für viele Krankheiten verantwortlich sind. Aber Krankheit oder Gesundheit sind keine mathematische Gleichung. Man kann das Gen für eine Krankheit besitzen, ohne dass sie jemals ausbricht. Man kann Bakterien und Viren ausgesetzt sein und gesund bleiben. Die exakten Mechanismen sind noch unklar, aber die «Moleküle der Gefühle» werden mit Sicherheit eine Rolle spielen.

In einer Studie, die Dr. Sheldon Cohen von der Carnegie Mellon University in den 1990ern initiierte, befragte man Freiwillige in ausführlichen Interviews, um ihr Stressniveau zu ermitteln. Anschließend injizierte man ihnen einen verbreiteten Erkältungsvirus. Je höher das Stressniveau, desto anfälliger waren die Probanden für eine Erkrankung. Das klingt nach Voodoo – aber andere Wissenschaftler rühmten die Studie als einen der elegantesten bisher erbrachten Beweise für den Zusammenhang zwischen Emotionen (in diesem Fall Stress) und Gesundheit.

Dieser Beweis war ein großartiger Anfang. Als schwieriger erwies es sich, die Ursachen dafür zu ermitteln. Dr. Cohen blieb dran und stellte vor nicht allzu langer Zeit den physiologischen Mechanismus vor, der seiner Meinung nach das Verbindungsglied zwischen Stress und Erkrankung war. Beim Lesen der medizinischen Abhandlungen, in denen er seine Position umriss, verschwammen mir die Zeilen vor den Augen, aber zusammengefasst kann man sagen, dass Stress die Fähigkeit des Körpers beeinträchtigt, Entzündungen in Schach zu halten – und das kann zur Entwicklung oder Verschlimmerung einer Krankheit führen. (In der Langfassung geht es darum, wie Stress verhindert, dass das Hormon Cortisol die Entzündungsreaktion effektiv reguliert. Die Immunzellen werden irgendwann resistent gegen das Cortisol. Aber glauben Sie mir, das brauchen Sie gar nicht zu wissen.)

Das brachte mich zurück zu dem, was Dr. Lipoñis mir gesagt hatte, nämlich dass Dankbarkeit uns gesund erhält, weil sie ein Gegenmittel gegen Stress ist. Wenn wir dankbar sind, verringern sich all die Stressindikatoren wie Ärger, Angst und Sorge. Vereinfacht gesagt bedeutet das für die Gesundheit: Dankbarkeit reduziert Stress. Weniger Stress bedeutet weniger aufflackernde Entzündungen. Und weniger Entzündungen bedeuten, dass wir nicht so anfällig für Krankheiten sind.

Wieder dachte ich über meine Migräneattacken nach.

Ursprünglich hatte ich vorgehabt, beim nächsten Anfall in mein Dankbarkeitstagebuch zu schreiben oder für etwas dankbar zu sein, um die Kopfschmerzen loszuwerden. Doch bislang hatte sich (zum Glück) keine Migräne mehr angekündigt. Vielleicht war das ja sogar noch bedeutsamer. Klar, Anekdoten sind keine Wissenschaft, aber ich hatte ja auch nicht vor, einer Medizinzeitschrift davon zu berichten. Dennoch war ich überzeugt, dass die vielen Monate der Dankbarkeit mein Stressniveau, meinen Hormonspiegel, meine Physiologie und den Entzündungsstatus hinreichend verändert hatten, um die Kopfschmerzen abzuschrecken. Vielleicht nicht für immer. Aber zumindest fürs Erste.

10

Wonder Woman auf dem Appalachian Trail

Glücklich über die Entdeckung, wie die Kraft der Natur die Dankbarkeit mehrt

Dankbar, auf einem Naturpfad zu wandern und zu spüren, wie sich das auf Körper und Geist auswirkt

Glücklich zu wissen, dass Grün uns dankbar stimmt

All die Beweise über die Funktion von weißen Blutkörperchen, über Entzündungen, Stress und den «Hormonen der Gefühle» brachten mich zu der Überzeugung, dass mich ein Leben in Dankbarkeit gesünder machen würde. Doch nun faszinierte mich die Vorstellung, die Gleichung zu verändern. Wäre es möglich, durch körperliche Bewegung mehr Dankbarkeit zu empfinden? In diesem Monat wollte ich erforschen, ob Sport, Meditation oder Waldspaziergänge mir einen Dankbarkeitsschub verschaffen konnten.

Die Beziehung zwischen Körper und Geist ist keine Einbahnstraße, und manchmal diktiert der Körper dem Geist, ob er sich glücklich, traurig oder dankbar zu fühlen hat. Zum Beispiel haben Wissenschaftler einen sehr einfachen (wenn auch zeitlich beschränkten) Weg entdeckt, einen Menschen aufzuheitern, ohne dass er die Nebenwirkungen eines Antidepressivums in

Kauf nehmen muss. Wenn Sie niedergeschlagen sind, nehmen Sie einen Bleistift quer in den Mund, und beißen Sie leicht darauf. Halten Sie ihn dann zehn Sekunden lang in dieser Stellung. Fühlen Sie sich besser? Der Bleistift zwingt die Gesichtsmuskeln zu so etwas wie einem Lächeln. Da Körper und Geist in ständigem Austausch sind, erhält Ihr Gehirn die Botschaft, dass Sie lächeln – also müssen Sie wohl glücklich sein.

Ich wollte gern glauben, dass mein Gehirn klug genug war, zwischen echter Fröhlichkeit und dem Biss auf einen Bleistift zu unterscheiden, aber selbst jene Genies, denen ich beim World Science Festival begegnet war, vermochten ihre Biofeedback-Schleifen nicht auszutricksen. Wie also ließen sich diese Mechanismen nutzen, um meinen Dankbarkeitsquotienten zu erhöhen? Ich führte das Dankbarkeitstagebuch, um den Fokus auf das Gute in meinem Leben zu richten, außerdem erinnerte ich mich regelmäßig selbst (leise, wenn niemand in der Nähe war) daran, das Positive zu sehen. Aber vielleicht musste die «verkörperte Dankbarkeit», von der ich gehört hatte, ganz unten bei den Zehen anfangen anstatt oben im Kopf. Wenn meine gegenwärtigen Methoden eines Tages nicht mehr wirkten, konnte ich es immer noch mit einem physischen Reservesystem probieren, sozusagen dem Dankbarkeitsäquivalent zum Biss auf den Bleistift.

Ich las alles, was ich in die Finger bekam, über die Beziehung zwischen Körper und Geist, doch einen körperlichen Auslöser für Dankbarkeit hatte noch niemand beschrieben. Na schön, dann würde ich es eben selbst herausfinden. Ich begann mit einer faszinierenden Studie von Amy Cuddy, Sozialpsychologin, außerordentliche Professorin an der Harvard Business School und Expertin für Körpersprache. Wie wir uns präsentieren, so hatte sie herausgefunden, wirkt sich darauf aus, wie unser Umfeld uns sieht und wie wir uns selbst wahrnehmen. Menschen und Tiere drücken Macht durch ausladende, expansive Gesten aus. Pfauen spreizen die Schwanzfedern, Schimpansen schlagen sich auf die Brust, und wenn man Menschen an einem Konferenztisch beobachtet, dann ist derjenige, der breitbeinig und mit abgewinkelten Ellbogen dasitzt, vermutlich der Chef (oder möchte es zumindest sein). Wer hingegen die Beine überkreuzt, die Arme an den Körper presst und so wenig Raum wie möglich beansprucht, der signalisiert, dass er nicht viel Macht hat (und auch nie bekommen wird).

Amy Cuddy dachte unter anderem darüber nach, die Biofeedback-Schleife umzudrehen. Ließe sich durch das Einnehmen von Machtposen tatsächlich Macht erlangen? Wenn der Körper die Botschaft «Ich bin mächtig» aussandte, dann hörte der Geist das vielleicht. Um dies herauszufinden, lud Cuddy gemeinsam mit zwei Kollegen ein paar Dutzend Männer und Frauen in ihr Institut ein und ließ sie nach dem Zufallsprinzip entweder eine «Pose großer Macht» (viel Raum beanspruchend) oder eine «Pose geringer Macht» (zusammengekauert, die Gliedmaßen eng am Körper) einnehmen. Anschließend untersuchten sie die genommenen Blutproben auf verschiedene Hormone, darunter Testosteron, das in engem Zusammenhang mit Dominanz steht. Die Ergebnisse waren verblüffend. Bei jenen Probanden, die zwei Minuten in einer Pose großer Macht verharrt hatten, war das Testosteronlevel um 20 Prozent gestiegen. Der Pegel des stressbezogenen Hormons Cortisol hingegen war um etwa 25 Prozent gesunken.

Erstaunlich! Das gesamte neuroendokrine System kann sich also allein durch die Armhaltung verändern. Und das war noch lange nicht alles. Die Probanden, die eine Pose großer Macht eingenommen hatten, fühlten sich hinterher mächtiger, und bei einem Spiel (zwei Dollar entweder behalten oder einsetzen, um den Würfel entscheiden zu lassen, ob die Summe sich verdoppelt oder verloren ist) war ihre Risikobereitschaft deutlich höher.

Cuddys persönliche Lebensgeschichte stützte die Theorie, dass man allein durch das Vorgeben von Dingen nicht nur einiges erreichen, sondern sogar zu dem werden konnte, was man zu sein vorgab. Als 19-jährige Studentin erlitt sie einen schweren Autounfall, und es hieß, sie werde nie wieder laufen können. Inzwischen geht sie mit großen Schritten voran – auf High Heels. Bei dem Unfall hatte sie sich außerdem eine Hirnverletzung zugezogen, und noch als sie in Princeton promovierte, fühlte sie sich als Betrügerin, die es nicht verdient hatte, dort zu sein.

Cuddy wurde ermutigt weiterzumachen und motivierte schließlich andere Menschen, Methoden zu entwickeln, um ebenfalls an sich zu glauben. Sie riet Frauen, sich vor wichtigen Besprechungen oder Unterredungen in einen Raum zurückzuziehen, in dem sie ungestört seien (wofür sich die Damentoilette anbietet), und die Wonder-Woman-Haltung einzunehmen: breitbeinig, die Hände in die Seiten gestützt. Es sei wertvoll, sich großzumachen, beispielsweise gewännen Männer Selbstvertrauen, indem sie die Arme über den Kopf streckten. Einen Vortrag, den sie 2012 bei der TED Global Conference hielt, verfolgten so viele Menschen wie kaum einen zuvor. Über 20 000 Zuhörer wollten herausfinden, wie der Körper dem Geist positive Botschaften schicken kann.

Macht und Dankbarkeit, so wurde mir klar, stammten zwar

aus unterschiedlichen Quellen und unterschieden sich vom Wesen her, faszinierenderweise vermochten Platz, Haltung oder Pose unseren Hormonhaushalt jedoch zu verändern. Der Körper sendet im Bedarfsfall Botschaften, die sich auf unsere Befindlichkeit und unser Verhalten auswirken. Ich war also wohl auf der richtigen Spur, wenn ich einen körperlichen Zustand anstrebte, der ebenfalls eine Dankbarkeitsschleife in Gang setzte.

Sollte so etwas wie ein Dankbarkeitshormon existieren, ließe es sich durch körperliche Bewegung vermutlich anregen. Ich hatte meine Laufbahn als Sportreporterin für CBS begonnen und auch später noch jahrelang über Themen wie Fitness und Gesundheit berichtet. Mein erstes Buch, geschrieben als College-Absolventin, trug den Titel *Women and Sports (Frauen und Sport)* – möglicherweise war ich also von Haus aus voreingenommen, was die förderlichen Effekte von Bewegung betrifft. Zudem wusste ich, dass bei intensivem Training eine Flut von Endorphinen (die naturgegebenen Opiate) ins Blut gelangt, die unseren emotionalen Zustand beeinflussen. Marathonläufer beschreiben beispielsweise die Euphorie nach dem Zieldurchlauf als «Läuferhoch», und ich hatte zahlreiche Artikel darüber geschrieben, dass sich mit Bewegung Depressionen abwenden lassen und die emotionale Widerstandsfähigkeit steigt.

Neuere Studien zu den chemischen Grundlagen von Gefühlen verweisen ebenfalls auf einen Zusammenhang zwischen körperlicher Betätigung und Stimmungslage. Sind wir im Stress, wird im Blut eine Substanz namens Kynurenin gebildet, die ins Gehirn wandern und eine Entzündung verursachen kann, die Depressionen hervorruft. Schwedische Wissenschaftler haben kürzlich herausgefunden, dass die Muskeln beim

Training große Mengen jenes chemischen Stoffes produzieren, der das Kynurenin abbaut. (Er heißt PGC-1alpha, aber das wird später nicht abgefragt.) Die Muskeln zu beanspruchen setzt also einen chemischen Kreislauf in Gang, der Niedergeschlagenheit entgegenwirkt.

Schon seit langem vermuten Forscher, dass das Gehirn vor und nach einem Dauerlauf unterschiedlich feuert, und neuere Untersuchungen, bei denen PET-Scans zum Einsatz kamen, zeigen eindeutig Veränderungen im Gehirn nach sportlicher Betätigung. Die Endorphine, die während des Trainings vermehrt im Blut zu finden sind, gehen tatsächlich ins Gehirn über. Auch andere Neurotransmitter wie Serotonin und Dopamin entfalten, wenn man Sport treibt, im Kopf ihre magische Wirkung.

Fasziniert von dem Gedanken, dass Sport die Dankbarkeit erhöhen könnte, ging ich wieder regelmäßig ins Fitnessstudio. Mal trainierte ich auf dem Crosstrainer, mal auf dem Fitnessfahrrad, dann wieder auf dem Laufband. Ich stemmte sogar ein paar Gewichte. Dabei kam ich mir zwar sehr tugendhaft vor, aber der erhoffte Dankbarkeitsschub blieb aus. Vielleicht trainierte ich nicht hart genug, um in den Genuss eines Endorphin-Flows zu kommen, zudem förderte die Atmosphäre im Fitnessstudio nicht gerade die Dankbarkeit. Ein paar Freunde von mir schaffen es, täglich hinzugehen, und es gefällt ihnen offenbar sehr gut. Für mich hingegen liegt der emotionale Fokus beim Training im Studio ausschließlich in der Zukunft: abnehmen, den Blutdruck senken oder den Bizeps kräftigen. Den Moment auf dem Laufband im Hier und Jetzt genießen? Nicht wirklich.

Dr. Liponis hatte mir erzählt, dass er jeden Abend vor dem

Zubettgehen zehn Minuten meditiere. Das helfe ihm dabei, in seine innere Mitte zu kommen und dankbarer zu sein. Er wies darauf hin, dass sich in den 1960er Jahren, als die Beatles Maharishi-Jünger wurden, die sogenannte «transzendentale Meditation» als Methode etablierte, um ins Nirwana zu gelangen. In der heutigen Welt hingegen meditiere man, um seine Stimmung zu regulieren und die vielen Stimmen im Kopf zum Schweigen zu bringen. Meditation gebe jedermann die Gelegenheit, sich auf den gegenwärtigen Moment zu konzentrieren, ohne von Gedanken bombardiert zu werden, was man tun sollte, tun könnte oder womöglich vergessen hat.

Ich hatte noch nie meditiert, verstand aber, wie wertvoll es sein konnte, nur in der Gegenwart zu sein. Es leuchtete mir ein, dass jede Aktivität, der man sich ganz und gar hingibt, dabei hilft, die ablenkenden Stimmen im Kopf loszuwerden, und zudem positive Wellen schlägt. Vielleicht war es ja das, was mir im Fitnessstudio Probleme bereitete. Anstatt den aufdringlichen Lärm loszuwerden, war ich ihm beim Sport voll ausgesetzt, im wörtlichen und im übertragenen Sinn. Fernseher und Musik dröhnten, um die Leute zu motivieren – da erschien mir das Training eher als Strafe denn als Erlösung.

Daraufhin überlegte ich erneut, in welchen körperlichen Situationen Dankbarkeit ganz von selbst zu fließen scheint, und erstellte eine Liste. Schnell merkte ich, dass zumindest für mich dazugehörte, viel draußen in der Natur und damit ein Teil von ihr zu sein. Ich erinnerte mich an einen Tag, an dem mein Mann und ich als frisch Verheiratete Hand in Hand einen fast leeren Strand entlanggingen. Mit dem weichen Sand unter den Füßen und der warmen Sonne auf dem Rücken spürte ich Freude und eine unerklärliche Verbundenheit in mir aufsteigen, nicht nur mit dem Mann, den ich liebte, sondern mit der ganzen Welt. Ich blieb stehen, um auf den Horizont zu blicken, und während die Wellen an unseren Füßen leckten, hatte ich eine wichtige Erkenntnis.

«Darum kommen die Menschen an den Strand, um die unermessliche Weite des Universums in sich aufzunehmen», sagte ich mit einer poetischen Geste.

Der praktisch veranlagte Ron blickte mich zweifelnd an. Offenbar fragte er sich besorgt, ob er etwa eine Sylvia Plath geheiratet hatte. «Ich vermute eher, dass sie herkommen, weil sie die Sonne und den Sand mögen.»

«Aber wenn man hier steht, spürt man doch die unermessliche Weite des Universums, oder?», fragte ich stur.

«Ich spüre vor allem, dass ich einen Sonnenbrand bekomme», sagte Ron.

Glücklicherweise können Poesie und Prosa zusammen lachen, und die «unermessliche Weite des Universums» wurde zwischen uns zum Insiderwitz.

Der Rausch der Gefühle, der mich an jenem Tag erfasste, beruhte zum Teil sicherlich auf meinem heißen (wenn auch leicht sonnenverbrannten) Ehemann, doch Sonne, Landschaft und der weite Ozean erzeugten in mir auch einen Rausch kosmischer Dankbarkeit. Die Welt erschien mir wunderbar, und ich fühlte mich auf eine neue Weise mit dem Universum verbunden. Vielleicht würde künftig bei jedem Spaziergang in der Natur, wo sich mein Geist frei bewegen konnte, eine Woge «körperlicher Dankbarkeit» in mir aufsteigen.

Ich beschloss, es auszuprobieren. Am folgenden Wochenende fuhr ich die knapp drei Kilometer von unserem Wochenendhaus in Connecticut zu dem Weg, der am Housatonic River entlangführte. Weiße Markierungen wiesen darauf hin, dass er offiziell Teil des 3500 Kilometer langen Appalachian Trail ist, der von Georgia bis Maine durch die zerklüfteten Berge führt. Die gewählte Etappe war zufällig flach und friedlich und so leicht zu bewältigen, dass mein Mann sie im Scherz als «Appalachian Trail für Omas» bezeichnete. Jedenfalls fühlte ich mich in dieser schönen, heiteren Umgebung immer sehr wohl. Sie erschien mir als perfektes Umfeld, um den Zusammenhang zwischen Natur und Dankbarkeit zu erforschen.

Ich ging von meinem Auto hinunter zum Fluss und machte dort ein paar Dehnübungen. So gern ich draußen joggte, besonders gut war ich nie darin gewesen. Als ich vor Jahren an einem Lauf-Workshop auf den Bahamas teilnahm und für die *New York Times* darüber berichtete, rief mich mein Vater an, der zwar stolz auf den Artikel, aber nicht sonderlich beeindruckt von meinen athletischen Fähigkeiten war. «Musstest du wirklich zugeben, dass dein größter Triumph anderthalb Kilometer in zehn Minuten waren?», fragte er.

Inzwischen lief ich sogar noch langsamer. Aber ich war glücklich, in Shorts und Turnschuhen draußen zu sein, und gewillt, mich zu bewegen. Über Kopfhörer hörte ich mir einen Podcast an, den ich heruntergeladen hatte, und wärmte mich auf, indem ich langsam den Weg entlanglief. Schon nach wenigen Minuten merkte ich, dass ich die ablenkenden Stimmen doch eigentlich loswerden wollte. Ich steckte die Kopfhörer zurück in die Tasche. Jetzt hörte ich während des Laufens das Zwitschern, Pfeifen und Trillern der Vögel um mich her. Ich identifizierte die flötende Melodie einer Walddrossel, und ihr Gesang machte mich auf unerklärliche Weise glücklich. Eine Zeile der Autorin Joan Walsh Anglund kam mir in den Sinn:

«Ein Vogel singt nicht, weil er eine Antwort weiß. Er singt, weil er ein Lied kennt.»

Von dankbarer Energie übersprudelnd, wurde ich immer schneller und joggte los. Ich konzentrierte mich ganz auf meinen Körper und freute mich darüber, Muskeln zu haben, die ihre Arbeit taten, und Füße, die mich (wenn auch unter leichten Schmerzen)· trugen. Neben mir glitzerte der Fluss, und über mir bildeten die Bäume ein üppig grünes Blätterdach. Während ich in die von Sonnenflecken durchsetzten Schatten eintauchte, erfüllte mich tiefe Dankbarkeit, und wie damals am Strand hatte ich das Gefühl, mit dem Himmel, der Erde und allem, was mich umgab, verbunden zu sein.

Ich lief fast eine Stunde lang, bis ich erhitzt und glücklich meinen Ausgangspunkt erreichte. Um wieder zu Atem zu kommen, stützte ich die Hände in die Seiten, ging ein paar Minuten lang langsam am Fluss entlang und überlegte, warum mir dieses Erlebnis emotional so viel gegeben hatte (eine große Strecke hatte ich bei meinem Tempo nicht zurückgelegt). Ich war offen gewesen für die Erfahrung, aber auch fest davon überzeugt, dass es nicht möglich sein würde, diesen Weg entlangzulaufen oder zu gehen, ohne dabei Dankbarkeit für die Wunder der Natur zu empfinden. Auf der körperlichen Ebene stellte sich die Frage, was 60 Minuten Bewegung im Freien bewirkt hatten, wenn laut Amy Cuddy bereits zwei Minuten als Wonder Woman den Testosteronspiegel steigen ließen. Vielleicht schüttete der Körper durch das Training eine Kombination an positiven chemischen Stoffen aus, die dafür sorgten, dass mir jedes Geräusch und jede Wahrnehmung Freude machten. Amerikas beliebtester Naturforscher, Henry David Thoreau, hatte nach seinem Daseinsexperiment in den Wäldern von Massachusetts instinktiv erkannt, welche heilenden Kräfte die Natur für uns bereithält. Ohne irgendetwas über Neurotransmitter oder Stresshormone zu wissen, kam er zu dem Schluss, ein Spaziergang am frühen Morgen sei ein Segen für den ganzen Tag. Zwar war ich am späten Nachmittag gelaufen, aber als Segen erschien es mir trotzdem. Ein Grund mehr, dankbar zu sein.

Vielleicht lag das Geheimnis einfach im Draußensein. Am nächsten Tag recherchierte ich weiter und fand heraus, dass der berühmte Biologe E. O. Wilson von der Harvard University den Begriff «Biophilia» geprägt hatte, um die starke Verbindung zu beschreiben, die wir zur Natur haben. Er betrachtete diese Beziehung als biologisch bedingt, ein instinktives, evolutionäres Band zwischen uns und anderen Lebewesen. Wilson erklärte, wir müssten unsere Affinität unserer natürlichen Umwelt gegenüber bejahen, denn «unser Geist ist daraus gewebt, Hoffnung steigt aus diesem Strom».

Weniger lyrisch geprägte Studien haben gezeigt, dass die Natur Stress reduziert und vieles bewirkt, was uns gesund erhält. Es mehren sich die Beweise dafür, dass der Aufenthalt in einer natürlichen Umgebung – in Bergen, in Wäldern oder auf blühenden Wiesen – positiven Einfluss auf unser körperliches und seelisches Wohlbefinden hat. In Japan gibt es über das ganze Land verteilt mehr als 50 Wanderwege für das, was die Japaner *shinrin-yoku* (Waldbaden) nennen. Diese «Waldtherapie» wird sogar von der Regierung gefördert, die mindestens 100 solche Wege zu finanzieren beabsichtigt. Stadtbewohner bekommen hier Abstand von allem Technischen und tauchen in die Natur ein – sie lauschen den Vögeln, atmen saubere Luft und riechen die Düfte des Waldes. Zwar ist diese Therapieform inspiriert von buddhistischen und shintoistischen Praktiken, die Natur ins Leben zu integrieren, dennoch gibt es dabei kein besonderes spirituelles Ritual. Man schlendert einfach durch den Wald, hört die Enten quaken, ruht sich an einen Felsen gelehnt aus und genießt das Grün. Wissenschaftler nutzen die Wanderwege für Forschungszwecke und haben herausgefunden, dass das Waldbaden den Blutdruck senkt und Depressionen lindert. Dabei spielt offenbar nicht nur die Bewegung eine Rolle, denn eine Untersuchung ergab, dass nach einem Waldspaziergang der Cortisolspiegel deutlich niedriger war als nach einem Spaziergang in städtischer Umgebung.

Länder wie Finnland und Südkorea haben inzwischen eigene Waldtherapiezentren ins Leben gerufen und geben mehrere Millionen Dollar für die medizinische Forschung auf diesem Gebiet aus. Was Henry David Thoreau intuitiv über die Bedeutung des Morgenspaziergangs wusste, stößt inzwischen auch in seinem Heimatland auf ernsthaftes wissenschaftliches Interesse. Eine mit Kriegsveteranen durchgeführte Studie an der University of Michigan ergab, dass Aufenthalte im Freien das Wohlbefinden signifikant verbessern. (Zugegeben, die Untersuchung wurde von der Naturschutzorganisation Sierra Club finanziert, die wohl kaum die Erkenntnis unterstützt hätte, dass sie an ihren Schreibtischen besser dran seien.) In einer bekannten Studie aus Texas verglichen Forscher das Befinden mehrerer Patienten nach einer Bauchoperation und stellten fest, dass jene, die durch ein Fenster auf Bäume blickten, weniger Schmerzmittel brauchten und rascher entlassen werden konnten als die Patienten mit Blick auf eine Ziegelwand. Das fand ich erstaunlich. Allein der Blick ins Grüne macht Menschen also gesünder und widerstandsfähiger. Vielleicht hatten die leicht schlappen Ficus-Bäumchen, die sich die Leute eine Zeitlang in ihre Wohnungen stellten, ja einen realen Zweck. Mit der Natur zu verschmelzen sorgt dafür, dass man ruhiger wird und mehr Dankbarkeit für die Welt empfindet, die einen umgibt.

Ich rief Marc Berman an, einen jungen Professor an der University of Chicago, der sich mit den neurologischen Zusammenhängen zwischen Natur, Kognition und Emotionen befasst hat. Seine Erkenntnisse sind derart überraschend, dass einem der Mund offen stehen bleibt. Wäre er nicht so hochqualifiziert, würde man sich fragen, ob er das alles nur erfunden hat. In einer Studie nahm er unter die Lupe, wie Menschen bei einem Gedächtnistest abschnitten. Er verglich die Ergebnisse einer Gruppe, die 50 Minuten in der Natur spazieren gegangen war, mit denen einer anderen Gruppe, die einen ebenso langen Stadtspaziergang unternommen hatte. (Um sicherzustellen, dass niemand schummelte, stellte er ihnen sogar GPS-Uhren zur Verfügung.) Am Ende hatte sich die kurzfristige Gedächtnisleistung derjenigen, die in der Natur unterwegs gewesen waren, um 20 Prozent verbessert.

«Das ist eine irrsinnig hohe Zahl», sagte ich, als er mir davon erzählte.

«Es hat den Anschein, als würde die Natur die Gehirnphysiologie verändern», erklärte er.

Sich in einer schönen Umgebung aufzuhalten verbessert auch die Stimmung der Menschen. Als er Spaziergänge mit Menschen unternahm, die klinisch depressiv waren, verbesserten sich bei ihnen ebenfalls Stimmung und Gedächtnis – obwohl die beiden Effekte interessanterweise nicht miteinander korrelierten. Das heißt, die Gedächtnisleistung erhöhte sich nicht einfach dadurch, dass die Leute besser gelaunt waren. Da lief noch etwas anderes ab.

In einem faszinierenden Projekt, das er nach seiner Promotion in Toronto geleitet hatte, benutzte Marc Satellitenbilder, um sich einen Überblick über die Grünflächen in der Stadt zu verschaffen. Dann besorgte er sich die Gesundheitsdaten aus den betreffenden Gebieten – darunter Zahlen über Diabetes, Herzkrankheiten, Depressionen und Angststörungen – und verglich sie mit den Umweltbildern.

«Wir waren in der Lage, einen direkten Bezug herzustellen und zu zeigen, dass sich Bäume positiv auf die Gesundheit der Anwohner auswirken», sagte er.

Mit der Natur zu interagieren stärkt unser Verbundenheitsgefühl. Von Wäldern umgeben zu sein oder über eine Blumenwiese zu spazieren ist anregend und eine Freude für unser Schönheitsempfinden. Die Sinne werden stimuliert, aber anders als beispielsweise beim Fernsehen geschieht dies nicht brutal und indem es uns völlig vereinnahmt. Beides scheint ideal zu sein, um Stress zu reduzieren und Dankbarkeitsgefühle zu fördern.

Stadtspaziergänge, so Marc, erlaubten es dem Geist nicht, sich in einer solchen Weise zu entspannen und seine eigenen Bezüge herzustellen. Viele Menschen (ich eingeschlossen) schlendern gern durch die Straßen von Städten, bewundern die Architektur oder betrachten die Schaufensterauslagen. Manchmal, wenn ich spätabends in New York durch meine Lieblingsstraßen nach Hause gehe, scheinen die Lichter an den Gebäuden so hübsch zu funkeln wie Sterne. Allerdings verlangen der Lärm und die Menschenmassen im städtischen

Umfeld ständige Wachsamkeit – oder erzeugen in uns eine gewisse Alarmiertheit. Allein das Überqueren einer Straße verlangt ein Mehr an Aufmerksamkeit. Als Extrembeispiel mag der Times Square mit seinen Leuchtreklamen und blinkenden Laufschriften dienen, ganz zu schweigen von den vielen seltsamen, als Spiderman oder Naked Cowboy verkleideten Gestalten dort. Muss der Geist all diese Eindrücke verarbeiten, schafft er es kaum, jenen entspannten physiologischen Zustand zu erreichen, in dem Dankbarkeit wachsen kann.

Ich erklärte Marc, dass ich als Einwohnerin von New York fast jeden Tag zwischen anderthalb und drei Kilometer zu Fuß unterwegs war. So gelangte ich zwar ans Ziel, doch meine Stimmung profitierte, wie von ihm angedeutet, davon nicht. Hingegen erwies sich eine Stunde am Wochenende im Wald als reiner Segen. War die Vermutung zu weit hergeholt, dass die Natur auf natürliche Weise Dankbarkeitsgefühle auslöst?

«Das tut sie ganz sicher. Die Natur erhöht das Wohlbefinden, und Dankbarkeit ist ein Aspekt davon», sagte er.

Da fühlte ich mich doch gleich besser. Immerhin war jemand mit einem Doktortitel der Ansicht, dass ich auf einer heißen Spur war.

Rachel und Stephen Kaplan (nicht verwandt mit mir) lehren beide seit langem als Professoren an der University of Michigan. Das Ehepaar studierte schon seit Jahrzehnten die restaurativen Kräfte der Natur. Sie bereiteten den Weg, indem sie erklärten, dass wir uns gestresst fühlten, wenn unsere «zielgerichtete Aufmerksamkeit» aufgebraucht sei. Wir würden in zu viele Richtungen gezerrt oder konzentrierten uns so stark, dass wir irgendwann erschöpft seien. In der Natur könne unser Geist umherschweifen und neue Kraft finden. Sie beschrieben, dass eine natürliche Umgebung eine «weiche Faszination» habe, die es uns erlaubte zu entspannen und zu reflektieren, ohne uns überfordert zu fühlen. Professor Stephen drückte es folgendermaßen aus: «Wolken, Sonnenuntergänge, Spuren im Schnee, die Bewegung der Blätter im Wind – all das fesselt unsere Aufmerksamkeit, aber auf undramatische Weise.»

Das ist sicherlich richtig, allerdings hängt es davon ab, was der Einzelne als «undramatisch» empfindet. Die Natur senkt den Stress und verbessert unsere Fähigkeit, uns zu fokussieren. Neuere Studien ergaben außerdem, dass sie die Kreativität fördert und Kindern helfen kann, die mit Aufmerksamkeit und Belohnungsaufschub Schwierigkeiten haben. Rachel Kaplan sagte, die richtige Umgebung könne Patienten zu psychischer Genesung verhelfen, weil sie wieder zu einem inneren Gleichgewicht und einem Gefühl der Sinnhaftigkeit fänden. In einer frühen Studie machte sie die Entdeckung, dass Menschen, die aus ihren Bürofenstern auf Bäume oder andere natürliche Kulissen blickten, gesünder waren, ihre Arbeit lieber erledigten und insgesamt zufriedener wirkten als jene mit einem weniger inspirierenden Ausblick.

Verschiedene Untersuchungen im Labor ergaben, dass Aufenthalte in der Natur unserem präfrontalen Kortex (jenem Bereich im Gehirn, der für die Ausführung von Aktionen zuständig ist) eine Pause gewähren. Befinden wir uns unter freiem Himmel, zwischen Bäumen und duftenden Blüten, macht sich ein beruhigender Rhythmus in uns breit, der uns mit etwas verbindet, das größer ist als wir selbst. Wir empfinden Dankbarkeit, Teil dieser magischen Welt zu sein.

Am darauffolgenden Wochenende ging ich erneut auf dem «Appalachian Trail für Omas» joggen, und die wissenschaftlichen Erklärungen, die ich inzwischen kannte, deckten sich mit meinem Befinden. Ich brauchte über nichts nachzudenken, die positiven Gefühle überkamen mich einfach. Wie in den Augenblicken, wenn ich mein Dankbarkeitstagebuch führte, fühlte ich mich mit dem Kosmos verbunden und war dankbar, am Leben zu sein.

Ich blieb sehr lange am Flussufer stehen, verzaubert von den kleinen Wirbeln, die sich zu meinen Füßen bildeten, und dem grünen Moos, das Samtkissen gleich die Felsen überzog. Zu Anfang der Woche hatte ich mit dem großartigen Filmemacher Louie Schwartzberg gesprochen, der seit 30 Jahren 24 Stunden am Tag sieben Tage die Woche Naturfilme dreht. Die Zeitrafferaufnahmen, die er in jahrelanger ununterbrochener Arbeit erstellt hat, sind atemberaubend und einfach nur herrlich. Sie zeigen aufgehende Blüten und Pilze, die sich entfalten, Schmetterlinge, die aus Kokons schlüpfen, und Bäume, die in den Himmel wachsen.

«Die Bilder verbinden einen mit der Außenwelt, und man empfindet eine tiefe Dankbarkeit für die alltäglichen Wunder», sagte er. «Die Erde sendet magnetische Schwingungen aus, und was ich davon einfange und mit den Menschen teile, bannt diese Schwingungen auf Filmmaterial. Die Dankbarkeitsgefühle entstehen instinktiv, bevor das kognitive Gehirn auch nur Gelegenheit hat, sich einzumischen.»

Er schuf einen Film mit dem Titel *Wings of Life* (Sprecherin: Meryl Streep), der in allen Details die Interaktion zwischen Bienen und Blüten zeigt. «Die Bestäubung ist eine wunderschöne Liebesgeschichte zwischen der Blume und der Biene, ein kleines Ereignis, das Millionen Mal am Tag vorkommt. Wäre das nicht so, dann wäre das Leben auf diesem Planeten vollkommen anders», sagte er. «Dieses Netz ständig aktiver und miteinander verbundener Beziehungen in der Natur ist voller Magie und macht uns obendrein dankbar.»

Seine Arbeit verzauberte mich, denn sie enthüllte die Geheimnisse der Natur, die ansonsten in solch winzigen Dimensionen und so rasch ablaufen, dass wir sie nicht mitbekommen. «Es sind die kleinen Dinge, die uns dankbar stimmen», sagte er. «Und es sind die kleinen Augenblicke, die die Menschen besonders lieben, wie das Zusammensein mit Kindern oder Familie oder die Tasse Kaffee beim Sonntagsfrühstück. In solchen Momenten öffnet sich unser Herz der Dankbarkeit.»

Ich fragte ihn, bei welchen Bildern er, nach allem, was er schon gesehen hatte, immer noch still werde und das Wunder sprachlos bestaune.

«Ich werde niemals müde, Blüten beim Aufgehen zu beobachten oder mir Filme von Kolibris oder Schmetterlingen in Zeitlupe anzusehen. Einige meiner eigenen Bilder habe ich mehrere hundert Mal betrachtet, und ich finde sie kein bisschen langweilig, weil ich instinktiv Dankbarkeit für das empfinde, was ich oft beobachte. Die Schönheit der Natur ist ein Geschenk, das Dankbarkeit in uns weckt.»

Der Naturforscher John Muir aus dem 19. Jahrhundert sagte einmal: «Der klarste und deutlichste Weg in das Herz des Universums führt durch die Wildnis eines Waldes.» Ein Gefühl, das ich nur als Dankbarkeit bezeichnen kann, stieg in mir auf, wann immer ich im Wald spazieren ging, auf einem Berggipfel stand oder aufs Meer hinausblickte. Muir und Schwartzberg, so viel ist sicher, wissen, was es heißt, sich mit der Weite des Universums eins zu fühlen.

Als ich nach Hause kam, saß Ron in einem Gartensessel auf unserer Panoramaterrasse und blickte auf die Berge. Das iPad lag auf seinem Schoß, aber offenbar las er nicht.

«Was machst du?», fragte ich ihn.

«Ich sitze einfach nur hier», erklärte mein sonst so hyperaktiver Ehemann.

Ich ließ mich in den Stuhl neben ihm fallen. «Dann will ich auch bloß hier sitzen», sagte ich.

Wir blieben ganz still, sahen zu, wie die Sonne hinter den Bergen verschwand und den Himmel in leuchtend orangefarbene Streifen tauchte. Ich erzählte Ron von dem Dauerlauf und meiner neuen Theorie, dass es Dankbarkeit weckt, wenn man sich in der Natur aufhält. Wir müssen uns gar nicht bewusst darauf konzentrieren, wie dankbar wir sind, hier und am Leben zu sein. Die Natur zeigt uns ihre Wunder deutlich, und wir spüren, wie sie tief in unsere Körper und Seelen dringen.

«Meine Seele kann keine Treppe zum Himmel finden, es sei denn durch die Herrlichkeit der Erde.»

«Led Zeppelin?», fragte er.

«Nein, Michelangelo. Wenn er nicht gerade die Sixtinische Kapelle ausgemalt hat, schrieb er gelegentlich Gedichte.»

«Schön.» Er nahm das iPad zur Hand, und kurz darauf lagen die Gitarrenklänge eines alten Led-Zeppelin-Songs in der Luft.

«Willst du mich auf den Arm nehmen?», fragte ich ihn.

«Nicht im Geringsten. Ich dachte nur gerade, dass du recht hast. Teil der Natur zu sein ist die wahre Treppe zum Himmel.»

Er nahm meine Hand, während die Dämmerung hinter den Bäumen herabsank. Ich überlegte, wie viele Gedichte und Lieder schon über die Liebe geschrieben worden waren und wie viele über die Schönheit der Natur.

Sobald eines von beiden sich unserer bemächtigt, verspüren wir tiefe Dankbarkeit. Vielleicht liegt es am Oxytocin, an den Endorphinen oder irgendwelchen anderen chemischen Stoffen, die ausgeschüttet werden und uns mit dem großen Ganzen verbinden. Vielleicht macht uns auch die Freude dankbar, die wir empfinden. Sie ist die Treppe, die wir erklimmen, um die Schönheit des Universums zu spüren.

11

Abnehmen mit der verblüffenden Dankbarkeitsdiät

Dankbar, dass ich jede Mahlzeit (und jeden Snack) genieße

Glücklich, dass ich mich, von Dankbarkeit erfüllt, nicht vollstopfen muss

Froh über die Entdeckung, dass Dankbarkeit mich stark macht

Nachdem Dankbarkeit alle Bereiche meines Lebens zum Positiven verändert hatte, stand ich vor der Frage, inwiefern sie mir auch bei dem einzigen Thema helfen konnte, das mich nach wie vor belastete: mein Gewicht. Ich war immer ziemlich gut in Form, zeitweise sogar richtig fit. Aber wie so viele andere Frauen wog ich gegenwärtig fünf Kilo mehr, als mir lieb war. Die überschüssigen Pfunde hatte ich im Lauf der Jahre mehrfach abgespeckt und wieder zugelegt, zudem machte ich mir zu viele Gedanken um meinen – ob nun vorhandenen oder nur eingebildeten – Bauch.

Mein Mann konnte meinen Schlankheitswahn nicht nachvollziehen. Für ihn sah ich stets großartig aus (Gott segne ihn), und da er selbst zu den Superschlanken zählte, denen man einen Schokoladenkuchen vor die Nase halten konnte, ohne dass ihm das Wasser im Mund zusammenlief, fand er verwunderlich, dass ich erst über zu enge Jeans jammerte und anschließend eine Riesenschüssel Eis vertilgte (die kalorienreduzierte Sorte, aber immerhin – eine Riesenschüssel!). Gesprächen über mein Gewicht wich er stets aus, doch eines Morgens war er zufällig im Raum, als ich ein marineblaues Strickkleid anprobierte und mich darin vor dem Spiegel drehte.

«Das kann ich unmöglich tragen», jammerte ich. «Mein Hintern sieht darin aus, als hätte er die Dimensionen von Rhode Island, findest du nicht?»

«Rhode Island ist ein winziger Staat», erwiderte er.

Ich starrte ihn wütend an. «Soll das ein Witz sein? So ein Kommentar gilt bestimmt in mindestens drei Bundesstaaten als Scheidungsgrund.»

«Ich stelle lediglich etwas richtig. Ein Riesenhintern hätte metaphorisch die Größe von Texas, was bei dir definitiv nicht der Fall ist.»

«Kansas vielleicht? Oder Norddakota? Oder eher Massachusetts, wenn man die Bevölkerungszahl als Grundlage nimmt?», fragte ich, bemüht, nicht laut zu werden.

«Ich finde, du siehst super aus», entgegnete Ron ruhig und wiederholte damit seinen Lieblingsrefrain.

Ich seufzte, denn mir war bewusst, dass es mein Thema war, nicht seins. Ich versuchte es rational anzugehen und erklärte ihm, dass ich mich schlecht fühlte, weil ich zugenommen hatte. Letztes Jahr habe das Kleid noch so gut gepasst.

«Wie kommt es, dass ich diesen Satz im letzten Jahr nicht aus deinem Mund gehört habe? Mehr noch, ich erinnere mich an kein einziges Mal, wo du mit deinem Aussehen zufrieden warst», meinte er.

Ich wollte ihm erst widersprechen, aber dafür gab es tatsächlich keinen Grund. Vielleicht hatte ich inzwischen gelernt, das Positive im Leben zu sehen, doch das galt nicht für meine Oberschenkel. Ich konnte meine Mutter dafür verantwortlich machen, die so stolz auf ihre Wespentaille bei ihrer Hochzeit gewesen war und meine Schwester und mich ständig dafür gerügt hatte, dass wir keine solchen Maße hatten. Aber ich war inzwischen erwachsen, und wenn ich mich an dem kleinen Rettungsring um die Taille nicht störte, dann war alles gut. Wenn ich eine Veränderung anstrebte, musste ich aktiv werden.

Dr. Liponis' Idee, für einen gesunden Körper dankbar zu sein, hatte mir gefallen *(zwei Arme, zwei Beine, ich atme)*, und nun kam mir in den Sinn, dass man, wenn man etwas schätzt, naturgemäß geneigt ist, es gut in Form zu halten. Ich hatte lange genug über Gesundheits- und Fitnessthemen geschrieben, um einiges über Ernährung und Sport zu wissen (wie die meisten anderen Leute auch). Weiterführende Informationen über Diäten und Fitnesstraining brauchte ich also nicht, sondern nur die richtige Einstellung. Vielleicht konnte ich sie ja durch Dankbarkeit gewinnen.

Eines Tages beim Kaffee erwähnte ich meiner Freundin Anthea gegenüber, dass ich mich fragte, ob ich mit Hilfe von Dankbarkeit fünf Kilo abnehmen könnte. Anthea, langjährige leitende Angestellte mit hellwachem Verstand und einer pragmatischen, nüchternen Geisteshaltung, schien den Gedanken nicht weiter seltsam zu finden.

«Du solltest mal meine Fitnesstrainerin kennenlernen, sie beginnt jede Stunde mit Dankbarkeit», erklärte Anthea. «Sie ist fest davon überzeugt, dass man Dankbarkeit braucht, um schlank und stark zu werden.»

Anthea wirkte derart unbeeindruckt, dass ich schon vermutete, auf einen neuen Trend gestoßen zu sein. War Dankbarkeit etwa das neue Glutenfrei? Ich leitete rasch alles in die Wege, um es herauszufinden, und fuhr schon bald nach Litchfield, Connecticut, wo mich die gertenschlanke, energische Jen Abbott in ihrem Fitnessstudio willkommen hieß. Statt der lauten Musik und der überdrehten Energie, die in den meisten Trainingsräumen herrscht, strahlte der Raum Ruhe und Heiterkeit aus. Die Wände zierten inspirierende Sätze (darunter: «Sei dankbar») in kursiver Goldschrift. Unter einem der Fenster bemerkte ich eine Reihe von Kerzen, und Jen erklärte mir, dass ihre Kunden vor jedem Training Kerzen anzündeten und sich überlegten, was ihre Intention war. Sich einen Moment Zeit zu nehmen, um «sich in Achtsamkeit und Dankbarkeit zu versenken», sorge in der Regel für ein sehr viel effektiveres Training.

Die ausgebildete Physiotherapeutin Jen hatte in Wellesley, Massachusetts, ein großes Unternehmen aufgebaut. Zahlreiche Trainer arbeiteten für sie und betreuten mehrere hundert Klienten. Immer beschäftigt, arbeitete sie kontinuierlich weiter, während sie sich scheiden ließ (sie hatte in der Familie das Geld verdient) und ihre beiden kleinen Kinder versorgte. «Ich bin gestresst ins Bett gefallen und hab mich beim Aufwachen erbärmlich gefühlt», gestand sie mir. Trotzdem meinte sie da noch, es gehe ihr ganz passabel, bis sie eines Tages buchstäblich vom Laufband fiel.

«Ehrlich, ich bin auf dem Band gelaufen und gestürzt», berichtete sie mir, noch immer verwundert über den Unfall. «Nach diesem Malheur wusste ich, dass ich eher von Angst gesteuert war als von Dankbarkeit und Liebe. Ich schrieb zwei Worte an die Decke über meinem Bett: ‹Vertrauen› und ‹Glauben›. Ich brauchte das Vertrauen, dass wir es schaffen würden, und den Glauben, dass ich das, was ich hatte, mit Dankbarkeit betrachten konnte. Das hat mir die Kraft zum Weitermachen gegeben.»

Sie zog mit ihren Söhnen zurück in die Kleinstadt in Connecticut, in der sie aufgewachsen war, und eröffnete ein eigenes Fitnessstudio. Während sie mir ihre Geschichte erzählte, saß Jen nicht auf einem Stuhl, sondern auf einem großen blauen Gymnastikball und sah aus, als sei sie perfekt im Gleichgewicht. Sie sei erstaunt gewesen über die Kraft der Dankbarkeit, die sie über die Runden gebracht hatte, und wolle dieses Geschenk an ihre Kunden weitergeben. Viele kämen, wie sie festgestellt hatte, von einem «Ort des Mangels» und fühlten sich schlecht, wenn sie (in ihren eigenen Augen) nicht dünn, hübsch oder fit genug waren. Anstrengende Workouts und endlose Bauchmuskelübungen reichten nicht aus, um das Problem zu lösen.

«Wenn wir uns selbst herabsetzen und uns in schlechtem Licht sehen, dann ziehen wir zusätzliche negative Gefühle an», erklärte Jen mir ernst. Wer sich zu dick, zu langsam und zu müde findet, der wird es auch. Man muss sich fangen und es ins Gegenteil verkehren. Anstatt sich minderwertig zu fühlen, weil der Typ neben einem auf dem Laufband joggt und man selbst nur geht, sollte man das Gute an der Situation wahrnehmen. *Ich bin im Fitnessstudio. Ich habe mich also überwunden und den Schritt getan! Ich habe starke Beine, die mich tragen, und ein Herz und eine Lunge, die funktionieren. Danke dafür!»*

Sobald sie ihre Klienten auf Dankbarkeit umgepolt hatte, zeigte sich das Ergebnis unmittelbar und unübersehbar: Sie erhöhten nach und nach das Tempo auf dem Laufband, und ihre Schritte wurden beschwingter. Viele berichteten, als sie sich das nächste Mal auf der Couch lümmelten und zur Schokolade greifen wollten, hätten sie beschlossen, sich stattdessen zu bewegen.

Ich erzählte Jen von meiner neuesten Erkenntnis, nämlich dass Dankbarkeit Menschen im Job und bei der Karriere motiviert. Demnach erschien es mir nur logisch, dass in Bezug auf Gewicht und Fitness das Gleiche geschah. Doch aus irgendeinem Grund war ich noch nicht in der Lage, für meinen Körper dankbar zu sein – und wie zum Beweis wog ich fünf Kilo zu viel.

«Die kriegen Sie locker runter. Sie hatten das Gewicht ja schon mal, also wissen Sie, dass Sie es schaffen können», ermutigte sie mich.

«Nein, ehrlich gesagt weiß ich es nicht. Ich sehe mir meine kneifenden Jeans an und kann mir nicht vorstellen, sie jemals wieder zu tragen.»

«Das ist Ihr Hauptproblem», sagte sie. «Sie müssen daran glauben, nur dann gelingt es.»

Jen riet mir, «Danke!» auf eine Karte zu schreiben und sie neben das Bett zu legen, damit ich sie am Morgen als Allererstes sah.

«Und bei wem soll ich mich bedanken?», fragte ich zweifelnd.

«Na, bei Ihnen. *Danke, dass ich heute vernünftig essen werde. Danke, dass ich so schlank werden kann, wie ich sein will. Danke, dass ich, wenn ich eines meiner Bücher signiere, ein ärmelloses Kleid tragen und wunderschöne Arme haben werde.*» Sie lächelte. «Widmen Sie fünf Minuten am Tag der Überzeugung, dass Sie es schaffen, und seien Sie dankbar dafür.»

Sie befestigte gern überall kleine Erinnerungszettel und schlug vor, ich solle auch ein «Danke!» an die Kühlschranktür pinnen, damit ich für die gesunden Karotten, Äpfel und den Sellerie dankbar war (besser als das Bild von einem Nilpferd, das ich früher mal dort kleben hatte). Darüber hinaus sollte mir ein «Danke!» an meinem Spiegel dabei helfen, negative Selbstgespräche zu unterlassen.

«Wenn Sie ständig daran denken, dass Sie abnehmen müssen, vergessen Sie, dankbar dafür zu sein, dass Sie stark sind, dass Sie jederzeit gesunde Lebensmittel kaufen können, dass das Wetter so wunderbar ist und dass Sie spazieren gehen können», meinte Jen.

Sie war davon überzeugt, dass uns ein negatives Körperbild aus der Dankbarkeit reißt. Wir fühlen uns übergewichtig und befürchten, dass niemand uns mag, also hocken wir in der Jogginghose zu Hause und essen aus Einsamkeit und Unruhe nur noch mehr. Es ist eine Abwärtsspirale, und der Weg zurück nach oben verläuft über die Dankbarkeit.

«Lieben Sie sich, und zwar aus tiefstem Herzen. Geben Sie sich positive Rückmeldungen, und seien Sie dankbar dafür, wie Sie sich selbst sehen», empfahl Jen. «Legen Sie die Jeans bereit, in die Sie wieder passen wollen, und sagen Sie Danke. Glauben Sie daran, und seien Sie dankbar dafür.»

Wow! Da hatte ich so viele Monate damit zugebracht, mich auf Dankbarkeit auszurichten, aber auf den Gedanken, mir selbst zu danken oder mir gar selbst dankbar zu sein, war ich nie gekommen. Ich hatte Jen eigentlich nur interviewen wollen, aber nach dem aufwühlenden Gespräch vereinbarten wir gleich noch eine Trainerstunde.

Eine Woche später betrat ich Jens Studio erneut, diesmal in Turnschuhen und Sportkleidung. Sie forderte mich auf, mir ein Wort auszudenken, das mich beim Training inspirieren würde, sozusagen ihre Version eines Mantras. Da sie meine Ziele kannte, schlug sie «schlank» oder «willensstark» vor.

Ich schüttelte den Kopf. «‹Stark› würde mich mehr inspirieren», erklärte ich. Ich wollte körperlich ein bisschen kräftiger und innerlich robuster werden.

«Gut!», rief Jen begeistert.

Dann schickte sie mich zu den Kerzen am Fenster und forderte mich auf, die Augen zu schließen, tief zu atmen und in meiner Vorstellung das Bild von mir als starker Person heraufzubeschwören. Ich gab mir wirklich Mühe, aber es kam mir irgendwie seltsam vor. Als Journalistin sehe ich anderen lieber bei ihren Erfahrungen zu, als sie selbst zu machen, und ich hatte das verzweifelte Bedürfnis, meinen Laptop zur Hand zu nehmen. Doch ich kämpfte den Drang nieder und blieb im Moment. Jen machte mich darauf aufmerksam, dass ich die Arme vor der Brust verschränkt hatte, und riet mir, die Schultern zu entspannen und die Hände zu öffnen.

«Visualisieren Sie sich selbst als stark und so schlank, dass Sie wieder in die Jeans passen», forderte Jen mich auf. «Und dann seien Sie dankbar dafür, dass Sie stark sind. Lassen Sie die Dankbarkeit durch Ihren Körper fließen. *Danke, ich bin stark.*»

Ich wand mich ein wenig wie eine Pubertierende. Mein Zugang zur Dankbarkeit war das ganze Jahr über tatsachenbezogen und wissenschaftlich gewesen. Zwar hatte ich nichts gegen Jens eher spirituelle Lehren einzuwenden, nahm sie aber auch nicht unbefangen an. Außerdem wollte ich wirklich dringend mein Journalisten-Notebook haben.

Jen holte mich vom Fenster weg und setzte mich auf das Fitnessfahrrad, damit ich mich austoben konnte. Die nächsten 45 Minuten gaben wir richtig Gas – mit Bällen, funktionellem

Training (Kniebeugen, Ausfallschritt und Balanceübungen für den Alltag) und Gewichten. Ich treibe gern Sport und hatte großen Spaß daran.

Am Ende der Session sollte ich mich auf eine Matte legen, während Jen meine Arme und Beine dehnte und erneut über Dankbarkeit sprach. Schließlich nahm sie eine Karteikarte und schrieb mit Rotstift «stark» auf die eine Seite und «Danke, ich bin stark» auf die andere.

«Es sind drei einfache Schritte», rief sie mir ins Gedächtnis, als ich ging. «Denken Sie an Ihr Wort: ‹stark›. Visualisieren Sie sich genau so, und sagen Sie anschließend Danke!»

Als ich nach Hause kam, legte ich die Karte auf die Arbeitsplatte in der Küche. Drei Tage lang hielt ich jedes Mal inne, wenn ich daran vorbeikam, lächelte und dachte nach. Jens beste Schülerin würde ich vermutlich nicht werden, aber ihr Dankbarkeitsansatz machte mir Mut. Ich wusste allerdings, dass es nur der erste Schritt war, wenn ich mich als starke Person visualisierte.

«Beim Abnehmen geht es eigentlich mehr darum, was man isst, als um den Sport», hatte Jen mir in Erinnerung gerufen.

Da kam mir eine Idee: die Dankbarkeitsdiät!

Ich ging durch die Küche und stellte fest, dass ich überall etwas zu essen fand – Obst, Gemüse, Joghurt, Eier, Käse, Senf und Oliven im Kühlschrank, außerdem Kekse, Salzgebäck, Müsli, Mehl, Suppe, Tomatensoße, Bohnen, Linsen und vieles mehr im Küchenschrank. Der Gefrierschrank war voll mit Eiscreme, Hühnchen, Pizza und diversen Tupperbehältern, deren Inhalt sich nicht identifizieren ließ. Dankbar für Essen und Fülle zu sein war einst ein fester Bestandteil vieler Kulturen und Religionen, aber ich konnte nicht behaupten, dass ich jemals Dankbarkeit für eine volle Speisekammer empfunden hätte. Wenn ich Hunger verspürte, schnappte ich mir einfach irgendetwas.

Ich dachte an Jen, die wollte, dass ich «Danke!» an den Kühlschrank pinnte, und entschied, das sei keine schlechte Idee. Auf der Rückfahrt von meinem Treffen mit Dr. Liponis in der Canyon Ranch hatte ich einen Zwischenstopp beim Museum von Stockbridge in Massachusetts eingelegt, das dem Künstler und Illustrator Norman Rockwell gewidmet ist. Man braucht kein Fan nostalgischer Amerikana zu sein (ich bin es auch nicht), um sein Kultbild *Freedom from Want – Freiheit von Not* zu bewundern, das eine um einen Tisch versammelte Familie zeigt, die sich einen Thanksgiving-Truthahn schmecken lässt. In einem anderen sehr ergreifenden Gemälde mit dem Titel *Saying Grace – Tischgebet* haben eine ältere Frau und ihr Enkel in der Enge eines lärmigen Restaurants die Köpfe gesenkt, um vor dem Essen zu beten. Das Original war 2013 für 43 Millionen Dollar verkauft worden – offenbar berührte noch ein paar weitere Menschen seine Botschaft, Danke zu sagen, wo man sich auch befindet.

Kürzlich kam mir zu Ohren, dass manche Menschen, die sich von Bioprodukten ernähren, so etwas wie ein modernes Tischgebet praktizieren. Sie halten vor dem Essen einen Moment inne, um die Bauern, die die Lebensmittel anbauen, und die Natur, die sie hervorbringt, zu würdigen. Eine vegane Freundin erzählte mir, sie male sich jedes Mal die Äcker aus, auf denen die Pflanzen gewachsen seien. Ich konnte mir nicht vorstellen, sanften Regen zu visualisieren, der auf ein Maisfeld fällt, bevor ich in einen Taco biss, aber ich bewunderte ihre Fähigkeit zu staunen.

Es gibt nicht nur spirituelle, sondern auch pragmatische Gründe, die Fülle zu schätzen, die uns umgibt. Mireille Guiliano, ehemalige Geschäftsführerin des Champagnerherstellers Veuve Clicquot und Autorin des Buches *Warum französische Frauen nicht dick werden*, brachte das überzeugende Argument vor, die Französinnen seien schlank, weil sie ihr Essen genießen. Selbst reichhaltige Nahrungsmittel wie Wein, Käse und Pastete seien in Ordnung, wenn man davon nur kleine Portionen isst und sich dabei Zeit zum Genießen lässt. Es dauert knapp 20 Minuten, bis der Magen dem Gehirn meldet, dass wir satt sind, und wenn wir unsere Mahlzeiten im amerikanischen Stil am Tresen hinunterschlingen, kommt es dazu gar nicht erst.

Indem ich Norman Rockwell mit Mireille Guiliano verknüpfte – das vielleicht merkwürdigste Diät-Team aller Zeiten –, erschien es mir wahrscheinlich, dass ich glücklicher und dünner wäre, wenn ich das, was ich aß, mehr schätzen würde. So schwer konnte das doch nicht sein – und allemal sinnvoller als die meisten mir bekannten Diäten. Unsere Vorstellung von dem, was gesund ist, ändert sich ständig. Erinnern Sie sich noch an die Zeit, als Kleie-Muffins als der Weisheit letzter Schluss galten? Derzeit sind Grünkohl und Quinoa im Trend, und obwohl ich beides mag, hatte ich das Gefühl, entscheidend sei meine Einstellung zum Essen.

Wie gewöhnlich stürzte ich mich in den nächsten Rechercheexzess (besser als das Äquivalent mit Eiscreme). Als Erstes knöpfte ich mir das Buch *Essen ohne Sinn und Verstand* des Cornell-Professors Brian Wansink vor, der dem Forschungsinstitut *Food and Brand Lab* der Universität vorsteht. Seine Mission ist es, die Menschen gesünder zu machen, indem er die äußeren

Auslösereize beim Essen verändert – was offenbar besser funktioniert, als wenn wir uns auf unsere Wünsche und Willenskraft verlassen. Er kam schnell zu dem Ergebnis, dass es vor allem von der Größe der uns vorgesetzten Portion abhängt, wie viel wir essen. Benutzen wir zu Hause einen kleineren Teller, essen wir automatisch weniger. Nehmen wir ein schmales Glas statt eines bauchigen, trinken wir auch weniger.

Da wir einen visuellen Auslösereiz benötigen, um zu wissen, wann wir aufhören sollten zu essen, überzeugten Wansink und einige andere mehrere Lebensmittelproduzenten davon, Snacks in Packungen à 100 Kalorien zu verkaufen. (Da genügend Menschen bereit sind, mehr zu bezahlen, um weniger zu bekommen, erwies sich das nebenbei auch als kluger Businessplan.) In einer denkwürdigen Studie verteilte er an Kinogänger Gratis-Popcorn, und jene, die große Tüten bekommen hatten, vertilgten deutlich mehr als die Teilnehmer mit den mittelgroßen Tüten. Lustig daran war, dass das Popcorn schal und wie Styropor schmeckte (eine Testperson verlangte sogar ihr Geld zurück, da sie vergessen hatte, dass es nichts gekostet hatte), es mundete also niemandem. Sie aßen es trotzdem – Popcorn gratis! – und behaupteten hinterher, die Größe der Tüte habe keinen Einfluss auf die verzehrte Menge gehabt. Dr. Wansink führte das gleiche Experiment mehrmals in verschiedenen Varianten, mal mit M&Ms, mal mit Wheat-Thins-Kräckern, in unterschiedlichen Kinos und Theatern durch. Das Ergebnis blieb stets das Gleiche: Wer mehr bekommt, der isst mehr.

Bei einer anderen Gelegenheit lud er Studenten zum Mittagessen ein und servierte ihnen Tomatensuppe – ohne ihnen zu sagen, dass sich einige der Teller unmerklich immer wieder füllten. (Dafür sorgte eine unsichtbare Pipeline unter dem

Tisch.) Hätten sich die Probanden nach ihrem Hungergefühl gerichtet, hätten sie mit dem Essen aufgehört, sobald sie satt waren, egal, wie viel Suppe noch auf dem Teller war. Stattdessen aßen die mit dem «magischen Teller» 73 Prozent mehr als diejenigen, die eine normale Portion erhalten hatten.

Vor kurzem untersuchte Dr. Wansink außerdem in mehreren Studien, ob sich unsere Stimmung auf unser Essverhalten auswirkt. Das Ergebnis lautet: Ja, tut sie. Wer glücklich und mit der Welt im Reinen ist, der steht vermutlich nicht am Küchentresen und löffelt die Erdnussbutter direkt aus dem Glas. Außerdem hat es einen starken Einfluss auf die Auswahl der Lebensmittel, ob wir mürrisch oder dankbar gestimmt sind oder irgendetwas dazwischen. Wansink stellte fest, dass wir uns in dankbarer Stimmung um 77 Prozent gesünder ernähren. Die Zahl kam mir sehr hoch vor, also rief ich ihn an, um mit ihm darüber zu sprechen.

«Es hat viel mit dem jeweiligen Zeitfenster zu tun», erklärte er und hörte sich dabei an wie ein gutgelaunter, fröhlicher Mensch, der (seinen Erkenntnissen zufolge) eher Broccoli isst als Schokolade. «In negativer Stimmung braucht man etwas, womit man sich rasch besser fühlt. Mit guter Laune denkt man eher daran, wie man sich langfristig fühlen wird.»

Ein Stimmungswechsel kann also die Ernährungsweise verändern. In einer Studie ließ Dr. Wansink einige Probanden vor dem Essen eine Geschichte über den glücklichsten Tag ihres Lebens schreiben, andere über den schlimmsten Tag. Der Effekt war frappierend: Die erste Gruppe wählte anschließend gesündere Speisen als die zweite.

Kaum jemand von uns wird einen lebensverändernden Essay verfassen, bevor er einen Cheeseburger mit Pommes bestellt, deshalb dachte Dr. Wansink über kleinere Veränderungen nach. «Ich versuche stets, etwas zu finden, was die Menschen im Alltag umsetzen können», erklärte er mir. Er hatte die Vermutung, dass Dankbarkeit ein einfacher Weg sein könnte, um das Gefühl «Es geht mir passabel» in das Gefühl «Es geht mir gut» zu wandeln. Bei einer weiteren Mittagessen-Studie bat er die Teilnehmer, ihm zu erzählen, was sie an diesem Tag bisher dankbar gestimmt hatte. «Es war erst Mittag, daher erzählte keiner, er habe im Lotto gewonnen oder sein Sohn sei Jahrgangsbester geworden», erzählte er mit einem herzlichen Lachen. «Es genügt schon etwas wie: ‹Ich bin dankbar, dass ich heute Morgen zur Arbeit gegangen bin.›»

Jede einzelne (selbst die dürftigste) Äußerung aufrichtiger Dankbarkeit hatte nachweislich einen Rieseneffekt. Jene Menschen, die zu einer dankbaren Haltung angeregt worden waren, nahmen ungefähr zehn Prozent weniger Kalorien zu sich als die übrigen. Noch bedeutsamer ist, dass sie auch anders aßen als sonst – mehr Salate, weniger Desserts. «Der hohe Anteil von Obst und Gemüse im Vergleich zu den Gesamtkalorien war für die ungewöhnlich drastische Zahl von 77 Prozent verantwortlich», erläuterte er.

Dr. Wansink hatte außerdem festgestellt, dass ein dankbarer Kommentar vor dem Essen gut in die Welt von Norman Rockwell passen würde. Es war sozusagen die säkulare Version eines Dankgebets. «Ein paar Worte des Dankes sind nicht gleich eine spirituelle Handlung. Das funktioniert bei jedem», versprach er. Aber man musste es selbst tun und sich nicht auf jemand anderen verlassen. «Wenn vor dem Essen gemeinsam gebetet wird, dann wirkt sich das auf denjenigen positiv aus, der das Gebet spricht, nicht auf die übrigen Familienmitglieder», meinte er.

Dr. Wansink probierte mehrere Ansätze aus, unter anderem sollten Testpersonen vor dem Essen einen Grund zur Dankbarkeit entweder aufschreiben, ihn jemandem erzählen oder ihn vor sich hin murmeln. Es stellte sich heraus, dass das Selbstgespräch genauso effektiv war wie die anderen Varianten.

«Würde es denn auch genügen, nur einen dankbaren Gedanken zu haben?», fragte ich, um der Sache noch ein wenig mehr auf den Grund zu gehen.

«Besser ist, man lässt es konkret werden. Es ist nicht nötig, Ihren Gedanken anderen mitzuteilen, aber sprechen Sie ihn zumindest laut vor sich hin. Je mehr Muskeln Sie dabei bewegen, desto besser.»

Ein Flüstern vor einer Mahlzeit würde mir im Restaurant womöglich seltsame Blicke eintragen, doch wenn ich dadurch gesünder aß, machte mir das nichts aus.

Und wie war es mit Snacks? Sorgte die Magie der Dankbarkeit auch dafür, dass ich zehn Prozent weniger Kalorien zu mir nahm, wenn ich dankbar innehielt, ehe ich zu einem Brownie griff?

«Es ist besser, sich an die Mahlzeiten zu halten», empfahl Dr. Wansink auf meine Nachfrage.

Ganz praktisch schlug er dann noch vor, den Brownie in Alufolie zu wickeln und einzufrieren, damit er außer Sichtweite war. Dankbarkeit allein genügt eben nicht.

Und doch erschien es mir einfacher, mit Hilfe von Dankbarkeit abzunehmen als durch pure Kalorienzählerei. Nachdem wir aufgelegt hatten, dachte ich über die verschiedenen Studienergebnisse nach und erstellte mir einen Essensplan. Meine Dankbarkeitsdiät basierte auf vier Regeln. Sie waren kurz und unkompliziert, und ich hatte das Gefühl, so könnte es funktionieren. Da Dr. Wansink der Meinung war, beim richtigen Essen gehe es im Wesentlichen um die Umgebung und die innere Einstellung, beschloss ich, meiner Diät einen eindrucksvollen Namen zu geben, der da lautet:

Die verblüffende Dankbarkeitsdiät

- Ich nehme mir vor jeder Mahlzeit eine Minute Zeit, um dankbar dafür zu sein.
- Ich setze mich zum Essen hin, egal, was ich zu mir nehme.
- Ich nähre mich mehr mit Dankbarkeit als mit Essen.
- Ich esse ausschließlich Nahrungsmittel, die mich dankbar stimmen (in Mengen, die mir gut bekommen).

All dies erschien mir zunächst gar nicht so schwierig. Außerdem deutete vieles darauf hin, dass mir diese einfachen Schritte helfen würden, mich gesünder zu ernähren. Dann begann ich die Einzelheiten auszuarbeiten.

Regel Nr. 1:
Ich nehme mir vor jeder Mahlzeit eine Minute Zeit, um dankbar dafür zu sein.

Wie oft sah ich mir mein Essen wirklich vorher an und genoss anschließend den Geschmack? Wenn ich zu Hause frühstückte, checkte ich dabei gewöhnlich meine Mails oder las den neuesten News-Feed, und im Restaurant führte ich Gespräche mit Freunden und hielt kaum inne, wenn die Teller gebracht wurden.

Ab sofort wollte ich aufmerksamer sein. Ich stellte

eine weitere Regel auf, die 60-Sekunden-Regel. Ich würde mir eine volle Minute Zeit nehmen, um die schöne rosarote Farbe des soeben gepflückten Apfels, den Duft von frischem Basilikum und die glänzende, glatte Oberfläche des Lachssteaks zu würdigen. Wenn ich mir Zeit ließ, um jedes Mal die Konsistenz und das Aroma der Speisen vor mir zu würdigen, würde ich mich im Zweifelsfall wahrscheinlich gegen fettige Muffins und zuckerhaltige Süßigkeiten entscheiden.

Meine Freunde, die in Restaurants gerne ihre iPhones zückten, um jeden Gang zu fotografieren, waren auf der richtigen Spur. Der Oberkellner mochte sich daran stören, aber wenn man sein Essen aufnimmt, um es auf Instagram, Yelp oder Facebook zu posten, sieht man es als etwas Besonderes an. Ich musste ja kein Foto machen, wohl aber im Geist registrieren, was ich gleich essen würde – und dankbar dafür sein.

Regel Nr. 2:
Ich setze mich zum Essen hin, egal, was ich zu mir nehme.

Norman Rockwell hat nie eine Frau gemalt, die in 30 Sekunden ein Hörnchen hinunterwürgt, während sie eine Straße entlangläuft, um ihr Kind vom Fußballtraining abzuholen. Mir wurde bewusst, dass ich einen Großteil meiner Kalorien beim Autofahren oder im Gehen zu mir nahm. Wie konnte ich für das, was ich aß, dankbar sein, wenn ich es bei 70 Stundenkilometern im Geländewagen hinunterschlang? Da in Amerika 20 Prozent aller Mahlzeiten im Auto gegessen werden, haben die Hersteller ihre Produkte an die To-go-Mentalität angepasst. So wurde aus einem gesunden Joghurt ein überzuckertes Produkt in der Tube, und aus Müsli wurden die praktischen Müsliriegel (als wäre ein Müsli schwierig zuzubereiten). Für mich bedeutet «Essen zum Mitnehmen», dass ich es bequem in einer Hand halten kann. (Hallo, Energieriegel!) Wenn ich mich hingegen an den Tisch setze, um einen Snack zu mir zu nehmen, werde ich mich eher für Gemüse mit einem Dip oder Pitabrot mit Hummus entscheiden – und es würdigen, bevor ich es aufesse.

Regel Nr. 3:
Ich nähre mich mehr mit Dankbarkeit als mit Essen.

Als ich mich mit Dr. Mark Liponis über das Abnehmen unterhielt, merkte er an, dass wir oft glaubten, Lust auf etwas zu essen zu haben, obwohl es uns in Wahrheit an Freundschaft, Liebe, Mitgefühl und Dankbarkeit mangelt. Essen vermag schlechte Stimmung oder Einsamkeit zu lindern. Menschen, die sich als schokoladensüchtig bezeichnen (und von denen gibt es eine ganze Menge), möchten sich beispielsweise ruhiger und ausgefüllter fühlen. Anstatt innezuhalten und uns zu fragen, wie wir unsere wahren Bedürfnisse befriedigen könnten, knabbern, kauen und mampfen wir in einer Tour.

«Oft sind Einsamkeit und Unerfülltheit das Problem. Wenn wir mehr Beziehungen oder sinnstiftende Kontakte hätten, würden wir nicht so oft nach etwas zu essen greifen», sagte er. Frauen erzählten ihm oft, sie verlören ganz von selbst an Gewicht, wenn sie eine neue Beziehung eingingen. «Wenn einen die Liebe nährt, vergeht der Heißhunger. Manchmal glaube ich, ein Gewichtsproblem ließe sich dadurch lösen, dass ich einer Frau einen Partner verschaffe.»

Wenn ich seit dem Frühstück nichts zu mir genommen hatte, waren Hungergefühle gegen Mittag vermutlich Grund genug, um wieder etwas zu essen. Wenn ich dagegen eine Stunde nach dem Frühstück am Schreibtisch saß und frustriert war, weil ich einen Satz nicht richtig hinbekam ... na ja, dann sollte ich vielleicht eher an dem Satz arbeiten, anstatt in die Küche zu schleichen. Oder mein Hunger hatte, wie von Dr. Liponis angedeutet, eine tiefere Ursache. Ich konnte die Augen schließen und an all das denken, was mir zur Verfügung stand, bis mich eine tiefe Dankbarkeit für die Welt erfüllte. Das würde eindeutig länger anhalten und hätte zudem weniger Kalorien als ein Schokokeks.

Regel Nr. 4:
Ich esse ausschließlich Nahrungsmittel, die mich dankbar stimmen (in Mengen, die mir gut bekommen).

Meinen Körper wertzuschätzen bedeutete, ihn nicht mit Weißmehlprodukten und Zucker vollzustopfen, die ich nur aß, weil sie gerade da waren, etwa die Kekse, die vom Weihnachtspaket übrig geblieben waren oder die Goldfischlis, die schon ewig in der Speisekammer herumlagen. Ich mochte sie sowieso nicht besonders, und hinterher fühlte ich mich alles andere als wohl.

Dr. Wansink hatte einmal Menschen in einem chinesischen Selbstbedienungsrestaurant beobachtet und festgestellt, dass die Schlanken sich erst etwas nahmen, nachdem sie sich das Buffet genau angesehen hatten, um zu entscheiden, worauf sie Appetit hatten. Beleibtere Menschen schnappten sich dagegen einfach einen Teller und beluden ihn. «Sie wählten nicht nur das, was ihnen wirklich schmeckte. Vielmehr versorgten sie sich mit einem Happen von allem, was sie nicht verabscheuten», erklärte er.

Bei meiner Dankbarkeitsdiät sollten nur Speisen erlaubt sein, die ich wirklich mochte. Die Apfeltarte, die ich im Frühherbst auf einem Bauernmarkt gekauft hatte, schmeckte vorzüglich, doch als ich sechs Monate später eine Supermarktvariante aus dem Kühlregal probierte, schmeckte sie wie ein Tennisball. Also ja zum Apfel, nein zum Tennisball. Blaubeeren blieben meine Lieblingsfrüchte, darum gab es mir Auftrieb, dass ich die Diät im Sommer begann, als sie reif und überall zu bekommen waren. Sie waren gesund und hatten nur wenige Kalorien, also konnte ich davon essen, so viel ich wollte. Meine Diät, meine Regeln.

Das war ein ganz entscheidender Punkt. Ich wählte Nahrungsmittel aus, deren Verzehr mich dankbar stimmte. Bei den gesunden Sachen war das am leichtesten, daher sollte ein jeder seine eigene Liste mit frischen Favoriten zusammenstellen. Ich strich sämtliche verarbeiteten Lebensmittel vom Speiseplan, weil niemand mehr dankbar sein kann, nachdem er die Etiketten gelesen hat. Aber was war mit den frischgebackenen Schokoladenkeksen aus der kleinen Bäckerei in der Nähe von unserem Wochenendhaus? Immerhin machten sie mich glücklich, und ich würdigte jeden Bissen. Da für mich die Dankbarkeit zählte und nicht die Kalorien, schafften sie es auf die Liste. Ein Keks, den ich wirklich mochte – ein einziger –, war vollkommen in Ordnung.

Das war alles. Eine Dankbarkeitsdiät, die aus vier simplen Regeln bestand.

Ich brauchte mir keine Gedanken darüber zu machen, ob irgendwelche Speisen zu viel Eiweiß oder Fett enthielten, und konnte Atkins, South Beach und Jenny Craig außer Acht lassen. Indem ich nur aß, was ich auch genießen würde, veränderte sich mein Speiseplan ganz automatisch. Statt mich darauf zu konzentrieren, was ich aß, wollte ich mich darauf konzentrieren, wie ich aß – und für jeden Bissen dankbar sein.

Am folgenden Tag kam ich um die Mittagszeit aus einem Meeting in Manhattan und hielt bei einem Feinkostladen an, um mir einen Käsebagel zu kaufen. Doch dann fiel mir Regel Nr. 2 ein: Ich durfte nicht im Gehen essen, sondern musste mich hinsetzen. Also lief ich wenige Straßenzüge weiter zu einem zivilisierteren Ort und stellte mich in die Schlange vor der reichhaltigen Salatbar. Ich bemühte mich, nur Speisen zu wählen, die mich dankbar stimmen würden (Regel Nr. 4), und quetschte mich mit meinem Teller an eines der Tischchen, die dicht an dicht im hinteren Bereich standen. Ich nahm die Gabel in die Hand, um ein Salatblatt aufzuspießen, da erinnerte ich mich an Regel Nr. 1: dankbar für die Speisen zu sein, bevor ich den ersten Bissen aß.

Also legte ich die Gabel beiseite und betrachtete den Teller vor mir, würdigte die glänzenden glasierten Karotten, den schwarzen Sesam auf dem Tofu und die verschiedenen Grüntöne der Blattsalate. Was für ein Glück, Zugang zu dieser gesunden Vielfalt zu haben! Ich nahm mir die vollen 60 Sekunden Zeit, um mein Essen zu goutieren. Eine Minute ist länger, als man denkt, und die beiden schlingenden Männer am Nebentisch sahen ein paarmal nervös zu mir herüber.

«Alles in Ordnung?», fragte einer von ihnen, als er meinen Blick auffing.

«Oh ja, natürlich», erwiderte ich. Um ihn nicht noch mehr vor den Kopf zu stoßen, verzichtete ich darauf, den wunderbaren Duft meines geeisten Pfefferminztees zu erwähnen.

Ich aß langsam und war anschließend überraschend zufrieden. Mein erstes Mittagessen im Stil der Dankbarkeitsdiät, und ich wollte anschließend nicht einmal ein Törtchen.

Dr. Wansink zufolge beenden 75 Prozent aller Menschen, die eine Diät machen, diese vor Ablauf eines Monats, und 39 Prozent halten nicht einmal die erste Woche durch. Bei der Dankbarkeitsdiät gab es jedoch keinen Grund aufzuhören. Wenn ich mich hinsetzte, das Essen in Ruhe betrachtete, mir sicher war, dass ich Hunger hatte, und nur aß, was ich wirklich mochte, konnte ich sämtliche Mahlzeiten (inklusive der Snacks) zu einem freudvollen Bestandteil meines Lebens machen. Weder Mangel noch Verzicht. Wahrscheinlich würde ich nicht so schnell abnehmen wie bei einer strikteren Diät, dafür aber auch nicht unleidlich werden. Anstatt das Essen zu fürchten, weil es mich dick machen könnte, wurde jede Mahlzeit zu einer feierlichen Angelegenheit. Dr. Wansinks Forschungsergebnisse waren überzeugend: Es ist das achtlose Essen, das uns dick macht. Die Dankbarkeitsdiät förderte hingegen das achtsame Essen, das mich hoffentlich schlanker werden ließ.

Nachdem ich nun schon drei Jahreszeiten in Dankbarkeit gelebt hatte, wurde mir bewusst, dass mein neuer Ansatz in diesem Sommer dazu geführt hatte, dass ich mich gesünder und lebendiger fühlte. Da Dankbarkeit das Stressniveau senkt, hatte ich keine Kopfschmerzen mehr gehabt – ein Segen! Da ich Jens Anregungen zur Entwicklung eines positiven Körperbilds aufgriff, lag in meiner Küche immer noch die Karteikarte mit der Aufschrift «Danke, ich bin stark». Anstatt mich damit zu quälen, was mein Körper nicht leistete, war ich stolz auf das, was möglich war.

Die Dankbarkeitsdiät einzuhalten gab mir ebenfalls ein überraschend gutes Gefühl. Da ich mein Essen inzwischen mehr schätzte, stopfte ich die Dinge nicht mehr unkontrolliert in mich hinein und hatte außerdem, so schien es mir, die Mengen beträchtlich reduziert. Ich beschloss, mir den Gang auf die Waage zu sparen, weil ich mich lieber weiter auf die Dankbarkeit für meinen Körper und das, was ich zu mir nahm, konzentrieren wollte.

Ganz im Vertrauen: Ich hatte das Gefühl, die zu eng gewordene Jeans passte inzwischen ein bisschen besser. Vielleicht würde ich in einer Woche oder so das marineblaue Strickkleid mal wieder anprobieren.

IV
Herbst: Zusammenhalt und Unterstützung

> Wenn man nicht gänzlich in Stücke
> gegangen ist, gibt es immer etwas, wofür
> man dankbar sein sollte.
>
> SAUL BELLOW, HERZOG

> Für den unwahrscheinlichen Fall, dass
> du nicht ewig lebst, solltest du vielleicht
> versuchen, jetzt glücklicher zu sein.
>
> THE NEWSROOM (HBO)

12

Wie aus schlechten Zeiten gute werden

*Froh, dass ich sogar in extrem schlechten Zeiten
Trost in Dankbarkeit finden kann*

*Dankbar, durch den Verlust meines Arbeitsplatzes
eine neue Perspektive gefunden zu haben*

*Glücklich, dass auch traurige Ereignisse die Lebens-
qualität steigern können*

Von meiner wunderbaren Freundin Rose hatte ich zwei Eintrittskarten für *Madame Butterfly* in der Metropolitan Opera
bekommen. Aufführung und Gesang waren so gut, dass ich im
ersten Akt quasi dahinschmolz. Rose, die als Rechtsanwältin
in der Unterhaltungsindustrie auch die Met zu ihren Man-
danten zählt, hatte uns Karten in der siebten Reihe im Parkett
besorgt, und zum ersten Mal überhaupt konnte ich in der Oper
tatsächlich der Handlung folgen (ich bin nämlich kurzsichtig
und vergesse ständig die Kontaktlinsen). Bei meinen sonstigen
Besuchen der Met hatten wir so weit von der Bühne entfernt
gesessen, dass sich das Geschehen auch in einer anderen Gala-
xie hätte abspielen können. So nah dran zu sein war für mich
einfach himmlisch!

In der Pause gingen Ron und ich die mit rotem Teppich
ausgelegten Stufen hinunter ins Operncafé, wo man uns an

den zuvor reservierten und bereits gedeckten eleganten Tisch führte. Es gab Schokoladentorte und Cappuccino für mich sowie Tiramisu und Tee für Ron. Als wir uns setzten, mussten wir uns ein Kichern verkneifen. Das alles war so viel mondäner, als wir es kannten.

«Erzähl mir noch einmal, wie du diese fabelhafte Rose kennengelernt hast», forderte Ron mich zwischen zwei Löffeln seines Desserts auf.

«Ich kenne sie noch nicht lange», antwortete ich ausweichend.

«Richte ihr bitte aus, dass wir sehr ... dankbar sind», meinte er grinsend.

Am nächsten Tag schickte ich Rose eine kleine Orchidee (vielleicht hätte ich lieber Rosen nehmen sollen?), doch eigentlich war ich ihr für weit mehr dankbar als für diesen Opernabend. Die Anwältin war lustig und klug und mit ihrer leicht verschrobenen Art sehr einnehmend. Darüber hinaus zeigte sie mir geradezu beispielhaft, dass man nie weiß, welche Wendungen das Leben nehmen wird. Dass man besser Tag für Tag dankbar ist, weil auch scheinbar schlechte Ereignisse einen guten Ausgang nehmen können.

Was mit jenem glorreichen Opernabend endete, hatte damit begonnen, dass ich mich so elend fühlte wie selten zuvor. Ich hatte gerade meinen Job als Chefredakteurin bei der bereits erwähnten Zeitschrift verloren und haderte mit mir und der Welt. Was sollte ich jetzt tun? Mein älterer, in Kalifornien lebender Bruder machte mich mit einigen Leuten bekannt, woraufhin ich spontan Neuland betrat und in der Technologiebranche an mehreren Projekten arbeitete. Nach wenigen Wochen in der Welt der Apps und Co. sollte ich auf einer Konferenz einen

Vortrag halten, woraufhin mich eine Teilnehmerin zu einer Wohltätigkeitsveranstaltung einlud. Dort saß ich neben Rose. Seither arbeiteten wir geschäftlich zusammen und freundeten uns auch privat rasch an.

Das mag etwas kompliziert klingen, doch auf die Einzelheiten kommt es letztlich nicht an. Entscheidend ist, dass mir nach dem Verlust meiner Arbeitsstelle partout nichts einfiel, wofür ich hätte dankbar sein können. Dabei weiß man nie so genau, welche neuen Gelegenheiten sich ergeben und wohin sie einen führen werden. Steve Jobs hat einmal in einer Rede vor Hochschulabsolventen der Stanford University gesagt: «Du kannst die Punkte nicht verbinden, wenn du bloß nach vorne schaust. Das geht nur, wenn du zurückblickst.» Er schilderte, wie verzweifelt er im Alter von 30 Jahren nach seinem Rauswurf bei Apple gewesen sei, jener Firma, die er mitgegründet hatte. Anschließend folgte dann jedoch die schöpferischste Phase seines Lebens, in der er seine Frau kennenlernte und andere erfolgreiche Unternehmen wie Pixar gründete, ehe er triumphierend zu Apple zurückkehrte. «Ab und zu trifft dich das Leben wie ein Ziegelstein. Du darfst den Glauben nicht verlieren», sagte er.

Immer wieder hatte ich im Verlauf dieses Jahres erlebt, wie ganz normale Alltagserfahrungen durch Dankbarkeit zutiefst befriedigend wurden. Indem sie uns zu einer neuen Perspektive verhilft und den akuten Schmerz lindert, kann uns Dankbarkeit auch über Lebenskrisen hinweghelfen. Grundsätzlich wusste ich, dass meine Probleme, verglichen mit denen anderer Menschen, unbedeutend waren, demnach hätte ich eigentlich dankbar sein müssen. Doch in zahlreichen Untersuchungen hat sich bestätigt, dass das, was wir empfinden, kaum von den äußeren Bedingungen beeinflusst wird. Selbst Menschen in denkbar günstigen Lebensumständen sind unleidlich und unglücklich, während andere, die vor großen Hindernissen stehen, oft ansteckend gute Laune haben und glücklich weitermachen. Der Benediktinermönch David Steindl-Rast, der seit vielen Jahre Dankbarkeit lehrt, hat dafür eine simple Erklärung: «Nicht das Glück ist die Quelle der Lebensfreude, sondern die Haltung der tiefen Dankbarkeit.»

Wenn wir mit widrigen Umständen zu kämpfen haben, kommt es uns oft so vor, als hätte niemand schlimmer zu leiden als wir. In meinem Dankbarkeitsjahr hatte ich gelernt, dass es immer auch eine andere Sichtweise gibt. «Es muss dunkel sein, damit man die Sterne sieht», heißt es. In diesem Monat wollte ich herausfinden, wie Dankbarkeit uns helfen kann, wenn um uns herum Dunkelheit herrscht.

Ich traf mich auf einen Kaffee mit meiner früheren Kollegin Lora, die ich schon länger nicht gesehen hatte, und erzählte ihr von meinem Projekt.

«Du solltest einmal mit mir zu einem Treffen der Anonymen Alkoholiker kommen. Dankbarkeit spielt bei den Zusammenkünften eine große Rolle», sagte sie.

Sie hatte es ganz beiläufig erwähnt, deshalb bemühte ich mich um eine ähnliche Gelassenheit, als ich nachfragte, wie lange sie denn schon dabei sei. Sie sei seit 20 Jahren trocken, erklärte sie mir, und während dieser Zeit mindestens einmal wöchentlich zu einem Treffen gegangen. Ich kannte Lora bereits seit vielen Jahren, wir hatten mal gemeinsam für eine Fernsehshow gearbeitet. Damals war ich zwar offiziell ihre Vorgesetzte, hatte sie aber als talentiert, lustig und geistesgegenwärtig bewundert. Zu ihren Fans zählte auch ein leicht angegrauter Live-Reporter, der als Alkoholiker verrufen war und der sie viel zu häufig in irgendwelche Bars mitnahm.

«Ich habe ihm stets vorgeworfen, dass er dich zum Trinken verführt hat», sagte ich Lora jetzt. «Du warst noch total grün hinter den Ohren bei deinem ersten Job.»

«Stimmt, aber meine Mutter war auch Alkoholikerin. Das Problem bestand also schon, bevor ich ihn traf», antwortete sie. «Ich hatte keine guten Vorbilder.»

Als sie bei sieben oder acht Flaschen Bier pro Tag angelangt war, ließ sie es noch einmal richtig krachen und ging danach zum ersten Mal zu den Anonymen Alkoholikern. Seither besuchte sie die Treffen regelmäßig.

Ich hatte keine Alkoholprobleme (trank inzwischen sogar nicht einmal mehr Cola light, sondern nur noch Wasser), durfte Lora jedoch begleiten, weil am letzten Montag im Monat auch Gäste willkommen waren. Wir trafen uns zu einem frühen Abendessen und gingen anschließend in die alte Kirche auf der anderen Straßenseite. Ich wusste nicht recht, was ich erwarten sollte, etwas Finsteres, Heruntergekommenes vielleicht, Menschen mit ausgemergelten Gesichtern und trübem Blick, eine Schreckensszene wie aus Billy Wilders *Das verlorene Wochenende*.

Besorgt folgte ich Lora die schmale Treppe hinauf zu dem kleinen Raum, in dem die Frauen unter sich blieben. Nachdem ich eingetreten war, verabschiedete ich mich rasch von all meinen Klischeevorstellungen über Alkoholikerinnen. Die Teilnehmerinnen, die in der Raummitte im Kreis saßen, hatten keineswegs ausgemergelte Gesichter und einen trüben Blick, sondern wirkten größtenteils jung und strahlend. Sie hatten zum Teil lange Haare, eine schlanke Figur und trugen enge

Jeans. Einige gutgekleidete Damen, die aussahen wie Manage-
rinnen, huschten in letzter Minute herein und steckten noch
rasch ihre Handys weg.

Die Leiterin des Treffens saß entspannt und mit überge-
schlagenen Beinen in einem großen Sessel. Wie Lora war sie
schon lange trocken, dennoch beschrieb sie den «in alle Knochen fahrenden, sich in die Seele brennenden Schmerz», den
sie damals empfunden hatte, sehr lebendig und fügte hinzu:
«Ich wollte jeden Tag sterben.» Seit Beginn ihres Entzugs
führte sie ein Dankbarkeitstagebuch und sagte sich immer wieder: «Ich habe beim Trinken Konsequenz bewiesen, also kann
ich nun auch konsequent dankbar sein.»

Die Frauen im Kreis reichten eine Eieruhr herum, da jede,
die etwas beitragen wollte, exakt zwei Minuten Sprechzeit hatte.
Mehrere der jüngeren Teilnehmerinnen dankten der Leiterin
für das gute Beispiel, das sie ihnen gab. Andere erklärten, wie
dankbar sie für die Unterstützung der Gruppe seien. Eine Frau
berichtete, sie sei «froh über alles, was damals passiert ist und
mir heute nicht mehr zustößt», etwa totale Blackouts oder in
fremden Betten aufzuwachen. Manchmal, so sagte sie, würde
sie die Vergangenheit gern auslöschen, aber sie könne nur weitermachen und «dankbar sein für die Energie und die Freude,
mit der ich die Zukunft ausfüllen werde».

Es ging an dem Abend nicht ausschließlich um Dankbarkeit, aber sie kam in vielen der Beiträge immer wieder zur
Sprache. Lora, die neben mir außerhalb des Kreises saß, hörte
ruhig zu und strickte nebenbei einen Schal. Als alle aufstanden
und zum Abschluss gemeinsam das Gelassenheitsgebet sprachen, versetzte sie mir einen kleinen Stups.

Draußen auf der Straße blickte mich Lora besorgt an. «Ich

versuche gerade, den Abend mit deinen Augen zu sehen, und stelle mir vor, ich wäre zum ersten Mal hier», sagte sie.

Ich erklärte ihr, wie sehr mich die Wärme, die Freundlichkeit und die positive Einstellung der Frauen berührt hätten. Ich freute mich, dass sie Dankbarkeit als Weg in die Zukunft, als Trost und als Therapie sahen. Da ich mich zuvor über die Anonymen Alkoholiker informiert hatte, kannte ich die Grundsätze der Bewegung. Darin hieß es, man wolle «sein begangenes Fehlverhalten eingestehen, tiefe Dankbarkeit für die empfangenen Segnungen spüren und bereit sein, am kommenden Tag alles besser zu machen». Das klang nach einem guten Konzept für das Leben im Allgemeinen.

«Eins aber ist mir noch nicht klar. Ich verstehe nicht ganz, wie Dankbarkeit dabei helfen soll, keinen Alkohol mehr anzurühren», hakte ich nach.

Lora nickte. «Das erfolgt in zwei Abschnitten: Zuerst erstellst du eine Dankbarkeitsliste mit all den positiven Dingen, die du erlebst, wenn du nicht mehr trinkst.» Sie zum Beispiel hatte rasch ein paar Kilo abgenommen, nachdem sie aufgehört hatte, täglich acht Flaschen Bier zu trinken, also schrieb sie von ihrer Dankbarkeit über die Gewichtsreduktion. Außerdem sparte sie viel Geld, da sie es nicht mehr für Alkohol ausgab. «In vielen Einträgen ging es um die neuen Hosen, die ich mir gekauft hatte», gestand sie lachend.

War die Nüchternheit einmal zur Normalität geworden, reichten witzige Bemerkungen über neue Hosen und verlorene Pfunde nicht mehr aus. «Die Probleme beginnen, wenn man schon eine Weile trocken ist und der Alltag wieder einkehrt», erklärte Lora. (Ruft da etwa jemand «Gewöhnungseffekt»?) «Dann benutzt du deine Dankbarkeitsliste als Gedankenstütze, um den neuen Zustand nicht für selbstverständlich zu halten. Ein dankbarer Alkoholiker trinkt nicht.» Oder erleidet keinen Rückfall.

Lora und ihre Freundinnen bei den Anonymen Alkoholikern konnten Vergangenes nicht ungeschehen machen. Doch wie es schon der griechische Philosoph Epiktet lehrte, kam es in erster Linie darauf an, wie sie sich in der Gegenwart verhielten. Wenn der Eindruck entstand, als sei jemand *infolge der äußeren Dinge im Unglück*, dann riet er: *(...) Halte dir sofort gegenwärtig, dass jenen nicht das Geschehene schmerzt, denn einen anderen würde das ja nicht betrüben, sondern nur seine Auffassung von dem Geschehen.*

Aber was tun, wenn die Ereignisse in der Vergangenheit so gravierend waren, dass Dankbarkeit nicht angebracht erschien? Mit dieser Frage wandte ich mich an meine Freundin Jackie Hance. Dankbarkeit war eins ihrer Lieblingsthemen, obwohl sie eigentlich hätte traurig sein müssen wie sonst kaum jemand auf der Welt. Ihre drei entzückenden Töchter Emma, Alyson und Katie waren 2009 im Alter von acht, sieben und fünf Jahren in New York bei einem Autounfall ums Leben gekommen. Noch schlimmer (sofern das überhaupt möglich ist) war, dass ihre Schwägerin am Steuer gesessen und unter Alkohol- und Drogeneinfluss gestanden hatte, wie sich beim Bluttest zeigte.

Jackie, die stets fröhliche Vollzeitmutter mit dem großen Herzen, fiel in ein tiefes Loch. Ihr ebenso verzweifelter Mann konnte ihr damals nicht helfen. Irgendwann wollte sie nur noch eins: bei ihren Töchtern im Himmel sein. Als Katholikin suchte sie Rat bei mehreren Priestern, um sicherzugehen, dass Gott sie verstand. Ihre Freundinnen hatten jedoch etwas ganz anderes im Sinn, denn sie wollten Jackie noch ein bisschen auf der Erde behalten. Sie entwickelten einen Plan, um dafür zu sorgen, dass sieben Tage in der Woche und rund um die Uhr jemand bei ihr war. Die Frauen kochten und putzten, gingen morgens mit ihr joggen, fuhren sie zum Therapeuten, meldeten sie bei einer Bowling-Mannschaft an und bestanden darauf, dass sie zum Einkaufsbummel mitkam. Die unerschütterliche Treue und Verbundenheit ihrer Freundinnen waren für Jackie das Licht, das in dieser unfassbaren Dunkelheit für sie leuchtete.

Wir lernten uns eineinhalb Jahre nach dem Unfall kennen. Jackie wirkte damals ungeheuer schwach, fast schon zerbrechlich. In ihren Augen flackerte immer wieder der Schmerz auf, und sie flüsterte eher, als dass sie redete. Doch als wir auf ihre Freundinnen zu sprechen kamen, änderte sich ihre gesamte Haltung.

«Meine Freundinnen sind einfach wunderbar. Ich bin so ein Glückspilz! Jeden Tag bin ich ihnen aufs Neue dankbar.»

Dass sie sich nach allem, was sie durchgemacht hatte, als «Glückspilz» und «dankbar» bezeichnete, erstaunte mich. Offenbar hatte Jackie Tiefen, die ich nur erahnen konnte. Unter der verletzlichen Oberfläche schlummerte ein starker Kern, der darum kämpfte, wieder Glücksmomente zu erleben (obwohl sie sich fragte, ob sie überhaupt das Recht dazu hatte). In der Folge schrieben wir gemeinsam ein Buch, das ein Bestseller wurde. Wir empfanden unsere Zusammenarbeit alle beide als äußerst befriedigend. Sie wollte die Geschichte ihrer Töchter erzählen, und ich konzentrierte mich auf die Botschaft, dass einem im Leben zwar Schreckliches widerfahren kann, dass sich jedoch selbst in der furchtbarsten Situation Gründe finden lassen, um dankbar zu sein.

Jackie und ich blieben in Kontakt, und bei meinen beiden

letzten Auslandsreisen zündete ich in Kirchen für die Mädchen drei Kerzen an – um sie auf diese Weise an Orte zu bringen, die sie nie hatten besuchen können. Ich bin nicht religiös, also auch nicht katholisch, umso mehr bewunderte ich Jackie für den Mut, den sie bewies, indem sie sich dem Alltag stellte. Mir gefiel der Gedanke, dass ihre geistige Kraft sie aufrechterhielt und dass Dankbarkeit nach wie vor Teil ihres Lebens war.

Als ich sie nun anrief, um ihr von meinem Dankbarkeitsjahr zu berichten, war sie nur allzu gern bereit, ihre Erfahrungen beizusteuern.

«Ich suche noch immer jeden Tag nach Gründen, um dankbar zu sein», sagte sie. «Morgens stelle ich eine Liste zusammen, die ich dann den ganzen Tag über dabeihabe.»

In der Regel stehe sie sehr früh auf, berichtete sie mir, um mit ein paar Freundinnen joggen zu gehen. Nach den knapp zehn Kilometern an der frischen Luft fühle sie sich gewöhnlich viel besser. Wenn sie dann um halb sieben nach Hause kam, hatte sie ein bisschen Zeit für sich selbst. «Dann erlaube ich mir, traurig zu sein und fünf Minuten um meine Mädchen zu weinen. Anschließend zwinge ich mich, aufzuschreiben, wofür ich dankbar bin.»

Über diesen für Jackie so typischen Zeitplan musste ich lächeln: joggen, weinen, dankbar sein, weiterleben. Der Schmerz über den Verlust ihrer Töchter würde nie vergehen, doch nachdem sie beschlossen hatte, nicht jetzt schon zu ihnen zu gehen, tat sie alles, damit Wut, Verbitterung und Verzweiflung sie nicht überwältigten. Jackie hatte mehr als jeder andere in meinem Bekanntenkreis verstanden, was es bedeutet, den Augenblick zu genießen. «Wenn ich schon hierbleibe, dann soll es auch ein großartiges Leben sein», sagte sie.

Jackie war auf das Konzept der Dankbarkeit gestoßen, als sie in der *Oprah Winfrey Show* (sie war ein großer Fan dieser Sendung) einen Therapeuten sagen hörte, dass man in den Momenten, in denen man Dankbarkeit empfindet, nicht traurig sein kann. Zu jenem Zeitpunkt war sie derart verzweifelt, dass sie davon ausging, diesen Zustand niemals überwinden zu können. Ihr Psychiater hatte ihr bereits Antidepressiva, Schlaftabletten und Beruhigungsmittel verschrieben, daher erschien es ihr nicht als allzu große Verpflichtung, auch noch eine Dankbarkeitsliste zu führen. Rasch wurde ihr klar, dass sie damit ebenso viel erreichte wie mit all den anderen Mitteln. Sie setzte einen Großteil der Medikamente ab, an der Liste aber hielt sie fest.

«Ist Dankbarkeit für dich inzwischen zur Normalität geworden?», fragte ich sie.

«Nein!», antwortete sie lachend. «Es ist jeden Tag eine bewusste Entscheidung. Die Liste zu erstellen ist für mich Arbeit, und ich muss mich immer wieder gezielt daran erinnern, sonst würde ich es vergessen. Aber weil das gute Gefühl dann anhält, ist es mir die Sache wert.»

Die Dankbarkeit hatte Jackie in gewisser Hinsicht sogar das Leben gerettet. Obwohl sie nach dem Unfall in Hoffnungslosigkeit versunken war, hatte sie die Anteilnahme der Menschen (darunter viele Fremde) gerührt, die ihr Karten, Geschenke und Spenden schickten. Um deren Aufwand und Freundlichkeit zu würdigen, beschloss sie, jedem einzeln zu danken. Einmal war sie wieder mal an dem Punkt, dass sie sich umbringen wollte, musste aber erst noch 20 Dankesschreiben verfassen. «Ich war damals zwar kurz vorm Selbstmord, aber Unhöflichkeit wollte ich mir nicht durchgehen lassen», erklärte mir Jackie später.

Ihre Dankbarkeit wuchs ins Unermessliche, als sie noch einmal schwanger wurde – etwas, das sie nie für möglich gehalten hätte. Nach Katies Geburt hatte sie bei sich eine Tubenligatur durchführen lassen, und die künstliche Befruchtung, die sie brauchen würde, um noch ein Kind zu bekommen, war für sie und ihren Mann unerschwinglich. Sie verabschiedete sich von dem Gedanken, bis ihr der Reproduktionsmediziner Zev Rosenwaks kostenlos seine medizinische Hilfe anbot.

«Wie kann ich ihm nur danken? Eine Flasche Champagner erscheint mir zu popelig», meinte Jackie halb im Scherz, als sie schwanger war.

Sie entschied sich für das schönste Geschenk, das ihr einfiel, und nannte ihre neugeborene Tochter zu Ehren von Dr. Rosenwaks Kasey Rose (Kasey setzt sich aus den Anfangsbuchstaben der Vornamen ihrer verstorbenen Schwestern zusammen).

Inzwischen scherzte Jackie, dass sich in ihrer täglichen Dankbarkeitsliste nicht alles nur um Kasey drehen durfte.

«Also, was macht dich heute glücklich?», fragte ich sie.

«Ach, keine Ahnung. Manchmal sind es kleine Dinge, wie das angenehme Gefühl, wenn mir die Sonne ins Gesicht scheint. Neulich habe ich über meine Beine geschrieben. Wer nimmt sich schon die Zeit, seinen Beinen zu danken? Dabei sind sie für mich ein ungemein starkes Werkzeug. Ich weiß nicht, was ich tun würde, wenn ich nicht laufen könnte.»

Dankbare Menschen wie Jackie erzeugen eine Atmosphäre der Großzügigkeit, die in einem jeden unverzüglich den Wunsch weckt, etwas zurückzugeben. Als sie Oprah Winfrey (ja, erneut) in ihrer Show einmal sagen hörte, die Zuschauer sollten sich von Menschen fernhalten, die «negative Energie» verbreiteten, rief sie sofort ihre Freundin Jeannine an und fragte sie, ob sie zu dieser Kategorie gehöre.

«Nein, du hast zwar sehr schwere Zeiten hinter dir, aber wir spüren immer noch deinen positiven Kern», erklärte ihr Jeannine.

Trotz dieser Zusicherung versprach Jackie, alle in ihr eventuell verbliebene Negativität abzubauen. Sie wollte jemand sein, der einen Raum mit Energie ausfüllte, anstatt ihn leerzusaugen. Ich staunte. Wie viele Menschen in einer vergleichbaren Situation würden sich Sorgen machen, sie könnten zu negativ sein? Dabei hätte jeder Verständnis dafür gehabt, wenn sie ihre Zeit mit Heulen und Wehklagen verbracht hätte. Jackie dagegen wollte nicht erfüllt von Trauer leben, sondern von Dankbarkeit.

Kurz nach unserem Gespräch schickte sie mir einen langen Brief, den sie Alyson – die nunmehr 13 Jahre alt geworden wäre – zum Geburtstag geschrieben hatte. (Sie verfasste regelmäßig an den Feiertagen der Mädchen Briefe an die drei. Gelegentlich kaufte sie ihnen auch Geschenke.) Er war sehr schön und anrührend, und Jackie schilderte ihrer Tochter darin, wie sehr sie ihrer Mom fehle und wie gern sie diesen Tag gemeinsam mit ihr gefeiert hätte. Jackie beschrieb darin auch, wie schwer es für sie, für Eltern generell, sei, ein Kind zu verlieren, und dass sie ihre Tränen manchmal nicht zurückhalten könne. Aber dann kam das Herzstück des Briefs:

In diesem Jahr schenke ich dir zum Geburtstag eine Liste all der Dinge, für die ich gelernt habe, dankbar zu sein, seit du im Himmel bist.

Jackie war dankbar, ihre Töchter gekannt und wahre Liebe erfahren zu haben, sie war dankbar für ihren Glauben und all die kleinen Dinge, die ihre Freunde für sie taten – *ein Gebet sprechen, eine Karte schicken, auf einen Kaffee vorbeikommen, mir Kasey für eine Stunde abnehmen, damit sie Spaß hat, während ich meine Trauer ausleben kann ... dies bedeutet mir alles.* Insgesamt standen auf der Liste acht Gründe, dankbar zu sein.

Als ich den Brief las, traten mir Tränen in die Augen. Trotz des ungeheuren Verlusts fand Jackie noch immer Zugang zu Dankbarkeit.

Nach meinen Begegnungen mit Jackie und Lora beschäftigte mich die Frage, warum Dankbarkeit in einem derart engen Verhältnis zu schwierigen Lebensumständen steht. Jackie war keineswegs dankbar für den unermesslichen Verlust, den sie erlitten hatte – das wäre jenseits alles Vorstellbaren. Aber wie Lora suchte sie nach den kleinen Momenten des Glücks und fand sie mit Hilfe dessen, was ich «bewusste Dankbarkeit» nannte. Beide führten Dankbarkeitslisten und suchten nach Gründen, die Welt um sich herum wertzuschätzen.

Da fiel mir ein Kommilitone aus College-Zeiten ein. Jamie McEwan war ein paar Jahre älter als ich und so etwas wie eine Berühmtheit, ein Held. Er hatte damals einige Urlaubssemester beantragt, um für die Olympischen Spiele in München zu trainieren, bei denen er 1972 als erster amerikanischer Medaillengewinner im Kanuslalom Bronze gewann. Nach seiner Rückkehr an die Uni nahm er als Mitglied der Ringermannschaft an Wettkämpfen teil, über die ich in der College-Zeitung berichtete. Ich sah ihm gerne zu, denn er war gutaussehend, stark, sehr klug und hatte dieses provokante Funkeln in den

Augen. Er trat im Mittelgewicht an, was ich vermutlich nur deshalb noch weiß, weil er so muskelbepackt war, dass er die Gewichtsklasse unter 74 Kilogramm nie schaffte.

Er heiratete seine Kommilitonin Sandra Boynton, die für ihre intelligenten Kinderbücher und Grußkarten berühmt wurde. Wir hielten nur sehr sporadisch Kontakt, aber ich wusste, dass die beiden in Lakeville, Connecticut, ein Haus mit einem riesigen Grundstück besaßen, vier Kinder und diverse Hunde hatten und dass Jamie den Fluss in ihrer Nähe für seine Kanuslaloms abgesteckt hatte.

Das Bilderbuchleben eines Bilderbuchpaares.

Umso entsetzter war ich, als ich vor ein paar Jahren nach einer neuerlichen Kontaktaufnahme erfuhr, dass man bei ihm gerade ein Multiples Myelom diagnostiziert hatte, eine Art Blutkrebs. Wir trafen uns mit unseren Ehepartnern zum Abendessen in der Stadt, und als sich Jamie anschließend einer Reihe von aufreibenden Behandlungen unterzog, telefonierten wir wieder häufiger miteinander.

Vor etwa einem Jahr fuhr ich zu ihm nach Lakeville. Der zuvor so kräftige Mann war durch die Krankheit dünn und deutlich kleiner geworden, sein lebhafter Geist aber war ungebrochen. Voller Freude zeigte er mir das typisch amerikanische Schnellrestaurant, das Sandra in Originalgröße und im Wesentlichen mit Fundstücken von eBay auf ihrem Grundstück gebaut hatte. Als wir mittags zusammen essen gingen, funkelten seine Augen wie eh und je, und in seiner Stimme klang Entschlossenheit durch. Er hatte an mehreren medizinischen Versuchen teilgenommen, doch bisher hatte keine Therapie angeschlagen. Als wir uns über Dankbarkeit unterhielten, bedachte er mich mit seinem anziehenden schiefen Grinsen.

«Dankbarkeit? Verflixt, was sonst bleibt mir noch?», fragte er.

Er liebte Sandra und seine Kinder über alles und war froh, mit den Kids noch Ski laufen und überall hinreisen zu können. Mit seinem Sohn Devin hatte er sich früher im Kanu Wettrennen geliefert. Wenn sie jetzt zu Wettkämpfen fuhren, begnügte sich Jamie mit der Stoppuhr anstelle des Paddels. Es machte ihn jedoch glücklich, seinen Sohn bei diesem Sport zu sehen. Wenn du nicht mehr alles tun kannst, dann sei für das dankbar, was du noch kannst.

Ich bin sicher, dass sich Jamie, wenn er allein war, seiner Verzweiflung hingab (wer würde das nicht?), doch in der Öffentlichkeit wahrte er seine optimistische und fröhliche Haltung. In seinem Internetblog berichtete er von den Fortschritten seiner medizinischen Behandlung, beispielsweise von seinem Befinden nach einer Stammzellentransplantation, für die er zwei Wochen in die Klinik musste und nach der er es als Geschenk empfand, einfach nur am Leben zu sein. «Gestern Nachmittag haben sie mich aus dem Krankenhaus nach draußen befördert, und als ich ins Freie kam, standen die Maiblumen in voller Pracht. Da sind diesem hartgesottenen Kerl hier doch tatsächlich die Tränen in die Augen getreten», schrieb er.

Jamie und ich hatten vor, uns erneut zu treffen. «Du solltest eigentlich ein ganzes Kapitel in meinem Buch kriegen», neckte ich ihn. Wenn es jemandem wie ihm gelang, dankbar zu bleiben, konnte sich niemand herausreden, er bringe es nicht fertig. Ich wollte ihm sein Geheimnis entlocken, doch er sagte, es gebe keins. Die Sache sei ganz einfach: Man müsse sich lediglich klarmachen, dass Dankbarkeit über die Verzweiflung siege, und entsprechend leben.

Ich sah Jamie leider nicht wieder und war unendlich traurig, als ich von seinem Tod erfuhr. Seine positive Haltung hätte ihn eigentlich bis in alle Ewigkeit am Leben erhalten müssen, aber Krebs, das Leben, Gott und Darwin gehorchen nun mal eigenen Regeln. Jamie schenkte der Welt sein Lächeln und begegnete allem mit Dankbarkeit, was immer das Leben für ihn bereithielt. Wir wissen alle nicht, wie viele Tage uns noch bleiben, wir können lediglich dafür sorgen, dass jeder einzelne davon zählt. So wie Jamie. Ich bin sehr dankbar, ihn gekannt zu haben.

Im Zusammenhang mit Jamie musste ich an Jane Green denken und verabredete mich mit ihr zum Kaffee. Jane, inzwischen Bestsellerautorin von Romanen, hatte ich kennengelernt, als sie in meinem Auftrag für *Parade* Hugh Grant interviewte. Zu dem notorisch zugeknöpften Schauspieler eine hübsche Engländerin zu schicken war ein kluger Schachzug gewesen. Sie kochten zusammen ein Abendessen und freundeten sich auf der Stelle an (und wir bekamen eine tolle Titelgeschichte). Kürzlich hatte ich gehört, dass sie am Malignen Melanom erkrankt war, und sie hatte sich kaum hingesetzt, da berichtete sie mir schon, dass die Operation erfolgreich gewesen sei. Das Ergebnis stimmte sie zwar froh, vor allem aber überwältigte sie die Woge der Dankbarkeit, die sie vor der Operation empfunden hatte – gegenüber ihrem Mann, dem Leben, der Familie und Freunden.

«Die Zeit zwischen Diagnose und Eingriff hätte eigentlich die schlimmste sein müssen, dabei war sie das gar nicht», sagte sie, während sie sich die dichten Locken zurückstrich. «Ich habe einen Zustand ungeheurer Dankbarkeit erlebt. Alles erschien mir auf einmal heller und viel schöner. Das hätte ich nie erwartet. Aber wenn man gezeigt bekommt, dass das Leben nicht unendlich ist, weiß man viel besser zu schätzen, was es uns im Überfluss schenkt.»

Kurz vor der Krebsdiagnose hatte Jane täglich Nachrichten von einem Freund bekommen, in dessen Leben es gerade drunter und drüber ging. Seine Frau hatte ihn verlassen, er war in ein schreckliches Apartment gezogen, musste darum kämpfen, seine Kinder sehen zu dürfen, und hatte zu allem Übel auch noch seinen Job verloren. Doch jeden Morgen schrieb er eine Dankbarkeitsliste und schickte sie Jane. Sie fand es erstaunlich, dass er sich trotz all seines Kummers nach dem Aufwachen entschied, dankbar zu sein.

«Wenn du merkst, wie Dankbarkeit wirkt, wird dir klar, wie stark sie dich verändern kann», sagte sie. Als sie dann selbst in eine schwierige Situation geriet, beschloss sie, dem Beispiel ihres Freundes zu folgen. Nach einer solchen Diagnose ist der Ausgang ungewiss, dennoch arbeitete sie ganz gezielt daran, positiv zu denken. Immer wenn sie in den Wochen vor der Operation in eine Abwärtsspirale der Angst geriet, richtete sie sich auf, indem sie sich drei Gründe überlegte, dankbar zu sein.

«Ich habe es bewusst getan, denn zu niemandem kommt die Dankbarkeit von ganz allein», meinte sie lachend. «Aber je häufiger du dich darum bemühst, umso eher geht es dir in Fleisch und Blut über.» Dass sie auf den Verlauf ihrer Krankheit keinen Einfluss hatte, versuchte sie dadurch auszugleichen, dass sie es annahm und dankbar war. «Wenn du dich darüber aufregst, dass etwas nicht so ist, wie du es gerne hättest, verschwendest du bloß deine seelische Energie. Probleme entstehen dadurch, dass du gegen den Lauf des Lebens ankämpfst. Nimmst du dagegen an, was das Leben dir beschert, ebnest du den Weg für einen Frieden, den du sonst nicht finden würdest», sagte sie.

Jane berichtete, dass sie vor der Operation häufig gebetet habe. «Nicht darum, dass ich wieder gesund werde, denn ich glaube nicht, dass Gebete etwas verändern. Nein, ich habe darum gebetet, meine Situation mit Kraft und Würde bewältigen zu können, egal, wie es kommt.»

Jackie, Jamie, Lora und Jane haben schwere Schicksalsschläge erlitten, doch anstatt sich unterkriegen zu lassen, stützten sie sich auf Dankbarkeit, um besser damit umzugehen. Dies geschah ganz bewusst mit Hilfe von Tagebüchern oder Erinnerungslisten – Methoden, die jeder von uns in jeder Lage durchführen kann. Die vier unternahmen jeder für sich ganz gezielte Anstrengungen, um das Dunkel zu überwinden und einen Hoffnungsschimmer zu sehen, und das nicht nur einmal, sondern immer wieder. Jeden Tag aufs Neue. Dankbarkeit zu empfinden kostete sie alle einige Mühe, doch die Anstrengung lohnte sich für sie.

Auf der Suche nach weiteren Personengruppen, die in schweren Zeiten auf Dankbarkeit zurückgriffen, stieß ich immer wieder auf ... Häftlinge. Viele der wegen Körperverletzung oder Betrug Verurteilten erklärten, das Gefängnis sei die beste Haurucktherapie, die sie sich vorstellen konnten. Ein Sportler beschrieb seine Haftstrafe als «wirklich gute Sache». Er sei «irgendwie dankbar», hinter Gittern gewesen zu sein, weil er sich darauf gefreut habe, wieder mit dem Training beginnen zu können. Ein Politiker stellte voller Dankbarkeit fest, er sei nach seiner Haftstrafe ein besserer Mensch und viel besserer Vater geworden, während ein Modeschöpfer nach seiner Verurteilung wegen Versicherungsbetrugs einen neuen Sinn im Leben und eine neue Frau fand. Und der weibliche Star einer Realityshow meinte vor Antritt ihrer 15-monatigen Haftstrafe, ihr Mann müsse nun ein engeres Verhältnis zu ihren gemeinsamen vier Kindern aufbauen, und «dafür bin ich wirklich dankbar».[4]

Warum waren die ehemaligen Häftlinge dankbar für eine Situation, die ein jeder nach besten Kräften zu vermeiden sucht? Eine Haftstrafe erschien mir nicht gerade als ein angenehmes Erlebnis. Im Gegensatz zu Jackie, Lora und Jamie waren sie nicht dankbar trotz, sondern wegen der schwierigen Umstände, in den sie steckten. In Anlehnung an die bewusste Dankbarkeit meiner Freunde prägte ich für die unbewusste Reaktion, einer unangenehmen Situation einen läuternden Effekt abzugewinnen, den Begriff «reaktive Dankbarkeit». Der Harvard-Psychologe David Gilbert beschrieb ein «psychologisches Immunsystem», das immer dann aktiv wird, wenn wir etwas nicht ändern können. So, wie uns das Immunsystem unseres Körpers bei der Heilung von Krankheiten unterstützt, verhilft uns das psychologische Immunsystem zu dem nötigen Durchhaltevermögen, um uns von einer emotionalen Belastung zu erholen.

---

4 Die hier erwähnten dankbaren Häftlinge sind der Kickboxer Jeremy Stephens, der Schuhmogul Steve Madden und Teresa Giudice aus der Serie *Real Housewifes*. Es gibt aber noch viele mehr.

Wie Menschen auf traumatische Erlebnisse reagieren, lässt sich oft nicht vorhersagen. Wenn Sie beispielsweise eine Haftstrafe erfolgreich abgewendet haben, dann jedoch wegen eines in der Steuererklärung nicht angegebenen Kontos in einem Steuerparadies eingelocht werden, suchen Sie verzweifelt nach dem Nutzen dieser Erfahrung. Vielleicht steht Ihnen die Gefängniskluft, oder Sie haben eine gute Idee, wie sich daraus ein neuer Modetrend machen ließe. Gegen 1750 verfasste Voltaire, der Philosoph der Aufklärung, die pikarische Novelle *Candide oder der Optimismus*. Sie handelt von einem jungen Mann, der auf seinem Lebensweg von einer Katastrophe nach der anderen gebeutelt wird. (Leonard Bernstein hat nach dieser Vorlage eine nach wie vor sehr beliebte Operette geschrieben.) Bei jedem neuen Unheil wird Candide von seinem Lehrer Pangloss daran erinnert, dass es im Interesse «der besten aller Welten» geschehe.

Was Voltaire satirisch gemeint hatte, trifft in gewissem Sinn auf uns alle zu. Wir sind wie Pangloss: dankbar für diese beste aller Welten. So stellte der Harvard-Psychologieprofessor Dr. Daniel Gilbert fest, dass erstaunlich viele Menschen nach einem schweren Trauma erklärten, ihr Leben habe sich dadurch verbessert. Obwohl es nach einer Binsenweisheit klingt, behauptete er in seinem klugen Buch *Ins Glück stolpern*, vielen Leuten gehe es verdammt gut, wenn die Dinge verdammt schlecht liefen.

Während Dinge wie Dankbarkeitslisten oder die Treffen der Anonymen Alkoholiker unsere gezielte Aufmerksamkeit fordern, stellt sich die reaktive Dankbarkeit ein, ohne dass uns dies vollständig bewusst ist. Nach Dr. Gilberts Auffassung «kochen» wir die aktuellen Ereignisse geistig auf, wodurch der

Betroffene sie als weniger schrecklich erlebt, als ein Außenstehender annehmen würde. Als Beispiel führt er eine Heiratswillige an, die vor dem Traualtar im Stich gelassen wird – für die meisten von uns eine furchtbare Situation. Doch nachdem der Bräutigam ihr das Herz gebrochen und sie vor Angehörigen und Freunden gedemütigt hat, sucht ihr Gehirn nach einer weniger schrecklichen Interpretation. Darin sei es ein Profi, meinte Dr. Gilbert. So tröstet sich die verlassene Braut damit, lieber zu früh als zu spät erfahren zu haben, dass der Auserwählte nicht der Richtige ist. Ein sitzengelassener Bräutigam hingegen kann sich nun ungeniert mit der Brautjungfer treffen, auf die er ohnehin ein Auge geworfen hat.

Weil wir uns nicht bewusst sind, wie sich unser Geist zu unserem Schutz einschaltet, erscheinen uns mögliche schreckliche Szenarien in der Vorstellung beängstigender, als sie später dann tatsächlich waren. Dr. Gilbert fragte Menschen, wie sie sich fühlen würden, wenn sie ihren Job oder einen geliebten Menschen verlören oder wenn sie eine Prüfung oder ein Vorstellungsgespräch in den Sand setzten. Als er die Ergebnisse mit jenen von Probanden verglich, die diese Erfahrungen tatsächlich gemacht hatten, stellte sich heraus, dass wir grundsätzlich überschätzen, wie sehr und wie lange eine Situation uns belasten wird. Dabei lassen wir völlig außer Acht, dass nach Eintreten der gefürchteten Erfahrung unser psychologisches Immunsystem aktiv wird, um das Schreckliche erträglicher zu machen.

Menschen, die bewusste Dankbarkeit praktizieren, indem sie Dankbarkeitslisten führen oder Gutes mit Gutem vergelten, kräftigten dieses Immunsystem ganz besonders. Als die Fernsehköchin Martha Stewart 2004 wegen Meineids zu einer

Haftstrafe verurteilt wurde, war sie anfangs empört und zog gegen die vermeintliche Ungerechtigkeit des Systems zu Felde. Doch das Urteil wurde bestätigt, und als sie ihre Strafe antreten musste, setzte bei ihr die reaktive Dankbarkeit ein: *Es wird schon nicht so schlimm werden.* Zu Thanksgiving (einst ihr Lieblingsfeiertag) schickte sie eine Botschaft an ihre Unterstützer, in der es hieß, sie sei sicher untergebracht, fit und gesund. «Ihre guten Wünsche und Ihre Unterstützung bedeuten mir sehr viel, und ich bin ungeheuer dankbar», schrieb sie. Man muss es ihr hoch anrechnen, dass sie sogar noch einen Schritt weiterging. Ausgestattet mit 50 Dollar für die Festtagsdekoration des Gefängnisses, scharte sie die anderen Insassinnen um sich und las ihnen einen Teil von unzähligen Glückwunschkarten vor, die sie bekommen hatte. Sie wollte dafür sorgen, dass all jene, an die niemand gedacht hatte, ihre Feiertagsfreude teilen konnten. Nach ihrer Entlassung erklärte sie, sie sei dankbar, die Frauen dort kennengelernt und Einsicht in die Situation von Menschen auf der Schattenseite des Lebens gewonnen zu haben.

Wie Epiktet sagte: *Aus dem, was in unserer Macht steht, das Beste machen und alles andere so nehmen, wie es kommt.* Wenn wir ändern können, was uns unglücklich macht, dann sollten wir es auch ändern. Ist es hingegen einmal geschehen, vorüber oder unausweichlich, gibt es kein größeres Geschenk an sich selbst, als dankbar für alles zu sein, was das Leben uns bringt.

Ein Jobverlust hat zwar nicht die gleiche Dimension wie ein Unfall, eine Tragödie, eine Haftstrafe oder schwere Krankheit, kann aber trotzdem äußerst schmerzlich sein. Ich musste erst verstehen, wie sich Dankbarkeit in schwierigen Lebensumständen auswirkt, ehe ich es mir gestattete, über dieses Ereignis – die Kündigung, die (auf komplizierten Umwegen) zu der Begegnung mit Rose, dem Abend in der Oper und vielem anderen mehr geführt hatte – nachzudenken. Als Chefredakteurin von *Parade* war ich ganz oben gewesen. Die Zeitschrift war erfolgreich, fand überall Anklang: Wir brachten wegweisende Artikel, interviewten die wichtigsten Prominenten und hatten die besten Autoren. Doch dann nahm Walter Anderson, der das Unternehmen zwei Jahrzehnte geleitet hatte und zum Geschäftsführer aufgestiegen war, seinen Hut. Wir alle erwarteten, dass der überragende Generaldirektor seinen Posten bekommen würde, doch dem war nicht so. Überrascht erfuhren wir, dass ihn jemand von außen ersetzen sollte. Der neue Mann war zwar sympathisch und ein ordentlicher Anzeigenverkäufer, aber nicht von der energiegeladenen Autorität, die man zur Führung eines großen Unternehmens braucht. Als er immer mehr talentierte Mitarbeiter entließ, um seine eigenen Leute in der Redaktion unterzubringen, wiegte mich Walter in Sicherheit.

«Sie brauchen nichts zu befürchten, Janice. Er wäre dumm, wenn er Sie vor die Tür setzen würde.»

Nun ja, vielleicht war er tatsächlich dumm. Normalerweise ahnt man etwas, wenn ein Job zu Ende geht, doch diesmal sah ich es nicht kommen, ebenso wenig wie meine Kollegen. «Du warst wie ein General, der triumphierend den Sieg davonträgt und dem man dann die Epauletten von der Uniform reißt», meinte meine gute Freundin Susan später. «Niemand konnte es verstehen.»

In jener Zeit erschien mir die Entscheidung willkürlich und

ungerecht, und ich haderte damit, dass so vieles in der Wirtschaft (und im Leben überhaupt) von Launen abhing – dass der falsche Manager zur falschen Zeit, dass die Arroganz eines Einzelnen und nicht die eigene Leistung über die Zukunft entschieden. Als ich mich kürzlich mit Walter traf, saßen wir nach der Aufführung eines von ihm verfassten Theaterstücks hinter der Bühne und unterhielten uns über glückliche Fügungen. Wir beide hatten das Beste aus den Umständen gemacht – er als Bühnenautor und ich mit meinen Büchern – und fühlten uns wohl in dem neuen Lebensabschnitt. Als erst der kluge und geschickt agierende Herausgeber das Unternehmen verließ und dann auch ich, ging es mit *Parade* bergab. Aus den hohen Gewinnen von einst wurden hohe Verluste, nach nur wenigen Jahren kam das Ende, und die Zeitschrift wurde abgestoßen.

«Die Kündigung war das Beste, was Ihnen passieren konnte, meinen Sie nicht?», fragte Walter. Als ich ihn überrascht ansah, fuhr er fort: «Damals waren Sie zwar nicht glücklich darüber, aber wenn Sie geblieben wären, hätten Sie nur gelitten, als die Dinge den Bach hinuntergingen.»

Manchmal verhilft einem ein simpler Kommentar zu einer völlig neuen Sicht auf die Dinge. Nach Walters Einschätzung hatte der neue Geschäftsführer *Parade* direkt auf einen Eisberg zugesteuert, während ich bereits sicher im Rettungsboot saß.

«Soll ich also dankbar sein, dass ich rechtzeitig von Bord gegangen bin?», fragte ich Walter.

«Ja, Dankbarkeit ist hier wirklich angezeigt», meinte er, während seine Augen belustigt funkelten.

Als ich nach Hause ging, war ich nachdenklich. Manchmal bringt uns das, was auf den ersten Blick wie ein Rückschlag aussieht, einen großen Schritt nach vorne. Für das traurige Schicksal der Zeitschrift konnte ich nicht dankbar sein. Es wäre für alle besser gewesen, wenn man Walters vakanten Posten mit einer geeigneteren Person besetzt hätte, damit wir erfolgreich hätten weiterarbeiten können. Doch man arrangiert sich mit den Ereignissen und nimmt sie als neuen Ausgangspunkt.

Ganz unvermutet fiel mir eine Zeile aus Shakespeares *Wie es euch gefällt* ein. Der vom Hof verwiesene Herzog ergeht sich nicht in herrschaftlicher Wut, sondern spaziert durch die Wälder und «findet Schrift im Bach, in Steinen Lehre, Gutes überall».

Eine Möglichkeit, dies zu erkennen, war Dankbarkeit,

Seit der Kündigung hatte ich an interessanten Projekten gearbeitet, faszinierende Menschen kennengelernt und – durch Schrift im Bach und Lehre in den Steinen – viele neue Erfahrungen gesammelt. Dankbarkeit funktioniert am besten, wenn man nach vorn blickt, aber jetzt wollte ich es einmal mit Steve Jobs' Ansatz versuchen und im Rückblick die einzelnen Dankbarkeitspunkte miteinander verbinden. Zu Hause angekommen, nahm ich einen Bogen Papier und einen dicken Filzstift und schrieb eine Dankbarkeitsliste.

1. *So dankbar, dass Susan da war*

Meine gute Freundin Susan traf gefühlt wenige Minuten nach meinem Anruf bei mir im Büro ein. Sie half mir, meine Sachen zu packen, sorgte dafür, dass ich einen Abschiedsbrief an die Mitarbeiter verfasste, und übernahm das Ruder. Sie würde immer für mich da sein, wenn ich sie brauchte – das zeigte sie mir in diesem Moment.

2. Dankbar, dass sich mein Bruder für mich eingesetzt hat

Beruflich hatten sich unsere Wege nie gekreuzt, doch nun spürte mein älterer Bruder Bob, dass ich seine Unterstützung brauchte. Er machte mich mit einer Führungskraft aus dem Bereich digitaler Medien im Silicon Valley bekannt, was mir einen furchtbar coolen Auftritt als Beraterin in der Welt der Apps und eine ganze Reihe von neuen Kontakten und Freundschaften bescherte. Der Job machte mir großen Spaß und kam gerade zur rechten Zeit. Vor allem aber war ich meinem Bruder dankbar für seine Fürsorge mir gegenüber.

3. Dankbar für die Wut meines Mannes

Eine Woche nach meinem Fortgang bei *Parade* bat mich der neue Geschäftsführer um einen Gefallen und lud mich in ein Café ein. Mein sanfter, freundlicher und friedlicher Mann flucht eigentlich nie, aber nachdem man seine Frau entlassen hatte, schlug er vor, ihm einen Schlägertrupp zu schicken oder eine Wasserpistole mitzunehmen, um dem neuen Chef (hier folgte ein Kraftausdruck) auszutreiben. Sein Wutausbruch rührte mich. Ich hatte einen treuen Partner, der mich nicht im Stich ließ, welchen Kampf ich auch ausfechten musste.

4. Dankbar für die verständnisvollen Kollegen

Eine überaus bekannte Führungskraft aus der Medienbranche schickte mir nach meiner Entlassung unverzüglich eine E-Mail: «Die müssen verrückt sein. Sie sind die Beste. Kommen Sie zu mir und arbeiten Sie hier.» Das tat ich zwar nicht, aber beim Lesen der Mail musste ich lächeln.

Eine andere Kollegin lud mich zum Mittagessen ins *Michael's* ein, ein von den New Yorker Mediengrößen bevorzugtes Restaurant. Ich machte sie darauf aufmerksam, dass ich nicht mehr zu diesem Kreis gehörte und sie nicht in eine peinliche Situation bringen wolle.

«Wir gehen hin!», beharrte sie.

Michael, der Wirt, gab uns einen der besten Tische im ganzen Lokal, und als wir uns setzten, flüsterte er mir zu: «Das hat jeder schon mal durchgemacht ... oder hat es noch vor sich.»

Dies war das einzige Mal, dass ich einen Cobb-Salat – dieses eigentümliche Gericht aus der Kategorie Resteverwertung – mit Dankbarkeit verzehrte.

Beim Blick auf meine Liste wurde mir klar, dass ich spontan seitenweise weiterschreiben könnte. Ich wünschte, ich hätte sie schon früher erstellt – es wäre hilfreich gewesen. Glücklicherweise hatte ich jedoch bereits damals ein gewisses Gespür für Dankbarkeit gehabt. Nach meinem letzten Arbeitstag ertappte ich mich auf dem Nachhauseweg dabei, wie ich über die Veränderungen in meinem Leben nachdachte. Während ich den Tag von einer anderen Warte aus Revue passieren ließ, blieb ich auf der Kreuzung 48th Street und Third Avenue stehen und redete mit mir selbst. Vielleicht wurde in diesem Moment mein psychologisches Immunsystem aktiv. «Dein Leben hat sich nicht verändert. Du hast noch immer Ron und die Kinder, und du bist gesund. Du hast lediglich deinen Job verloren.» Eventuell auch den Verstand, jedenfalls den Blicken der Passanten nach zu urteilen, die einen Bogen um mich machten.

«Wenn sich eine Tür vor uns schließt, öffnet sich eine andere», heißt es so schön. Der Spruch wurde gemeinhin Alexander Graham Bell, Helen Keller oder der Bibel zugeschrieben, obwohl er ganz sicher nicht aus der Bibel stammt. Er geht nämlich weiter: «Wir starren oft so lange und voller Bedauern auf die geschlossene Tür, dass wir jene übersehen, die sich für uns geöffnet hat.» Für mich hatten sich so viele Türen und Fenster geöffnet, dass jede Menge frische Luft hereinströmte, die ich dankbar einatmete.

Bei meinen Recherchen zu Dankbarkeit in widrigen Lebensumständen stieß ich auf eine Geschichte über den Violinisten Itzhak Perlman und ein Konzert, das er in New York gegeben hatte. Unter dem Applaus des Publikums trat er auf die Bühne und humpelte mit seinen Gehhilfen, auf die er wegen seiner Polioerkrankung in der Kindheit angewiesen war, langsam zu seinem Platz. Nachdem er sich hingesetzt hatte, hob er die Geige ans Kinn und begann zu spielen. Nach nur wenigen Noten hörte man einen lauten Knall, als eine seiner Saiten riss. Er schloss die Augen, doch anstatt um eine neues Instrument zu bitten, gab er dem Dirigenten ein Zeichen, noch einmal von vorne zu beginnen.

Laut einem 2001 erschienenen Artikel des *Houston Chronicle* ist es nahezu unmöglich, eine klassische Symphonie auf nur drei Saiten zu spielen. Doch Perlman gelang es an jenem Abend. «Man konnte förmlich sehen, wie er die Phrasen im Kopf umstellte, veränderte und die Komposition umschrieb», hieß es in dem Artikel. Als ihm das Publikum anschließend begeistert zujubelte, lächelte Perlman und wischte sich den Schweiß von der Stirn. Dann sagte er nachdenklich: «Manchmal besteht die Aufgabe des Künstlers darin, herauszufinden, wie viel Musik man mit dem machen kann, was einem geblieben ist.»

Was für eine schöne Geschichte! Ein versehrter Körper, ein

versehrtes Instrument und ein Künstler, der dankbar dafür war, mit dem musizieren zu können, was ihm geblieben war.

Nur leider hat sie sich meiner Ansicht nach nie ereignet. Kein Musikkritiker berichtete damals von dem Vorfall, und der Artikel im *Houston Chronicle* gehört wohl eher in die Sparte moderner Legenden als zu den ernst zu nehmenden Nachrichten.

Trotz ihrer ungeklärten Herkunft hält sich die Geschichte hartnäckig, weil sie in uns (ähem) eine Saite zum Klingen bringt. Wir alle wissen aus eigener Erfahrung, dass das Leben gelegentlich schwer sein kann. Körper nehmen Schaden, Saiten reißen, Kinder sterben bei tragischen Unfällen, und Arbeitsplätze werden «unrechtmäßig entwendet». Vieles können wir nicht verstehen. Dankbarkeit hilft uns, in dem Chaos einen Sinn – und eine gewisse Art der Zufriedenheit – zu finden.

13

Selbstlos dem Leben begegnen

*Dankbar für die Erkenntnis, dass Dankbarkeit mehr
ist, als ein Gefühl und Handeln bedeuten*

Glücklich, Befriedigung im Geben zu finden

*Froh, überall auf Dankbarkeit zu stoßen, in welcher
Form sie auch dargestellt wird*

Ich saß in der ersten Reihe des kleinen Broadway-Theaters
Circle in the Square. Auf der Bühne, keine zwei Meter von mir
entfernt, stand Hugh Jackman und spielte seine Rolle in *The
River* mit einer stillen Intensität, die auf die Zuschauer fesselnd
wirkte.

Nach dem Ende der Aufführung verbeugte sich die kleine
Besetzung, anschließend kehrten die Akteure noch einmal auf
die Bühne zurück.

«Gibt es hier jemanden, der zum ersten Mal in einem Broad-
way-Theater ist?», fragte Jackman, der das Beherrschte seiner
Rolle abgelegt hatte und wieder zu seiner eigenen charmanten,
temperamentvollen Art zurückgekehrt war.

Als zwei junge, nebeneinandersitzende Frauen die Hand
hoben, scherzte Jackman, bis auf diese beiden Broadway-Jung-
frauen wüssten ja wohl alle, was jetzt auf sie zukäme. Es sei
die Jahreszeit, in der Schauspieler aus ihren Rollen heraus-

träten, um Spenden für *Broadway Cares / Equity Fights AIDS* zu sammeln, eine wichtige gemeinnützige Organisation, die das Glück hatte, dass sich viele gutaussehende Stars für sie einsetzten. Ein jeder möge so viel Bargeld, wie er erübrigen könne, in den Topf im Eingangsbereich werfen oder für 100 Dollar ein von den Schauspielern signiertes Plakat von *The River* kaufen, bat Jackman.

Dann blitzte sein unwiderstehliches Lächeln auf, und er verkündete, sogar noch mehr Geld sammeln zu wollen, indem er etwas feilbot, das ein Mitglied des Ensembles getragen hatte. Nein, nicht das rote Kleid seiner Kollegin. (Sie lächelte ihn peinlich berührt an.) Er deutete auf sein Shirt aus der letzten Szene.

«Schamlose Ausbeutung im Dienst einer guten Sache! Ich versteigere dieses schweißnasse T-Shirt hier, und der Meistbietende darf mich hinter der Bühne besuchen.» Scherzhaft spielte er auf das angeblich dort stehende Bett an (in dem Stück hatten sich die Darsteller mehrfach in das vermeintliche Schlafzimmer zurückgezogen) und nahm eine der Weinflaschen in die Hand, die zu den Requisiten gehörte. «Das Ganze begießen wir dann mit diesem edlen Tropfen von zweitausendsieben.»

Als er Gebote einforderte, schnellte der Preis rasch nach oben. «Wenn Sie nicht mitbieten wollen, dann verzichten Sie lieber darauf, sich die Haare zu richten», neckte er eine Zuschauerin, die den Arm nur halb hob. Er legte noch ein zweites T-Shirt obendrauf für denjenigen, der mit dem Höchstgebot (inzwischen waren wir bei 6000 Dollar) mithalten wollte. All jene, denen der Spaß 2000 Dollar wert war, lud er auf die Bühne ein, um sich mit ihm fotografieren zu lassen. Jackman war so charmant, dass eine Frau in der Reihe hinter mir flüsterte: «Vielleicht sollte ich mein Sparschwein schlachten.»

Der Schauspieler versteigerte nicht zum ersten Mal ein T-Shirt von sich. Während der über zehn Wochen ausverkauften Revue *Hugh Jackman, Back on Broadway* im Jahr 2010 endete so gut wie jede Vorstellung damit, dass er sein weißes Oberhemd aufknöpfte und sein verschwitztes T-Shirt versteigerte. Er signierte es sogar. An einem der Abende waren zwei Bieter bereit, jeweils 25 000 Dollar dafür zu zahlen. Während der Spielzeit sammelte er für *Broadway Cares / Equity Fights AIDS* nahezu 1,8 Millionen Dollar.

Hätten Hugh Jackmans abgelegte Kleidungsstücke auch so viel eingebracht, wenn es nicht für einen guten Zweck gewesen wäre? Vielleicht. Manche Fans verlieren leicht das rechte Augenmaß in ihrer Verehrung für den Star. Aber weil es bei der Versteigerung um eine gute Sache ging, war an dem Kauf (und Verkauf) eines verschwitzten T-Shirts nichts Ungebührliches. Zudem gab es dem Schauspieler die Möglichkeit, aus dem ganzen Rummel um seine Person einen Nutzen zu ziehen. Die meisten Stars begegnen ihren Fans mit Wertschätzung, da sie erst durch sie zu Geld und Ruhm gekommen sind, allerdings ist auch oft Argwohn im Spiel. Schließlich wissen sie nie, wann ihnen einer ihrer Verehrer in seiner glühenden Anbetung die Kleider vom Leib reißen will. Jackmans Geniestreich bestand darin, dass er seinen Fans für ihre Zuneigung dankte und sie zugleich so ummünzte, dass sie der Allgemeinheit zugutekam. Bislang hatte ich ihn für sein schauspielerisches Talent und sein Charisma bewundert, die Versteigerung im Dienst der Nächstenliebe nötigte mir jedoch mehr Respekt ab als alles andere.

Als ich an jenem Abend nach Hause kam, fasste ich den Entschluss, im kommenden Monat meine Freude daraus zu beziehen, dass ich aus der gleichen Dankbarkeit heraus gab wie Hugh Jackman. Ich wollte mich an seiner Einstellung orientieren, da ich ihm in Sachen Charisma oder Talent nicht mal annähernd das Wasser reichen konnte (zumal er mit durchtrainierten Oberarmen, perfekt modellierten Bauchmuskeln, einem schlanken Körper, schelmisch funkelnden Augen, geschmeidigen Bewegungen und allerlei mehr ausgestattet war). Wenn ich herausfand, was Menschen dazu bewog, aus Dankbarkeit etwas für andere zu tun, würde es mir vielleicht ebenfalls Zufriedenheit schenken, mich für eine gute Sache einzusetzen.

Um mich dem Thema anzunähern, besuchte ich Henry Timms, auf Charity-Ebene eine Figur vom Kaliber Hugh Jackmans und jemand, der in einer Stunde mehr gute Einfälle hat als viele von uns in einer Woche (oder vielleicht sogar im ganzen Leben). Der hochgewachsene Mann mit den breiten Schultern redet ungewöhnlich schnell, und das mit einem vornehmen britischen Akzent, der ihn in den Ohren eines Amerikaners von vornherein klug erscheinen lässt. Dem ersten Eindruck nach hätte er in einem britischen Internat sowohl den Computerclub als auch die Rugby-Mannschaft leiten können.

Henry war in London aufgewachsen, sein Vater war ein britischer Archäologe, und seine Mutter stammte aus Texas.

«Sie war so klug, einen Engländer zu heiraten, was ich Frauen nur empfehlen kann», sagte er, als wir in seinem Büro des Kultur- und Gemeindezentrums 92nd *Street* Y Platz nahmen, dessen leitender Direktor er war. Henry, Ende 30, verheiratet, zwei Kinder, wollte durch die Fusion von Technologie und

Nächstenliebe einige Dinge in der Welt verändern. Als Kind habe er jedes Jahr die Schulferien in den Vereinigten Staaten verbracht, um die Familie seiner Mutter zu besuchen, erzählte er mir. «Ich habe das Land immer als wunderbar großzügig empfunden, alles war so lebendig und dynamisch. Einmal gingen wir zur Heilsarmee in Austin, und als ich mitbekam, dass die Leute dort gezielt warme Kleidung für den Winter sammelten, wurde mir klar, dass das Teilen und die Sorge um den Nächsten hier eine zentrale Rolle spielen.»

Einen seiner bedeutendsten Einfälle hatte er vor einigen Jahren an Thanksgiving. Als er mit seiner Frau und ein paar Freunden beim Essen saß, kamen sie auf diesen Feiertag zu sprechen, der sich aus den Wörtern «*thanks*» wie «danke» und «*giving*» wie «geben» zusammensetzte. Sie fragten sich, wie die Bedeutung der beiden Begriffe ausgerechnet in der Weihnachtszeit, die dieser Tag einläutete, so völlig außer Acht gelassen werden konnte. Stattdessen gab es den «*Black Friday*» und den «*Cyber Monday*», bei denen es ausschließlich ums Einkaufen ging.

Am Ende des Abends war der «*#Giving Tuesday*», der «#Dienstag des Gebens», geboren.

Ich kannte Henry schon seit einigen Jahren – wir wussten beide nicht mehr, wann und wie wir uns begegnet waren – und hatte einige der ersten von ihm veranstalteten Treffen zu *#Giving Tuesday* besucht. Er versammelte gern Menschen aus den verschiedensten Bereichen in einem Raum, stellte die Idee vor und wartete dann ab, was geschah.

Innerhalb von zwei Jahren war es *#Giving Tuesday* gelungen, Tausende von Firmen und gemeinnützige Organisationen als Unterstützer zu gewinnen, die sich nur zu gern beteiligten. Ich hatte Henry damals erklärt, er könne stolz sein auf das, was in dieser kurzen Zeit aus seiner Idee entstanden sei. Er sei der lebende Beweis, dass eine Einzelperson große Veränderungen in der Welt bewirken könne.

«Ich betrachte mich nicht so gern als Held», sagte er, als ich das Kompliment nun noch einmal aufgriff. «Sicherlich ist es eine interessante Geschichte, wenn eine dynamische Führungspersönlichkeit am Küchentisch eine Idee ausbrütet. Aber sie stimmt einfach nicht.»

«Nein, soweit ich weiß, war es der Esszimmertisch», neckte ich ihn.

Henry schüttelte den Kopf. Es passte ihm nicht, dass ihn die Leute als zentrale Figur der Bewegung wahrnahmen. Für ihn war es vielmehr ein Ausdruck der «alten Machtverhältnisse»; jemand hatte ein Programm entwickelt, das andere aufnahmen und ausführten. Er wolle für «neue Machtverhältnisse» sorgen, in denen die Idee nicht von oben nach unten vermittelt, sondern von einer Gemeinschaft Gleichgesinnter getragen wird, bei denen das Teilen und die Sorge um den Nächsten im Mittelpunkt stehen. «Wir wollen einen Raum schaffen, in dem Menschen mit ähnlichen Werten zusammenfinden. Dadurch trägt sich die Idee irgendwann selbst», sagte er.

Die «ähnlichen Werte» waren in diesem Fall gleichbedeutend mit Dankbarkeit und Geben. Wenn man die beiden Impulse miteinander verband, entstand (hoffentlich) eine Endlosschleife der Positivität: Man zeigt seine Dankbarkeit, indem man anderen etwas gibt, und erzeugt dadurch weitere Dankbarkeit.

«Dankbarkeit ist nicht bloß eine angenehme Empfindung. Am klarsten zeigt sie sich im Handeln. Es geht dabei weniger ums Fühlen als vielmehr darum, etwas zu tun. Und das können die Amerikaner bekanntlich gut», meinte Henry.

Die Amerikaner können sich aber auch genauso gut mit sich selbst beschäftigen. 2013 erklärte das *Oxford Dictionary* «*selfie*» zum Wort des Jahres. Zur selben Zeit prägte *#Giving Tuesday* den Begriff «*unselfie*». Während sich beim Selfie alles um die eigene Person dreht, kümmert man sich mit einem Unselfie um andere. Das können simple auf Twitter, Facebook oder Instagram gepostete Fotos des oder der Betreffenden mit einem Schild sein, auf dem steht, wofür er oder sie sich einsetzt oder wie sich der Hunger auf der Welt bekämpfen lässt. Die *Huffington Post* nannte dieses Phänomen «die Antithese zu der in den sozialen Medien üblichen Nabelschau».

Man kann in den sozialen Medien problemlos polarisierend und zerstörerisch wirken, doch die reaktionsschnellen Formate machen es zugleich um ein Vielfaches leichter, dankbar und mitfühlend aufzutreten. «Es gibt darin Möglichkeiten, das Beste von dem zu feiern, was uns als Menschen ausmacht», erklärte Henry Timms. «Ein Unselfie ist die Momentaufnahme eines dankbaren Menschen.»

Als Henry Dankbarkeit mit einem Muskel verglich, den wir alle trainieren müssen, erzählte ich ihm von meinem Dankbarkeitsjahr und den persönlichen Veränderungen, die damit einhergingen. Er nickte nachdenklich – offenbar hatte sich sein Ideengenerator aktiviert.

«Sie brauchen für den Schluss des Buches noch irgendeine dramatische Katharsis», meinte er. «Ein ganzes Jahr voller Dankbarkeit muss mit einem richtigen Höhepunkt enden, so wie im Film. Wollen Sie nicht vielleicht Nonne werden?»

Weil ich Henry so schätzte, nahm ich den Vorschlag im

ersten Augenblick ernst. Aber nichts da – ich hatte Mann und Kinder. Das Kloster kam nicht in Frage.

«Überlegen Sie nur weiter. Der Gedanke ist gut, allerdings wäre mir eine Katharsis ohne Keuschheitsgelübde lieber», erwiderte ich.

Wir lachten, und nachdem ich mich von Henry verabschiedet hatte, trat ich beschwingt vor die Tür. Nach den vielen Monaten der Dankbarkeit war ich mit meiner Ehe, den Kindern, der Arbeit und Freunden zufriedener denn je. Die Dankbarkeit hatte mich und einige Menschen in meiner Umgebung verändert, aber vielleicht konnte sie ja noch viel mehr bewirken? So, wie sie ausgelegt war, sorgte sie im Alltag für eine Haltung wie bei einem Unselfie, denn sie richtete die Linse nicht auf das Ich, sondern auf die Außenwelt. Wenn man diese Außenwelt schätzte, dann wollte man auch eher daran mitwirken, sie zu verbessern.

Mir gefiel Henrys Bild, den Dankbarkeitsmuskel durch Geben zu trainieren. Etwas schwieriger war es, eine Möglichkeit zur praktischen Umsetzung dieses Konzepts zu finden. Ungefähr 350 v. Chr. betonte Aristoteles: *Dankbarkeit gilt dem, der gibt*, und in seiner berühmten *Nikomachischen Ethik* steht darüber hinaus: *Allein das Richtige zu bestimmen in Hinsicht auf Person, Ausmaß, Zweck und Weise (...) ist des Lobes wert und es ist edel*. Vielleicht wusste man damals besser als heute, was das «Richtige» war.

Seit Aristoteles haben etliche andere Philosophen gerechte und rationale Gründe definiert (und deren gibt es viele), weshalb wir Menschen in Not helfen sollten. Psychologen (und all jene, die für wohltätige Zwecke Spenden sammeln) wissen, dass moralische Prinzipien kaum etwas damit zu tun haben, warum wir etwas geben. In einer Studie präsentierte man den Teilnehmern verschiedene bedrückende Szenarien – in einem afrikanischen Land litten drei Millionen Menschen an Unterernährung, oder Millionen Menschen mussten aus ihrer Heimat flüchten – und fragte sie dann, welchen Betrag sie spenden würden. Anschließend berichtete man ihnen von einer einzelnen hilfsbedürftigen Person. Im Durchschnitt wollten die Probanden der in Not geratenen Einzelperson das Dreifache von dem zukommen lassen, was sie für das gravierende Problem auf globaler Ebene zu spenden bereit waren. Eine der einfachsten unter den vielen möglichen Erklärungen dafür lautet: Wenn wir einem Mitmenschen gegenüberstehen, wird uns erst klar, wie gut es uns geht, dass unser Leben durch die Willkür des Schicksals aber auch leicht einen ganz anderen Verlauf nehmen könnte. Sind wir dann dankbar? Sicher doch!

Gegen Ende des 18. Jahrhunderts leistete Adam Smith einen Beitrag zur Begründung unseres modernen Wirtschaftssystems, als er in seinem Buch *Wohlstand der Nationen* schrieb, der Mensch sei durch Eigennutz motiviert. Wenn wir von einem Kaufmann etwas haben wollten (vom Fleischer, Brauer oder Bäcker), sollten wir ihm gegenüber nie von unseren eigenen Bedürfnissen sprechen, sondern hervorheben, welche Vorteile er dadurch hat. Dagegen war prinzipiell nichts einzuwenden. Denn die eigenen Interessen zu verfolgen diente letztlich dem Interesse der Allgemeinheit.

Konservative Politiker zitieren den «Urvater der Ökonomie» gerne als Verfechter eines freien Marktes, von dem letztlich jeder profitiert. Adam Smith betonte aber auch die Bedeutung von Dankbarkeit. Als Moralphilosoph befasste er sich in seinem Erstlingswerk *Theorie der ethischen Gefühle* mit unseren sozialen Beziehungen und unserem Streben, ein tugendhaftes Leben zu führen. Seiner Meinung nach besitzen wir eine naturgegebene Neigung zu Mitgefühl und Barmherzigkeit, und das Wohlbefinden unserer Mitmenschen liegt uns am Herzen. Als schlechteste aller menschlichen Eigenschaften bezeichnete er die Missgunst, als beste die Dankbarkeit.

In der geschliffenen Prosa des 18. Jahrhunderts beschrieb Smith Dankbarkeit als ein Gefühl, das in uns die bewundernswertesten Züge weckt. Wenn uns jemand hilft, empfinden wir «dankbare Zuneigung», die uns dazu bewegt, das Empfangene zurückzugeben, indem wir anderen etwas Gutes tun. Oft bewundern wir Menschen, die anderen helfen («scheint sein Wohltäter in dem gewinnendsten würdigsten Licht vor uns zu stehen»), und Geben, Sich-Bedanken und Dankbarkeit führen zu einer freundlicheren Gesellschaft. Smith beschreibt die Dankbarkeit als ein Gefühl, das uns unmittelbar zum Belohnen antreibt.

Als ich eingehender darüber nachdachte, wurde mir klar, wieso der große Adam Smith Dankbarkeit und Barmherzigkeit in einem Atemzug mit Eigennutz verwendete. Ganz einfach: weil sie manchmal aufeinandertreffen.

Ich setzte mich mit Peter Sagal in Verbindung, dem Moderator der populären Radiosendung *Wait, Wait, Don't Tell Me* auf National Public Radio. Wir hatten schon häufiger miteinander gesprochen, und ich fand ihn privat ebenso schlagfertig und lustig wie im Radio. Inzwischen hatte ich von seiner rührenden Geschichte im Zusammenhang mit dem Bombenattentat beim Boston-Marathon erfahren. Der routinierte Läufer Sagal hatte gerade die Ziellinie überquert und stand 30 Meter von der Stelle entfernt, an der die erste Detonation erfolgte. Die Bombe explodierte exakt vier Stunden und neun Minuten nach dem Startschuss. Normalerweise hätte Sagal für die Marathonstrecke eine Stunde weniger gebraucht und wäre gar nicht mehr in der Nähe gewesen. Doch anstatt seiner persönlichen Bestzeit hinterherzujagen, hatte er sich diesmal als Führer eines blinden Läufers zur Verfügung gestellt.

Sagal erklärte mir am Telefon, trotz des Anschlags sei er im darauffolgenden Jahr wieder als freiwilliger Helfer mitgelaufen und werde es auch weiterhin tun. Er war froh, andere unterstützen zu können, anstatt sich nur um sich und seine Bestzeit zu kümmern. «Beim Laufen ist man ganz auf sich gestellt und ausgerichtet», sagte er. «Hat man das selbstgesetzte Ziel einmal erreicht, erscheint es, wie bei so vielen anderen Dingen, nicht mehr wichtig. Ich würde ja gern behaupten, dass ich von selbst auf die Idee gekommen sei, als Führer mitzulaufen, aber ehrlicherweise habe ich eine E-Mail mit der Anfrage bekommen. Es erschien mir als gute Möglichkeit, mich neu zu motivieren.»

Das zumindest hat funktioniert. Jener Lauf in Boston war sein zehnter Marathon – und der mit der langsamsten Zeit. Zugleich war es aber auch der Lauf, der ihn (bis heute) am glücklichsten machte.

Wegen des Riesenerfolgs seiner Radiosendung ist Sagal in Chicago sowie unter den National-Public-Radio-Hörern im ganzen Land berühmt. Ich fragte ihn, ob er sich als freiwilliger Helfer gemeldet habe, um der Gemeinschaft etwas zurückzugeben. Ich meinte fast zu hören, wie er die Nase kraus zog.

«Ich weiß nicht, was genau mich an diesem Ansatz stört», meinte er. «Eigentlich ist es ja eine prima Idee: Man hat etwas bekommen, also gibt man etwas zurück. Aber irgendwie gefällt mir das Geschäftliche daran nicht. Ich finde es viel reizvoller, wenn ich mich einfach nur darüber freue, dass ich jemandem ganz ohne Gegenleistung einen Dienst erweise. Wenn man etwas gibt, ohne dafür etwas zu erwarten, bekommt man eine viel größere Gegenleistung. Es geschieht also aus reinem Eigennutz. Seltsamerweise ist es ein bisschen wie beim Laufen. Ich mache es, weil ich mich danach besser fühle.»

Ich lachte, weil ich es ganz und gar nicht seltsam fand. Schon Adam Smith hatte vor Jahrhunderten den Zusammenhang von Selbstlosigkeit und Eigennutz herausgearbeitet (auch wenn es dabei nicht um Marathonläufe ging).

«Immer wenn ich mich in meinem Leben in den Dienst anderer gestellt habe ... und das war bei weitem nicht oft genug ... empfand ich eine so große Befriedigung wie niemals sonst», sagte Sagal und fügte hinzu: «Haben Sie das gerade mitbekommen? Es war bei weitem nicht oft genug. Schreiben Sie das auf.»

Adam Smith hätte Peter Sagals Einsatz für den blinden Läufer mit Sicherheit als «edles Verhalten» bezeichnet, das Dankbarkeit und Belohnung verdient. Wenn Sagal es aus Gründen der persönlichen Befriedigung tat oder weil er ein Trainingstief überwinden wollte, umso besser. Die daraus resultierende Lehre, dass man sich gut fühlt, wenn man anderen hilft, könnte Dritte zur Nachahmung anregen. Eigennutz? Warum nicht?

Auf der Suche nach weiteren Menschen, die anderen durch ihren persönlichen Einsatz halfen, stieg ich in einen Zug, um Dr. Andrew Jacono zu besuchen. Der plastische Chirurg führte bei Opfern häuslicher Gewalt kostenlos Wiederherstellungsoperationen durch, die ihnen neben den Wangenknochen auch ihre Würde zurückgaben. Außerdem verbrachte er mehrere Wochen pro Jahr im Ausland, um bedürftige Kinder mit Gaumenspalte zu operieren.

Ohne dieses Hintergrundwissen hätte ich Dr. Jacono niemals als Beispiel für Dankbarkeit und Nächstenliebe betrachtet. Der Mann Anfang 40 mit dichtem Haar, weißen Zähnen und glatter, straffer Haut sah aus wie ein Star aus einer Reality-show. Doch sein Erfolg glänzte nicht nur an der Oberfläche. Er hatte in einer vornehmen Gemeinde auf Long Island ein über 1000 Quadratmeter großes Schönheits- und Wellnesszentrum gebaut, und seine Klienten kamen aus allen Teilen des Landes sowie aus der ganzen Welt – darunter China, Singapur, Frankreich und Spanien.

«Ich hätte mir all das nie träumen lassen», sagte er, als wir in dem eleganten Ambiente seines Büros Platz nahmen.

Den Entschluss, diesen Beruf zu ergreifen, hatte er bereits in der Grundschulzeit gefasst, als er im Schulbus neben einem Mädchen mit einer Gaumenspalte saß. Er war immer nett zu ihr, aber die anderen Kinder waren ungeheuer grausam, spuckten ihr Kaugummis ins Gesicht und verspotteten sie. Irgendwann ließ sie sich operieren, und von einem Tag auf den anderen war alles anders. Sie war beliebt. Die Schikanen hörten auf. Und Jacono träumte davon, als Chirurg einer jener Zauberer zu werden, die Schicksale wenden konnten.

Da Dr. Jacono aus bescheidenen Verhältnissen stammte, war es ihm nicht in die Wiege gelegt, ein namhafter Schönheitschirurg zu werden. Auf jedem Schritt seines Weges machte man ihm entmutigende Vorhaltungen: Es sei zu schwierig, an der medizinischen Hochschule einen Platz zu bekommen, es sei schierer Wahnsinn, eine eigene Praxis aufzubauen oder gar eine Privatklinik zu gründen. Irgendwie zog er es trotzdem durch. «Wir möchten gern glauben, dass unsere Erfolge auf unseren Fähigkeiten beruhen, aber viel wichtiger sind Leidenschaft, Zielstrebigkeit und Hartnäckigkeit, wenn wir umsetzen wollen, was uns wichtig ist», sagte er. So sehr Dr. Jacono für seinen Erfolg hatte kämpfen müssen, so dankbar war er heute, dass sich das Blatt gewendet hatte und er anderen helfen konnte. «Ich glaube fest an die großen Zusammenhänge. Je mehr man gibt im Leben, umso mehr bekommt man zurück», sagt er. Er sei in seinem Job zwar begeistert bei der Sache (und wolle seine zahlenden Klienten keineswegs herabsetzen), doch erst die ehrenamtliche Arbeit erfülle ihn wirklich.

«Mein finanzieller Erfolg ist größer, als ich mir je hätte ausmalen können, aber wahre Dankbarkeit gründet sich auf den Frieden und das Glück, die ich erlebe, wenn ich mich als Teil von etwas Größerem fühle», sagte er.

Bei seinen freiwilligen Einsätzen in der Dritten Welt erfuhr er, dass Gesichtsdeformationen eher als Fluch gefürchtet sind denn als medizinisches Problem. Eines Morgens reichte ihm eine verzweifelte Mutter ihre sechsmonatige Tochter, und eine Stunde später konnte er ihr das Baby gesund und ohne Entstellungen in die Arme legen. Die Frau weinte vor Dankbarkeit. «Eine unkomplizierte Operation hatte den Fluch behoben und dem Leben der gesamten Familie eine neue Richtung gegeben», sagte er mit vor Rührung heiserer Stimme. Verlegen nahm er seine Designerbrille ab und trocknete sich die Augen.

«Früher hätte ich nicht gedacht, dass mich Derartiges so sehr bewegt», meinte er. «Aber ich habe so viel Glück gehabt. Und ich bin dankbar für diese Augenblicke, die meinem Leben Sinn und Bedeutung geben.»

Kürzlich hatte er gemeinsam mit seinem 16-jährigen Sohn den Kilimandscharo bestiegen und betrachtete diesen Weg nun als wichtige Metapher. «Wenn man den Gipfel erreicht, weil man nicht aufgegeben hat, obwohl man eigentlich das Gefühl hatte zu sterben, ist das ein unvergesslicher Augenblick. Ich habe meinem Sohn gesagt: ‹Lass dir von niemandem einreden, dass du in deinem Leben irgendetwas nicht schaffst, das du gerne möchtest.›»

Der Besuch bei Dr. Jacono beeindruckte mich tief. Voller Stolz auf seinen schwer erkämpften Erfolg empfand er Dankbarkeit für all das Gute, das er getan und geschaffen hatte, und wollte andere daran teilhaben lassen. Um sich schöner zu fühlen, war das besser als jede Botoxspritze.

Ob es nun an meiner Sensibilisierung oder an den nahenden Feiertagen lag, plötzlich stieß ich überall auf Hinweise auf Dankbarkeit – in einem Fall sogar sprichwörtlich. Eine Freundin schickte mir Fotos von zwei Anzeigetafeln über der dichtbefahrenen Stadtautobahn an der Einfahrt nach Manhattan aufs Handy. Ein Plakat hing über der nach Süden führenden Fahrbahn, ein anderes über der Richtung Norden, und auf beiden stand nur ein Wort: GRATTITUDE – Dankbarkeit (mit einem zusätzlichen T in der Mitte).

«Weißt du, was das bedeutet?», fragte meine Freundin.

Nein. Auf den beiden Plakaten befanden sich keine Erklärungen oder Hinweise. Weder warben sie für etwas, noch verrieten sie, wer sie aufgehängt hatte und für die Kosten aufkam. Seltsam. Ich begann zu recherchieren und stieß auf einen Künstler namens Peter Tunney. Leider bekam ich auf meine E-Mails an die Galerie in Massachusetts, die seine Arbeiten ausstellte, keine Antwort, stieß aber auf seine Telefonnummer und rief ihn eines Morgens spontan an. Er meldete sich beim ersten Klingeln.

«Hallo, Sie kennen mich zwar nicht, aber ich möchte mit Ihnen gern über Dankbarkeit sprechen», sagte ich.

Dass ich eine Fremde war, schien ihn nicht weiter zu stören, denn er begann mit mir unverzüglich ein lebhaftes Gespräch. Er sei gerade im Auto zu seinem Atelier unterwegs und müsse Ende der Woche zu einer Kunstausstellung nach Miami. Eines könne er mir aber jetzt schon sagen, nämlich dass Dankbarkeit wichtiger sei als fast alles andere. «Wenn ich heute fünftausend Dankbarkeitsplakate aufhängen könnte, würde ich es sofort tun», sagte er. «Wollen Sie jetzt gleich am Telefon darüber sprechen oder zu mir ins Atelier kommen und mich persönlich treffen?»

Am nächsten Tag fuhr ich mit der U-Bahn zur Franklin Street in Lower Manhattan und betrat die wilde, verrückte Welt von Peter Tunney. Überall hingen Bilder an den Wänden und standen zuhauf auf dem Fußboden. Meist waren es Collagen aus Zeitungsausschnitten, die zu Wörtern oder Slogans zusammengesetzt waren wie «Dankbarkeit», «Stadt der Träume» oder «Es gibt nur das Jetzt». Bei anderen bildeten die Collagen den Hintergrund, auf den positive Schlagwörter gepinselt waren.

«Janice, sind Sie das?», rief Peter vom Schreibtisch im hinteren Teil des Raumes, als wäre ich eine alte Bekannte.

Ich schob mich an einem roten Surfbrett vorbei, das ebenfalls eine GRATTITUDE-Collage zierte, und begrüßte ihn. Man hätte den hochgewachsenen blonden Mann mit dem breiten Brustkorb leicht für einen ehemaligen Leistungssportler halten können, wäre da nicht die kunstvoll mit Farbe bekleckste Jeans gewesen – Beruf und Mode elegant kombiniert.

Der höher gelegene Teil des großen Raumes war die Galerie, darunter befanden sich Büro und Atelier. Zwei Assistenten betreuten die Kunden und die Berge von Material, das Peter für die Collagen sammelte. Seine Werke übermittelten stets fröhliche, optimistische Botschaften, und als er mich herumführte, erläuterte er mir jedes einzelne übersprudelnd und wortreich.

«Derzeit arbeite ich an einer Plakatwand in Los Angeles mit dem Schriftzug ‹Entscheide dich – sei glücklich›», sagte er. «Vielleicht liege ich mit alldem falsch, und die Menschheit geht den Weg der Dinosaurier, aber dann trete ich wenigstens mit einem Lächeln auf den Lippen ab. Ich glaube einfach nicht an die erste Version. Meiner Meinung nach sind wir nicht auf der Welt, um zu leiden, uns gegenseitig die Köpfe einzuschlagen oder um Gift und Galle zu spucken. Für mich ist das nichts weiter als eine alberne Art der Zeitverschwendung.» In den nächsten fünf Minuten sprach er über die großen Probleme unserer Zeit, die ihn beschäftigten und die von Menschenhandel bis zu unschuldig Verurteilten in den Gefängnissen reichten. «Aber im selben Augenblick stehe ich hier in meinem Kaschmirpullover und rede mit Ihnen. Ich bin glücklich, gesund, dreiundfünfzig Jahre alt und stecke mitten in der produktivsten Phase meines Lebens. Wenn ich momentan nicht singend und pfeifend durch die Straßen laufe, dann stimmt etwas nicht mit mir.»

Viele seiner Collagen zeigten Bilder von Tod und Zerstörung, die jedoch von den positiven Begriffen überlagert wurden. Die Aussage war klar: Man kann die Probleme der Welt wahrnehmen und unglücklich sein oder sich für einen anderen Weg entscheiden.

«Auf der Fahrt in die Stadt sehen die Menschen am Straßenrand Werbung für Cola, Nachtclubs oder irgendwelche Tabletten. Gut möglich, dass ich all das mag, aber mir schwebten riesige Plakate vor, die uns sagen, dass die Welt gut ist oder wir sie besser machen können.» Er empfand es als seine Mission, Plakate mit dem Begriff GRATTITUDE und mit Aussagen wie «Es gibt nur das Jetzt» aufzustellen.

Einmal traf er sich mit einem reichen Geschäftsmann zum Mittagessen. «‹Sie besitzen eine Milliarde, und auf meinem Konto liegen elftausend Dollar›, sagte ich zu ihm. ‹Warum bin ich derjenige, der hier die Plakate aufhängt? Bin ich etwa der Einzige, der positive Botschaften in der Welt verbreiten will?›»

Inzwischen hat sich seine Arbeit herumgesprochen, und Tunney hat seine Plakate überall in den Vereinigten Staaten sowie in Toronto, Vancouver und Montreal aufgehängt. Er hofft, sie auch bald in Philadelphia, Detroit und Los Angeles zu zeigen, und bekommt mittlerweile Anfragen für Projekte in Asien und Europa. Sein Atelier in der Franklin Street wird zu einer Art «Factory» im Stil Andy Warhols.

«Ich verdiene mein Geld mit dem Verkauf von Dankbarkeitsplakaten. Echt verrückt! Man kann sich für Peter Tunney keine abgefahrenere Geschichte vorstellen. Ich könnte bis an mein Lebensende Leinwände mit ‹GRATTITUDE› und ‹Es gibt nur das Jetzt› bemalen.»

Tunney, im wahrsten Sinne des Wortes ein Aushängeschild für Positivität, hatte früher einen ganz anderen Ruf. Zehn Jahre lang arbeitete er eng mit dem Fotografen Peter Beard zusammen, der berühmt für seine Naturaufnahmen aus Afrika (und seine Ehe mit dem Model Cheryl Tiegs) ist.

«Wie war Ihre Zeit in Afrika?», fragte ich.

Er lachte. «Meistens waren wir in Paris und haben Party gemacht.»

Er war hungrig auf das Leben, und dazu gehörten eben auch Drogen, Alkohol, Models und viele durchfeierte Nächte.

«Kurzgefasst könnte man sagen, ich bin mit dreizehn auf eine Party gegangen und mit dreiundvierzig heimgekehrt. Ich kenne Gott und die Welt und war schon fast überall, hätte aber auch sterben können. Ein Leben ohne Dankbarkeit funktioniert einfach nicht. Ich habe genug davon. Negativität ist meiner Ansicht nach destruktiv, denn man weiß nie, was geschieht, wenn man aus dem Haus geht.»

Tunney war mit dreizehn Jahren beim Fahrradfahren von einem Auto erfasst worden, und paradoxerweise war dieser schlimme Unfall der Auslöser für seine positive Grundhaltung. «Meine Eltern meinten damals: ‹Gott sei Dank hat er keine Kopfverletzungen!› Überall schauten die Knochen hervor, aber meinem Gehirn war nichts passiert, und der Rest würde schon heilen.» In der Klinik hörte er die anderen Patienten klagen – «Warum ich?», «Warum ist das ausgerechnet mir zugestoßen?» –, ließ sich von der Opferhaltung jedoch nicht anstecken. «Ein Autounfall mag schlimm erscheinen, aber wer weiß, was sonst aus mir geworden wäre? Vielleicht eine Sportskanone an der Highschool oder jemand, der betrunken gegen einen Baum fährt. Wer weiß das schon?»

Der Unfall in seiner Kindheit hatte ihm seiner Meinung nach aber auch noch andere Vorteile gebracht, darunter die Freude, nach fast einem Jahr im Krankenhaus wieder zur Schule gehen zu dürfen. «Ein Schulbuch! Wow! Und sieh dir nur mal den blauen Himmel an! Riechst du den Duft der Blätter?» Als könnte man das alles erst spüren, nachdem man einen Verlust erlitten hat. Wir glauben, dass Dankbarkeit nur dann entsteht, wenn die Dinge gut laufen. In Wahrheit stellt sie sich jedoch auch dann ein, wenn man nichts als Schwierigkeiten hat.»

Derzeit führte Tunney mit seiner Kunst und seinen Plakaten einen Kreuzzug, mit dem er andere überzeugen wollte, nach vorn zu blicken, richtig zu handeln und das Beste aus den wie auch immer gearteten Umständen zu machen.

«Ich mag den Spruch ‹Pläne, Pläne, aber kein Ergebnis›. Früher habe ich geglaubt, ich sei dazu bestimmt, die Welt zu retten, aber das war furchtbar anstrengend. Ich habe miserable Arbeit geleistet, und niemand wollte auf mich hören. Inzwischen bin ich für nichts anderes verantwortlich als für meinen Geist und meine Seele und habe lediglich die Aufgabe, Tag für Tag zu strahlen und fröhlich zu sein. Meine Plakate sind nicht ironisch gemeint, Hintergedanken gibt es nicht, ich meine das alles wörtlich. Ich kann unmöglich solche Sprüche aufhängen und dann mit Jammermiene durch die Gegend laufen.»

In diesem Jahr sei irgendwie alles «multi», erklärte er mir – wie in dem auf viele Millionen Dollar angesetzten Rechtsstreit der Stadt New York um Werbeplakate (nicht nur seine), in dessen Folge die meisten abgebaut worden waren. Wenn man nun aus einer bestimmten Richtung nach Manhattan hineinfuhr, sah man weit und breit keine anderen Plakate mehr als die von Tunney. «Ich hoffe, dass die Stadt gegen mich vorgeht. Wenn sie ‹GRATTITUDE› abreißen wollen, was stellen sie dann stattdessen auf? ‹Kaufen Sie dieses oder jenes Medikament! Gehen Sie in diesen oder jenen Club!› Das meine ich jetzt nicht im übertragenen Sinn, denn so was sehen die Menschen Tag für Tag. Welchen Botschaften setzen wir uns da eigentlich aus?»

Ein anderer reicher Geschäftsmann, der eine Firma für Outdoor-Ausrüstungen besitzt, hatte Tunney gefragt, ob und wie er den Künstler beim Verbreiten seiner Botschaften unterstützen könne. «‹Sie besitzen doch fünf Milliarden Dollar›, habe ich zu ihm gesagt. ‹Behalten Sie fünfhundert Millionen, und machen Sie damit, was Sie wollen. Kaufen Sie sich ein paar Häuser, oder leisten Sie sich einen Privatjet. Mit den restlichen viereinhalb Milliarden können wir in den nächsten zehn Jahren Dankbarkeitsplakate aufhängen. Wenn Sie eine bessere Idee haben, wie Sie Ihre Zeit verbringen wollen, dann sagen Sie es mir.›»

Tunney meinte es ernst. Er war dankbar, hier auf der Erde und am Leben zu sein. Er schenkte mir zwei Bücher über sein Schaffen, damit ich etwas von der Positivität mit nach Hause nehmen konnte. Dabei war ich ohnehin schon wie beflügelt – die Auswirkungen von ein paar Stunden zwischen Kunstwerken, die das Gute in der Welt zeigen.

Wir verabschiedeten uns, und als ich schon fast draußen war, blieb ich noch einmal stehen.

«Ach, Peter, was ich Sie noch fragen wollte: Wofür steht eigentlich das zusätzliche T in ‹GRATTITUDE›?»

Er lächelte leise. «Das steht für ‹attitude›, meine Liebe. *Attitude* wie ‹Haltung›.» Er umarmte mich kurz. «Auf die Haltung kommt es an, nicht wahr?»

Als Thanksgiving näher rückte, schien Dankbarkeit nicht nur auf Plakaten zu stehen, sondern generell das Wort der Stunde zu sein. Den Posts auf Instagram, Facebook und dem Frühstücksfernsehen nach zu urteilen, bot der November der amerikanischen Bevölkerung die einmalige Gelegenheit, sich zu überlegen, wofür sie dankbar sein konnte. Dies war meiner Meinung nach zwar eigentlich das ganze Jahr über angebracht, aber egal, ein Monat war auch nicht schlecht. Seit den Tagen der Gründerväter (der Pilger) hatte sich der Feiertag grundlegend gewandelt, und das erste Thanksgiving war sicherlich weit karger und ernster, als es uns die schönen Geschichten glauben machen wollen. Ich hoffte, dass sie in den Kindergärten inzwischen nicht mehr farbenprächtigen Indianerkopfschmuck und Papiertruthähne bastelten, sondern gemeinsam mit den Kleinen eine Dankbarkeitsliste erstellten.

Ich holte die vom häufigen Einsatz schon ganz abgenutzten Rezepte für das Festessen zu Thanksgiving heraus. Meine Söhne probierten zwar gern etwas Neues, aber das galt nicht für die Feiertage, an denen sie auf der Familientradition bestanden. Sie gewährten mir einen gewissen Freiraum bei der Suppe (solange ich bei Zucchini-Kartoffeln oder Apfel-Kürbis blieb), ansonsten mussten es ein Truthahn mit Brot-Pilz-Füllung, Süßkartoffelpüree, gerösteter Rosenkohl und verschiedene *pies* zum Nachtisch sein. Nach all den Jahren bereitete ich das Menü wie im Schlaf zu. Gewöhnlich hielt Ron vor dem Essen eine lustige und zugleich nachdenkliche Rede über Dankbarkeit, in diesem Jahr aber zögerte er. Er sei nicht derjenige, dem es zukomme, meinte er.

«Warum nicht?», fragte ich ihn.

«Du bist die Expertin. Wenn ich eine Rede über Dankbarkeit halte, willst du dann eine neue Behandlungsmethode für Diabetes entwickeln?»

Ich lachte. «Nein. Den Arztberuf erlernt man nicht auf die Schnelle. Aber jeder kann lernen, dankbar zu sein.»

Wir versammelten uns in unserem Wochenendhaus mit Freunden und Angehörigen, darunter Rons Mutter, die als positiver Mensch für mich ein Vorbild ist. Mit großem Vergnügen hatte ich den Tisch gedeckt: Krüge mit Blumen, Kerzen in verschiedenen Größen, farbenfrohe Servietten und dazu elegantes und bodenständiges Geschirr, kunterbunt gemischt. Damit sie nicht kalt wurde, wartete ich mit der Suppe, bis Ron seine Ansprache gehalten hatte. Aber den Champagner und den sprudelnden Apfelwein schenkten wir schon ein. Ron stand auf und redete, das Glas in der Hand, mit warmen Worten über all die Dinge, für die er dankbar war. Er erwähnte jeden der Anwesenden am Tisch, da sie alle in seinen Augen etwas ganz Besonderes getan hatten. Er dankte auch mir dafür, dass ich uns alle in diesem Jahr ein bisschen positiver gestimmt hatte.

«Das macht mich dankbar. Zugleich frage ich mich, an wen oder was ich meine Dankbarkeit richten soll.» Er machte eine Pause und lächelte. «Vielleicht gibt es da oben im Himmel ja tatsächlich einen wichtigen Kerl, der das alles für mich so eingerichtet hat. Oder die glücklichen Fügungen beruhen auf der Beliebigkeit des Universums. Was auch immer, ich weiß, der Himmel meint es gut mit mir und lächelt auf mich herab. Ich erwidere sein Lächeln voller Dankbarkeit.»

Als ich die zustimmenden Ausrufe am Tisch hörte und wir miteinander anstießen, wurde mir klar, dass ich mir keine Sorgen zu machen brauchte, ob der Truthahn zu trocken war. Wir hatten bereits gewürdigt, worauf es an diesem Feiertag ankam.

Später am Abend, als die Teller gespült und die (vielen) Reste im Kühlschrank verstaut waren, nahm ich eine Karteikarte und schrieb darauf den Satz, den ich von Henry Timms gehört hatte: *Am klarsten zeigt sich Dankbarkeit im Handeln.*

Es gab so viele von Dankbarkeit inspirierte Aktionen, die auf eine bessere Welt abzielten: Hugh Jackman versteigerte sein T-Shirt, Peter Sagal lief Marathons mit blinden Läufern, Andrew Jacono führte schicksalsverändernde Operationen durch, Mark Liponis fuhr in die bitterarmen Regionen von Laos und hielt dort wochenlang Sprechstunden ab. Der Künstler Peter Tunney hängte Plakate mit einer positiven Botschaft auf, Henry Timm hatte einen weltweit akzeptierten Spendentag ins Leben gerufen, und mein Mann Ron half und heilte Menschen.

Und ich? Ich hatte zwar ein ganzes Jahr voll Dankbarkeit gelebt, aber hatte ich auch etwas unternommen, um auf größerer Ebene zu wirken? Sicher, ich hatte mich bei einigen Wohltätigkeitsorganisationen engagiert, und Ron und ich hatten wie jedes Jahr gespendet, was wir erübrigen konnten. Doch wenn es um weltbewegende Veränderungen oder um einen aufsehenerregenden Einsatz für meine Mitmenschen ging, konnte ich nicht mitreden.

Ein Monat blieb mir noch, um mir zu überlegen, was ich tun konnte, um mein Leben und das meiner Familie zu verändern. Ich brauchte die Gewissheit, dass sich Dankbarkeit länger als ein Jahr auf uns alle auswirkte.

14

Freude entdecken

Dankbar, mich nicht mehr mit Selbstvorwürfen zu plagen

Überglücklich, mit meiner Schwester bei Grünkohl und Schokolade wieder zusammengefunden zu haben

Dankbar für all die guten Vorbilder von früher und heute, die jeden Augenblick des Lebens schätzten und schätzen

Während ich überlegte, wohin mich die Dankbarkeit in diesem Monat führen sollte, spielte ich gedankenversunken mit einem Becher auf meinem Schreibtisch. Er rutschte mir aus der Hand, und als ich ihn auffing, fiel mir plötzlich wieder ein, was ich mit ihm ursprünglich bezweckt hatte. Paradoxerweise sollte er mich seit ein paar Monaten daran erinnern (obwohl ich ihn gar nicht mehr wahrnahm), dass man, selbst in Phasen der Verzweiflung, Freude entdecken und Frieden finden konnte, indem man seiner Familie dankbar war. *der Becher*

Nun hielt ich ihn vorsichtig hoch und betrachtete die hübsche blaugrüne Grundierung und das zarte, japanisch angehauchte Dekor aus weißen Blüten. Die einem berühmten Gemälde nachempfundene anmutig schöne Zeichnung verführte zu leichtfertigen Schlussfolgerungen über den Künstler, der sie entworfen hatte. Bestimmt war er kein gequältes Genie, das sich ein Ohr abschnitt und immer wieder in der Nervenheilanstalt landete. Doch genau das traf zu. Vincent van Gogh hatte die *Blühenden Mandelbaumzweige* unter tiefsten Seelenqualen gemalt.

Ich hatte das Originalgemälde einen Monat zuvor bei einer Reise mit Ron nach Amsterdam gesehen. Einer unserer Urlaubstage fiel auf den Koningsdag, den niederländischen Nationalfeiertag, an dem allüberall die offizielle Landesfarbe Orange dominierte. Die Stadt war voller feiernder Menschen, die in den Straßen Bier tranken und auf Ausflugsbooten die Grachten entlangfuhren. Ron und ich hatten unseren Spaß daran, ihnen eine Zeitlang zuzusehen, doch ihre Ausgelassenheit war nicht recht unsere Sache. Außerdem war es mir ein bisschen peinlich, dass ich die Reise zwar wochenlang geplant, aber nicht bemerkt hatte, dass wir das Land ausgerechnet am lärmintensivsten Feiertag besuchen würden.

Etwas bedrückt bahnten wir uns einen Weg durch die Menschenmassen zum Van-Gogh-Museum, das bekanntermaßen selbst an ganz normalen Tagen gut besucht ist. Doch weil heute alle draußen feierten, war so gut wie niemand da. Welch eine Freude! Das Museum war leer, und wir hatten die ausgestellten Werke praktisch für uns allein.

«Schrecklich dankbar, dass ich die Daten nicht gecheckt und unseren Aufenthalt rund um den Königstag geplant habe», sagte ich grinsend zu Ron.

Wir schlenderten durch die Säle und betrachteten aus nächster Nähe ehrfürchtig die berühmten Gemälde, die wir bisher nur als Poster gesehen hatten. Im oberen Stockwerk stießen wir dann auf das wie vom Geist des Zen erfüllte Gemälde der blühenden Mandelzweige (die Vorlage für meinen Becher). Van Gogh hatte es gegen Ende seines Lebens im Jahr 1890 gemalt. Das japanisch zarte Bild versetzte uns in Erstaunen, denn es hing an der Wand zwischen zwei Werken van Goghs aus derselben Schaffensperiode, aus denen Seelenqual, Einsamkeit und Angst sprachen. Auf einem sah man ein Weizenfeld mit einem Schnitter, das andere zeigte verholzte, vom Blitz gefällte Bäume im Park des Sanatoriums, gemalt in tiefem Rot («Rot sehen» war van Goghs Metapher für Angst).

Inmitten seiner düsteren Visionen von Tod, Einsamkeit und Verzweiflung hatte van Gogh eine Möglichkeit gefunden, dieses wunderschön friedliche und lebensbejahende Bild zu malen. Und so war es entstanden: Sein Bruder Theo und dessen Frau hatten gerade ein Kind bekommen und gaben ihm den Namen Vincent. Trotz der Depression, die ihn umfing, war der Maler gerührt, dass sie den Jungen nach ihm benannt hatten, und wollte seine Dankbarkeit ausdrücken. Er malte die Mandelblüten als Ausdruck seiner Hoffnung und seines Danks.

Später im Museumsladen war ich erneut zutiefst ergriffen, dass die Regung der Dankbarkeit in van Gogh (kurzzeitig) sogar seine Seelenqualen hatte durchdringen können. Ich kaufte den Becher, um mich daran zu erinnern, dass Dankbarkeit die Kraft hat, unsere Befindlichkeit zu ändern.

«Du könntest das ganze Haus damit dekorieren», sagte Ron und wies auf die Servietten, Plastiktabletts, Stifte, Espressotassen, Notizbücher, Brillenetuis, Mousepads und Salz- und Pfefferstreuer mit dem Mandelblütenmotiv. Wahrscheinlich fanden die Artikel hauptsächlich wegen des hübschen Motivs ihre Kunden. Für mich hingegen war es der schönste Dankbarkeitsbrief aller Zeiten.

Am folgenden Abend (es war wieder ruhig geworden in der Stadt) schlenderten wir an den malerischen Grachten entlang. Wir hatten einen wunderschönen Tag verbracht, nur das Abendessen, auf das wir ewig hatten warten müssen, war allenfalls passabel gewesen. Ich hatte zwischen drei verschiedenen Restaurants geschwankt und die Tischreservierung mehrfach geändert. Jetzt entschuldigte ich mich bei Ron dafür, das falsche Lokal gewählt zu haben. Es sei nicht schlimm, meinte er, dennoch konnte ich nicht damit aufhören. Die Angst, den eigentlich vollkommenen Tag verdorben zu haben, wurde immer stärker.

«Ich hätte das Lokal nehmen sollen, das sie uns im Hotel empfohlen haben», sagte ich verdrossen.

Ron versuchte erneut, mich zu beruhigen. Schließlich blieb er stehen.

«Hey, Misses Dankbarkeit», meinte er lächelnd. «Wir verbringen gerade einen wunderbaren Abend in Holland und schlendern Hand in Hand an einer Gracht entlang. Willst du das jetzt würdigen, oder ziehst du es vor, dich weiter wegen des Restaurants fertigzumachen?»

Ich lachte, denn natürlich hatte er recht. Selbstvorwürfe – eine meiner Lieblingsbeschäftigungen – passten nicht zu einem Leben in Dankbarkeit. Ich musste endlich damit aufhören.

Ohne es zu bemerken, hatte ich diese Angewohnheit von meiner Mutter übernommen, einer wahren Meisterin des Hätte-wäre-Wenn. Mein Vater regte sich jedes Mal auf, wenn er meine Mutter jammern hörte, was sie (oder er oder wir) eigentlich hätten tun sollen.

Perfektion

«Hätte, wäre, wenn!», schimpfte er dann. «Kannst du nicht damit aufhören?»

Aber das konnte – oder wollte – sie nicht.

Ich dagegen musste «hätte» für immer aus meinem Wortschatz streichen. Schließlich hatte ich in diesem Jahr gelernt, dass Dankbarkeit nicht von irgendwelchen Ereignissen oder Entscheidungen abhing, sondern von der Art und Weise, wie ich sie wahrnahm. Dankbarkeit versetzt uns wieder in die Position der Macht. Ich brauchte nicht das perfekte Restaurant (oder das perfekte Hotel oder den günstigsten Rückflug) ausfindig zu machen, um den Urlaub zu genießen und dankbar dafür zu sein.

Der Psychologe Barry Schwartz vom Swarthmore College hat sein Berufsleben der Frage gewidmet, ob uns eine zu große Auswahl nicht womöglich unglücklich macht. Wir können nicht mehr klar denken, wenn sich uns zu viele Möglichkeiten bieten (siehe die mehrmals geänderte Tischreservierung), oder schrauben unserer Erwartungen zu hoch (so viele Restaurants in Amsterdam, da wird sich doch ein ganz tolles finden lassen!). Wenn wir dann unsere Wahl getroffen haben, sind wir nicht so zufrieden, wie wir sein könnten, denn wir denken an all die Optionen, für die wir uns nicht entschieden haben. (Wäre ein anderes Lokal etwa doch besser gewesen?) Für dieses Problem fällt mir nur eine Lösung ein, nämlich dankbar für die einmal getroffene Entscheidung zu sein.

Deshalb nahm ich Ron mitten in Amsterdam in die Arme, und in deutlich besserer Stimmung setzten wir unseren Weg fort. Ich würde uns den Abend wegen eines missglückten Restaurantbesuchs nicht verderben. Vielmehr war ich dankbar für das Hier und Jetzt, für diesen wunderbaren Augenblick an der Gracht. Am nächsten Abend konnte ich ja ein Lokal aussuchen, in dem man nicht drei Stunden aufs Essen warten musste.

Nach unserer Rückkehr aus Amsterdam beschäftigte mich, angeregt durch van Gogh, die Frage, ob Dankbarkeit – wenigstens vorübergehend – Depressionen und das Gefühl der Verzweiflung zu mildern vermag. Bislang hatte ich lediglich den Hinweis der drei Bilder an der Museumswand und meine Deutung. Deshalb wandte ich mich an Dr. Jeffery Huffman, Psychiater am Massachusetts General Hospital, der in einer Reihe von Studien an Patienten, die unter Depressionen, Hoffnungslosigkeit oder Selbstmordgedanken litten, verschiedene Behandlungsformen untersucht hat.

«Dankbarkeitsbriefe zu schreiben war eindeutig die wirksamste positive Intervention, die wir ermittelt haben», sagte er mir. Dies konnte ihm zufolge unter anderem daran liegen, dass sich ein hoffnungsloser Mensch alleingelassen fühlt und ganz auf sich selbst konzentriert ist. Dankbarkeit hingegen richtet unsere Gefühle nach außen, macht uns bewusst, dass wir mit anderen verbunden sind und andere uns mögen (weshalb sie vielleicht sogar ihr Kind nach uns benennen).

«Wenn Ihnen klarwird, dass jemand etwas Nettes für Sie getan hat, kommen eine Menge positiver Empfindungen hoch», sagte er. «Um dankbar zu sein, müssen Sie einem anderen Menschen so viel bedeutet haben, dass er Ihnen Aufmerksamkeit schenkt. Es gibt also jemanden in der Welt, der Sie mag, und Sie sind nicht allein. Das Gefühl der Dankbarkeit hebt bei

Menschen, die sich einsam und wertlos fühlen, die Stimmung oft in beträchtlichem Maß.»

Als ich jetzt den Becher betrachtete, musste ich an Vincent van Gogh denken, der kurzzeitig aus seiner Depression aufgetaucht war, als er seinem Bruder Theo dankte. Ich entdeckte ein Buch mit van Goghs Briefen, von denen viele an seinen Bruder gerichtet waren, weil dieser ihm regelmäßig Leinwände, Farben und Geld geschickt hatte. «Selbst wenn man erfolgreich ist, wirft die Malerei niemals das ab, was man dafür aufwendet», schrieb er traurig. Anfang des Jahres 1890 teilte er dann Theos Freude über den Nachwuchs. «Wie freue ich mich, dass sich Dein größter Wunsch erfüllt hat und Du endlich Vater geworden bist ... Die Nachricht tut mir gut und macht mich glücklicher, als ich es mit Worten ausdrücken kann», schrieb er ihm, kurz bevor er die Mandelbaumblüten malte, die als Ausdruck von Leben, Hoffnung und Dankbarkeit im Kinderzimmer hängen sollten. Trotz all der Qualen, die er durchlitt, schuf er etwas Wunderschönes, indem er die liebevolle Verbundenheit zwischen den Familienmitgliedern würdigte.

Die wenigsten Menschen können ein Kunstwerk schaffen, um sich zu bedanken, doch die Gemälde an der Museumswand lieferten den Beweis, dass Dankbarkeit die Stimmung verändert. Rechts und links Angst, Wahnsinn und Aufbegehren und dazwischen Freude und Schönheit. Indem er seinen Angehörigen dankbar war, vermochte van Gogh in den Wirren der Heilanstalt einen Hafen der Ruhe zu finden. Was kann Dankbarkeit da erst in dem vollkommen anderen Wahnsinn der heutigen Welt für uns bewirken?

Die Familie schenkt uns viel Freude, ist aber auch Quell von Ärger, Reizbarkeit und (wenn es um Neugeborene geht) Erschöpfung. Ein Baby sorgt dafür, dass die Erwachsenen in seinem Umfeld voll und ganz im Moment leben – das, was heute als «Achtsamkeit» in aller Munde ist. Wenn ein drei Monate alter Säugling laut schreit, sorgt man sich weder um die Zukunft, noch denkt man an die Vergangenheit, sondern überlegt nur, ob er frische Windeln, ein Fläschchen oder eine Umarmung braucht. Die Aufmerksamkeit auf den Augenblick zu richten und Dankbarkeit zu empfinden sind fast schon zwei Seiten einer Medaille. Hält man inne und wendet sich ganz dem zu, was gerade ist, so ist man automatisch in der Lage, das Erlebte zu schätzen.

Als unser ältester Sohn Zach klein war, hörte ich die ältere Generation oft bedauernd sagen, das alles gehe «viel zu schnell vorüber». Obwohl mir die Tage wie die längsten meines Lebens erschienen (da ich um vier Uhr morgens mit dem Füttern begann), vermutete ich damals schon, dass ich irgendwann einmal feststellen würde, wie rasch sie doch vergangen waren. Eines Abends, als ich (in dem kleinen Waschtrockner in der Küchenecke) die Strampler und Hemdchen gewaschen hatte, half mir Ron beim Zusammenlegen. Plötzlich hielt er eins der winzigen Babyunterhemden in seiner großen Hand und blickte es staunend an.

«Ich liebe ihn so sehr, dass ich sogar seine T-Shirts liebe», sagte er.

Wir sahen uns an und betrachteten dann ehrfürchtig und dankbar die kleinen Kleidungsstücke. Wir bekamen zu der Zeit beide nicht viel Schlaf, denn das Baby schien unentwegt etwas zu brauchen, aber unsere überwältigende Liebe wog das alles auf.

«Ich möchte mir nie vorwerfen müssen, dass wir nicht jeden Augenblick ausgekostet haben», sagte ich mit Nachdruck.

Die Freude am Augenblick prägte dann auch unser Leben, als die Kinder klein waren. («Solange sie glücklich sind, braucht ihr euch um nichts Sorgen zu machen», sagte meine Schwiegermutter regelmäßig.) Vermutlich ist es unmöglich, wirklich jeden Moment, den man erlebt, zu schätzen, und ich kann viel zu viele Situationen aufzählen, in denen ich gereizt, besorgt oder ungeduldig war und zu denen ich gern noch einmal zurückkehren würde, um es besser zu machen. Doch die bewusste Achtsamkeit, die von der Geburt meines Kindes herrührte, dominierte alles andere. Ich weigerte mich, Marcel Proust zu folgen, der mal gesagt hat: «Das einzige Paradies ist das verlorene Paradies.» Das wahre Paradies sollte jenes sein, in dem wir leben und in dem wir den momentanen Augenblick schätzen.

Viele, die von meinem Dankbarkeitsprojekt gehört hatten, steuerten nach und nach ihre eigenen Geschichten bei. Ich freute mich, als sich Sharon Kunz bei mir meldete, mit der ich vor einigen Jahren zusammengearbeitet hatte und die kürzlich Mutter geworden war. Sharon war begabt und klug, aber so dünn, dass wir uns alle Sorgen um sie machten. Sie verliebte sich (ausgerechnet!) in einen Koch namens Eric und blühte auf, nachdem die beiden geheiratet hatten. Nach einer Weile zog sie mit ihrem Mann nach New Haven, fand einen interessanten Job und bekam später ein Kind. Nun berichtete mir Sharon, dass der kleine Isaac mit seinen drei Monaten zwar ein prächtiges Kerlchen sei (natürlich!), ihr aber anstrengende Zeiten beschert habe. Er schrie die ganze Nacht, ohne dass sie es sich erklären konnte, und war dann am nächsten Tag müde und quengelig. Dies war zuletzt vergangenen Sonntag geschehen, und der Montag war so schwierig gewesen, dass Sharon beinahe verzweifelt wäre. Aber dann kam der Dienstag.

«Ungefähr um acht Uhr morgens habe ich es mir mit Isaac und einem Stapel Bilderbücher im Bett gemütlich gemacht, und wir haben eine halbe Stunde gekuschelt und gelesen», berichtete sie mir. «Es war Glück pur und machte mich so dankbar, dass ich es kaum aushalten konnte. Es gab noch einige weitere Augenblicke wie diesen im Lauf des Tages, etwa als ich auf dem Rückweg von der Bank einen Kaffee trank und Isaac in seinem Wagen schlief. Nachdem ich ihn am Abend ins Bett gebracht hatte, setzte ich mich auf die Couch und schrieb ihm einen Brief, in dem ich ihm erklärte, wie dankbar ich ihm für diesen wunderbaren Tag bin.»

Ich bewunderte Sharon, dass sie trotz der hohen Belastungen dieses Glück empfinden konnte. Babys halten sich nur selten an das Drehbuch, das einer Geschichte wie dieser ein romantisch verklärtes Ende verpassen würde. Noch während Sharon an ihren Sohn schrieb, wachte er auf und schrie. Drei Wochen später war der Brief immer noch «erst zu drei Vierteln fertig», wie sie meinte. «Trotzdem glaube ich, dass es uns die schweren Tage leichter macht, wenn wir für die guten dankbar sind. Das gilt wohl auch fürs Leben allgemein, nicht wahr? Je mehr jemand leidet, desto eher gelingt es ihm meiner Erfahrung nach, für ‹die kleinen Dinge im Leben› dankbar zu sein, die zusammengefügt natürlich unser ganzes Leben ausmachen.»

Isaac ist ein Glückspilz. Sharon würde ihren Dankesbrief zweifellos irgendwann zu Ende bringen. Es spielte keine Rolle, ob er ihn je las – Sharon wollte einfach nur die Momente mit ihrem Baby festhalten, in denen sie Freude und Dankbarkeit empfunden hatte. Da sie sich auf diese Empfindungen konzentrierte, war sie in der Lage, die schlaflosen Nächte besser zu bewältigen (und letztendlich zu vergessen). Zudem hatte sie erkannt, was unser Leben wirklich ausmacht. Sich mit seinem Baby ins Bett zu kuscheln oder im Überschwang der Liebe seine Kleider zusammenzulegen sind Erinnerungen, die man nie vergessen sollte.

Mit Hilfe von Dankbarkeit die Ruhe zu bewahren wirkt sich auch auf die Beziehungen zwischen erwachsenen Familienangehörigen aus. Die Anthropologin Margaret Mead sagte einmal, Schwestern seien die wahrscheinlich größten Rivalinnen innerhalb einer Familie, aber seien sie einmal herangewachsen, entstehe zwischen ihnen das engste Band. Meine ältere Schwester Nancy und ich waren anscheinend auf der Rivalinnen-Stufe stehengeblieben, wollten dies aber nun ändern.

Zufällig war Nancy, während ich mich auf das Thema Dankbarkeit konzentrierte, auf das Achtsamkeitstraining gestoßen. Die ehrgeizige und erfolgreiche Unternehmerin meditierte seit neuestem abends und machte einen Yoga-Kurs. Sie hatte sogar eine Consulting-Firma gegründet, die sich der achtsamen Geschäftsführung widmete. Da wir uns beide bemühten, die Welt in einem positiveren Licht zu sehen, wollten wir versuchen, dies auch auf unsere Beziehung auszudehnen. Vielleicht konnten wir ja zu Schwestern werden, zwischen denen es keine Tabus gibt, die sich umeinander kümmern und die alles miteinander teilen. Dieser Monat schien mir gut geeignet, um damit einen Schritt voranzukommen.

Also fuhr ich an einem Freitag Anfang Dezember mit dem Zug nach Washington zu einem «Schwesternwochenende» – ein Begriff, bei dem sich bei mir gewöhnlich die Haare aufstellten. Gemeinsam eine schöne Zeit verleben? Als wir das zuletzt getan hatten, war sie neun und ich fünf Jahre alt. Seitdem war unter den Brücken dieser Welt eine Menge Wasser hindurchgeflossen, hatten sich jede Menge Vorwürfe und Groll angestaut. Eine Liste mit den Fehlern der anderen aufzustellen hätte uns sicher keine Schwierigkeiten bereitet. Doch uns auf die Probleme der Vergangenheit zu konzentrieren würde uns nicht weiterbringen. Wir hatten nichts zu verlieren, wenn wir einander positiv und mit Wertschätzung begegneten. Vielleicht entwickelte sich daraus ja sogar die schmerzhaft vermisste, hilfreiche Schwesternbeziehung.

Der Nachmittagszug aus New York hatte eine Stunde Verspätung, und ich rief Nancy ein paarmal an, um sie auf dem Laufenden zu halten. Als wir uns dem Zielort näherten (und immer langsamer fuhren), machte sich in mir Ärger breit, denn ich wusste, dass sie am Bahnhof wartete. Das Wochenende fing ja gut an! Hastig schrieb ich ihr eine SMS.

Ich versuche ruhig zu bleiben. Wenigstens sehe ich einen wunderschönen Sonnenuntergang durch das Fenster. Schau selbst.

Du hast recht. Eine blutrote Sonne und ein immer noch tiefblauer Himmel. So was sieht man ganz selten.

Was für ein Glück, dass ich Verspätung habe. Sonst wäre uns das entgangen.

Wir haben Glück! Reise achtsam, Schwester.

Und dankbar.

Als ich das Telefon wegsteckte, musste ich lächeln. Noch vor wenigen Jahren hätte uns die Verspätung des Zuges alle beide gestresst, und wir wären angespannt und gereizt gewesen. Doch solange wir nicht in die Schweiz auswanderten (wo die Züge immer pünktlich sind), mussten wir uns auf unsere neuerlernten Fähigkeiten verlassen: den Augenblick zu leben (Achtsamkeit) und den schönen Sonnenuntergang wertzuschätzen (Dankbarkeit). Mit diesem Ansatz erschienen Abweichungen vom Fahrplan nicht mehr ganz so schlimm.

Am Bahnhof nahmen Nancy und ich uns fest in die Arme und machten uns auf den Weg in ein Restaurant, wo zwei ihrer erwachsenen Töchter zu uns stoßen wollten.

«Wie ich höre, hast du eine anstrengende Reise hinter dir», meinte Emily, die Jüngere, als wir in dem Sushi-Restaurant Platz nahmen.

«Ja, der Zug hat ewig gebraucht, aber ...» Ich bremste mich. Wollte ich meine Zeit wirklich mit den Einzelheiten der Zugfahrt verschwenden? Stattdessen lächelte ich und zuckte die Achseln. «Egal, jetzt bin ich ja da und freue mich, euch zu sehen. Darauf kommt es doch an, oder?»

«Du klingst wie meine Mom», rief die stets fröhliche Emily. «Sie redet auch nicht mehr über ihre schlechten Erfahrungen, sondern sagt einfach nur: ‹Egal, jetzt bin ich ja da.›»

Dass Nancy sich nicht mehr über negative Erlebnisse ausließ, war ebenso erstaunlich wie die Tatsache, dass ich es vermied, darüber zu sprechen. Dr. Huffman hatte mir bei unserem Gespräch berichtet, dass einige Menschen offenbar von vornherein das Leben schätzten, während es anderen deutlich schwerer falle. Zu Dankbarkeit geselle sich die, wie er es nannte, «auf psychischer Gesundheit basierende gesteigerte

Lebensqualität», die ein höheres Energieniveau, bessere soziale Kontakte und positivere Stimmungen beinhalte. In einer seiner Studien hatte er die Probanden mit einem höheren Dankbarkeitslevel auf einer Liste rot markiert und jene mit einem niedrigeren Level blau. Als er anschließend ihre Werte im Hinblick auf positive Verhaltensweisen und psychische Gesundheit eintrug, verliefen die Linien der roten Versuchsteilnehmer ein ganzes Stück über denen der blauen. «Wir möchten aus den blauen Leuten gern rote machen», hatte er damals gesagt.

Nancy und ich (und wahrscheinlich auch unser großer Bruder Bob) sind, wie ich vermute, als Blaue aufgewachsen und arbeiten nun mit allem, was uns zur Verfügung steht, daran, zu Roten zu werden. Unter dem Einfluss unserer stets negativen Mutter (und ihrem Hätte-wäre-Wenn) war Dankbarkeit nichts, was uns einfach so zuflog. Doch jede versuchte nun auf ihre Art, daran etwas zu ändern.

Für Nancy und mich lautete das Motto dieses Wochenendes jedenfalls: Schätze das Gute am Augenblick, anstatt über Vergangenes zu grübeln.

Da meine Schwester durch Meditation zu ihrer neuen Ausgeglichenheit gefunden hatte, wollte sie mich unbedingt daran teilhaben lassen und nahm mich am Samstagmorgen in ihre Meditationsgruppe mit. Etwa ein Dutzend Teilnehmer saßen mit geschlossenen Augen in einem harmonisch eingerichteten Raum entspannt auf Matten und Kissen. Mir gefiel die attraktive Kursleiterin, doch mein Geist wandte sich nicht dorthin, wo er sollte (oder nicht sollte). Zwar verstand ich das Konzept der Meditation, aber die Situation reizte mich auch zum Kichern (manche Dinge lassen mich wieder zum Schulmädchen werden), und so verschanzte ich mich hinter meiner journalistischen Distanz. Hinterher erklärte mir Nancy, sie habe gehört, dass ich mir Notizen mache.

«Ich habe extra einen Bleistift benutzt, um euch nicht zu stören», sagte ich entschuldigend.

«Das hast du auch nicht. Ich fand es nur schade, dass du dich durch das Schreiben nicht voll auf die Erfahrung eingelassen hast.»

Daraufhin erklärte ich ihr, dass ich die Stunde für meine eigene Art der Stressbewältigung genutzt hätte, zu der auch das Dankbarkeitsspiel mit mir selbst zähle. Beispielsweise hatte ich in der Stille des Raums auf der Straße einen Hund bellen gehört. Im ersten Augenblick war der Lärm störend gewesen, aber dann verschob ich die Perspektive zum Positiven. Ich war dankbar, so gute Ohren zu haben, dass ich das Bellen vernahm, und dachte an unseren heißgeliebten Familienhund (ach, Willie!), den genialen Portugiesischen Wasserhund, der sich für einen Menschen gehalten hatte. Auf einmal war das Gebell nicht mehr unangenehm, sondern etwas Schönes. Abgesehen davon war ich dankbar, auch ohne zu meditieren in diesem Raum sitzen und mit meiner Schwester dieses Erlebnis teilen zu können, um die neue Seite an ihr besser zu verstehen. Was sollte ich mir mehr wünschen?

Nancy nickte und berichtete mir dann von ihrer eigenen Erfahrung mit Dankbarkeit. Kürzlich hatte sie eine schreckliche Nacht in der Notaufnahme eines Krankenhauses verbracht, wo sie über Stunden festsaß, weil sie jemandem helfen musste (die Hintergründe sind nicht wichtig und zu kompliziert zu erklären). Um drei Uhr nachts brach sie schließlich auf und ging müde und frustriert zum Parkplatz. Er war menschenleer, nichts rührte sich auf dem Krankenhausgelände.

«Dann habe ich aufgeblickt und den schönsten Mond meines Lebens gesehen. Er war riesig und schien fast den ganzen Himmel auszufüllen. Außerdem hatte er eine andere Farbe als sonst, er war fast blau.» Sie blieb noch lange auf dem Parkplatz stehen und betrachtete den Himmel. «Ich war ungeheuer dankbar, in diesem Augenblick draußen zu sein und den Mond anschauen zu können. Wenn es nicht zu den Ereignissen an jenem Abend gekommen wäre, hätte ich auch den Mond nicht gesehen, das wurde mir auf einmal klar. Als ich nach Hause fuhr, folgte er mir, hell und gewaltig, riesig und blau. Ich ließ ihn nicht aus den Augen und fühlte mich vom Schicksal begünstigt.»

Ich sagte zu meiner Schwester, das größte Glück sei, dass sie in jener Nacht zu einer Haltung gefunden habe, in der sie den Mond und den Augenblick zu schätzen wisse. Die Nancy von früher wäre so wütend und verärgert aus der Notaufnahme gestürmt, dass sie wohl kaum daran gedacht hätte, einen Blick zum Himmel zu werfen. Da sie nun aber bereit für eine positivere Lebenshaltung war, sei sie nach Verlassen des Krankenhauses auf Schönheit gestoßen.

Am Nachmittag gingen wir in einem hübschen Park spazieren und unterhielten uns. Nancy war kürzlich geschieden worden, doch anstatt sich davon deprimieren zu lassen, erlebte sie den Neuanfang voller Hoffnung. Sie hatte nach wie vor ein enges Verhältnis zu ihren Töchtern und war froh, dass sie in dieser Zeit zu ihr gestanden hatten. Vor einem Wasserfall blieben wir stehen, und vor diesem wundervollen Hintergrund schilderte sie mir, dass sie allmählich eine völlig neue Sicht auf das gewann, worauf es im Leben wirklich ankam.

«Jeden Morgen, wenn ich aufwache, bin ich dankbar für

meine Mädchen. Neulich habe ich es ihnen erzählt, da fragten sie doch glatt: ‹Jeden einzelnen Morgen? Wirklich?› Sie glaubten, ich würde übertreiben, aber es ist tatsächlich wahr», sagte sie.

Irgendwann kam sie auf einen Vorfall zwischen uns beiden zu sprechen, der etliche Jahre her war und ihr trotzdem noch zu schaffen machte. Ich konnte nichts zu meiner Verteidigung vorbringen – es war so viel Zeit vergangen. Geschwister lassen ihren Ärger oft schwelen und spielen in Gedanken immer wieder die Situationen durch, in denen der oder die andere sie enttäuscht hat, nicht auf ihre Bedürfnisse eingegangen ist oder eine ungeschickte Bemerkung gemacht hat. Ich fand, wir sollten uns nicht daran festbeißen, was damals falsch gelaufen war, wir brauchten die Erinnerung an gute Momente. So schlug ich vor, dass wir unsere Beziehung stärkten, indem wir uns auf die gemeinsam verbrachten Zeiten konzentrierten, für die wir dankbar waren.

«Das hier ist meine von Dankbarkeit erfüllte Erinnerung an dich», sagte ich und berichtete ihr von einem Abend kurz nach dem Tod unseres Großvaters. Ich war verängstigt und traurig und konnte nicht einschlafen. Nancy gab mir ihre Spieldose, die ihr ungeheuer kostbar war, und ließ mich die Melodie abspielen. «Vorher hast du mir die Dose nie gegeben», sagte ich.

«Du warst noch so klein. Du hättest sie bestimmt kaputt gemacht.»

«An jenem Abend aber durfte ich sie haben, weil du wusstest, dass sie mich tröstet.»

Nancy nickte, sie hatte verstanden, worum es mir ging. All die Jahre hatten wir viel Zeit damit verschwendet, uns über die Fehler und Versäumnisse der anderen zu ärgern. Dabei war es so viel besser, die Augenblicke voller Freundlichkeit und Wärme zu schätzen – und sie im Gedächtnis zu behalten.

«Was ist mit dir? Wahrscheinlich hast du gar keine dankbaren Erinnerungen an mich. Lassen wir's also lieber», meinte ich.

Doch Nancy dachte an eine Zeit, als ihre drei Kinder noch klein waren. Als sie in der Klemme steckte, war ich in New York in den Flieger gestiegen und war herbeigeeilt, um ihr zu helfen.

«Das hat mir viel bedeutet. Später ist eine Menge schiefgelaufen, aber an jenem Tag wusste ich, dass ich dir wirklich wichtig bin», sagte sie.

Ich legte meiner Schwester den Arm um die Schulter und drückte sie fest an mich. Erinnerungen wie die mit der Spieldose oder der spontanen Rettungsaktion gaben uns etwas, das wir aneinander schätzen konnten. Wir wurden dadurch nicht automatisch zu Hanni und Nanni, aber unsere Dankbarkeit führte uns vor Augen, dass wir eine Schwester haben, auf die wir zählen können. Und auf dieser neuen Grundlage ließ sich einiges aufbauen.

Zum Abendessen kehrten wir zurück in Nancys hübsches Haus und aßen Grünkohl mit Quinoa, den sie vorgekocht hatte. Wir redeten und redeten, und kurz vor Mitternacht beschlossen wir, den Augenblick zu feiern. Wir trinken beide kaum Alkohol, daher holte Nancy eine Schale mit schokoladeüberzogenem Ingwer heraus (wir können nicht immer nur gesund leben), und wir prosteten uns mit den erhobenen Süßigkeiten zu.

Nancy hat nicht nahe am Wasser gebaut, doch unsere neugewonnene Freundschaft rührte sie zu Tränen. Mir ging es genauso, wie ich ihr gestand, während ich mir die Augen mit dem Taschentuch trocknete.

«Obwohl es vermutlich an deiner Katze liegt, dass ich weinen muss. Du weißt doch, dass ich allergisch bin, nicht wahr?», fragte ich sie. Nancy lachte und streichelte Toby, der aufgrund seiner Größe eher wie ein Luchs wirkte als wie ein Haustier. Meine Schwester mochte Katzen, ich mochte Hunde. Aber mit dem guten Willen, den wir beide inzwischen bewiesen, konnten wir damit locker fertigwerden.

Nach meiner Rückkehr am nächsten Tag war ich stiller als sonst. Als Ron sich erkundigte, was los sei, erzählte ich ihm von meinem Kummer, in diesem Jahr nichts Weltbewegendes erreicht zu haben. Mir fehlte die eine große Geste, durch die meine Dankbarkeit zu etwas Bedeutendem wurde, das sich nicht verflüchtigte. Er sah mich verwundert an.

«Das meinst du jetzt aber nicht ernst, oder?»

«Doch.»

«Gut, dann wollen wir es mal durchspielen. Du hast unsere Ehe verbessert, dich mit deiner Schwester versöhnt, eine neue Einstellung zu deiner Arbeit gefunden und unseren Söhnen Mut gemacht. Außerdem hast du ein Buch geschrieben, das es den Lesern ermöglicht, deinem Beispiel zu folgen. Reicht dir das denn nicht?»

Aus Gewohnheit wollte ich im ersten Moment «Nein!» rufen, aber als ich den grimmigen Ausdruck in Rons Augen sah, lächelte ich. Epiktet, der mir in den letzten Monaten häufig die Richtung gewiesen hatte, war in seinen Schriften mehrfach darauf eingegangen, dass wir nicht wahrhaft glücklich sein können, solange wir uns an Dingen festbeißen, die nicht in unserer Macht liegen. Wenn wir uns etwas wünschen, das wir nicht beeinflussen können, ist Anspannung vorprogrammiert. Als Beispiel beschrieb er einen Lyraspieler, den es glücklich macht, wenn er für sich allein musiziert und dazu singt. Sobald er jedoch eine Bühne betritt, möchte er nicht nur einen gelungenen Vortrag bieten, sondern dafür auch Applaus bekommen, was er jedoch nicht erzwingen kann. Auf die heutige Welt übertragen, hieße das: Von all dem, auf das wir keinen Einfluss oder das wir noch nicht verwirklicht haben, dürfen wir uns nicht stören lassen.

«Ich glaube, für den Anfang reicht es», erklärte ich Ron munter.

Zu Beginn dieses Jahres hatte ich mich (und ihn) unglücklich gemacht, weil ich nur das sah, woran es mir mangelte. Nach all diesen Monaten hatte ich jedoch gelernt, dass man durchaus in Dankbarkeit leben kann, ohne seine Wünsche für sich selbst, seine Familie, die berufliche Laufbahn und das Schicksal der Erde aufgeben zu müssen. Es gibt keine gepflasterte Straße bis zum Gipfel, und manche Menschen erreichen ihn nie. Dankbarkeit sorgt vielmehr dafür, dass man auf seinem Weg dorthin wenigstens die Aussicht genießt.

Mein Leben in Dankbarkeit hatte als Schnapsidee begonnen, und nachdem ich einmal den Entschluss gefasst hatte, darüber ein Buch zu schreiben, hätte es sich auch gut und gern auf eine rein schriftstellerische Aufgabe reduzieren lassen. Doch mit der Zeit hatte sich das Projekt immer tiefer in mein Herz und meine Seele gegraben. Ich verfasste nicht nur Berichte, ich empfand auch, was ich da schrieb. Weitere Veränderungen bahnten sich in mir an. Durch Dankbarkeit gewinnt man eine neue Sicht auf alles, was geschieht. Indem mir die positive Grundhaltung und die Suche nach dem Guten zur zweiten Natur geworden waren, fühlte ich mich immer glücklicher. Ich hatte auch weiterhin gelegentlich schlechte Laune, konnte sie inzwischen aber leichter abschütteln. Meine Kinder, die ich sehr schätze, meldeten sich regelmäßig und kamen häufiger vorbei. Ron und ich saßen nach dem Essen oft noch lange am Tisch und unterhielten uns darüber, wie schön es sei, dass wir einander haben. Tatsächlich waren wir nicht besser dran als früher, es war uns nur stärker bewusst. Dies förderte unsere Nähe zueinander und machte uns glücklicher.

Ich dachte noch ein paar Tage über die eine große Geste nach, und als wir übers Wochenende in unser Landhaus fuhren, unternahm ich einen ausgedehnten Spaziergang am Fluss. Es hatte in diesem Jahr früh geschneit, und in den Bäumen glitzerten die Schnee- und Eiskristalle. Der Schnee unter den Füßen knirschte leise und schmolz gerade so weit, dass ich gut vorankam, ohne im Matsch zu versinken. Ich blieb stehen und bewunderte den Anblick der dunklen, in ihrer Schlichtheit eleganten Bäume vor dem blassen Winterhimmel. Im nächsten Moment machten sich meine Gedanken selbständig und wanderten wieder zu Henry Timms Bemerkung, dass ich ein aufsehenerregendes Ende für mein Buch brauchte. Vielleicht sollte ich nach Nicaragua fahren und Häuser für die Armen bauen.

Schlussszene: Janice mit Hammer und Nagel?

Nein, das passte nicht zu mir.

Ich bewunderte Menschen, die ihre Dankbarkeit mit großartigen Aktionen ausdrückten. Meine Dankbarkeitsbekundungen waren sicher kleiner und persönlicher, zeigten aber ebenfalls Wirkung. Die Positivität, die ich seit neuestem ausstrahlte, hatte Menschen in meinem Umfeld berührt. Vielleicht hatten sie dadurch ja zu mehr Ruhe und Zufriedenheit gefunden, die sie wiederum an andere weitergeben konnten. Ich hatte mich nicht grundlegend geändert, um dankbarer zu werden, aber das musste auch nicht sein (zumal es vermutlich gar nicht möglich war). Stattdessen hatte ich gelernt, mich wieder auf mein Inneres zu konzentrieren und mich neu auszurichten. Vielleicht war ich um 40 Prozent positiver und um 50 Prozent dankbarer geworden, und das allein bedeutete eine dramatische Wandlung, die sich auf mein weiteres Leben auswirkte.

Von einer kleinen Anhöhe auf dem ansonsten flachen Weg blickte ich auf den Fluss, der klar und deutlich durch die Bäume schimmerte. Mir wurde bewusst, dass ich viele Einzelheiten des Lebens und der Natur – Sonnenauf- und Sonnenuntergänge, das Dahinströmen des Flusses, die Wärme der Sonnenstrahlen auf meinem Gesicht und das frische Prickeln der Windbö in meinem Rücken – in diesem Jahr auf eine neue Weise wahrgenommen hatte. Als ich an den bellenden Hund bei meinem Besuch in der Meditationsgruppe meiner Schwester dachte, musste ich lächeln. Ich hatte mich so oft zum Innehalten gezwungen, um eine Empfindung mit Dankbarkeit zu würdigen, dass es mir zur zweiten Natur geworden war – die schlichte Freude, in einer pulsierenden Welt am Leben zu sein.

Auf dem Rückweg machte ich an einem kleinen Friedhof vor den Toren der Stadt Halt und schlenderte an den alten Grabsteinen entlang, die krumm und schief in der sanften Nachmittagssonne aufragten. Die schmalen Steine trugen schlichte Inschriften von Ende des 19. Jahrhunderts und Namen wie

Ebenezer Eaton, Rebecca Alcott, George Bull und Edwidge Stone. Ich versuchte, mich in den Alltag dieser unerschütterlichen Neuengländer zu versetzen, deren volle Lebensspanne mit 52 oder 60 Jahren zu Ende gegangen war oder die ein Kind von 18 Jahren oder drei Monaten verloren hatten. Ein Mann war sogar «72 Jahre, 7 Monate und 28 Tage» alt geworden, wie die Inschrift auf seinem Grab verriet. Wie sehr er wohl jeden Augenblick auf Erden geschätzt hatte, wenn er sogar die Tage zählte. Aber vielleicht hatte auch nur ein Angehöriger nach seinem Tod die Rechnung aufgestellt, um für jeden einzelnen Tag zu danken.

Auf meinem Weg zwischen den Steinen fühlte ich mich plötzlich wie im dritten Akt von Thornton Wilders Schauspiel *Unsere kleine Stadt*. Viele der Stadtbewohner sind bereits tot, bleiben aber auf der Bühne, und ihre Stühle symbolisieren ihren Platz auf dem Friedhof. Emily, die junge Heldin des Stücks, ist bei der Geburt ihres Kindes gestorben und stellt verblüfft fest, dass sie sich zwischen die Toten einreihen muss. Sie bittet um die Möglichkeit, noch einmal ins Leben zurück zu dürfen, nur für einen Tag. Obwohl man sie davor warnt, entschließt sie sich zur Rückkehr, um noch einmal ihren zwölften Geburtstag zu feiern.

Unsere kleine Stadt wird stets ohne Requisiten aufgeführt. «Kein Vorhang, kein Bühnenbild», schrieb Wilder in den Regieanweisungen, und die Darsteller geben lediglich vor, den Tisch zu decken oder Erbsen zu schälen (daher eignet sich das Stück ganz ausgezeichnet für Schulen, denn man braucht kaum Geld für die Ausstattung).

Als ich es unlängst in einem Theater im Zentrum von New York sah, hatte der Regisseur die letzte Szene von Emilys Rückkehr zu plastischem, sinnlichem Leben erweckt. Während ihre Mutter in der Küche das Frühstück zubereitete, klapperte sie mit echten Tellern, und auf dem (funktionierenden) Herd brutzelte Speck in der Pfanne, dessen Duft durch die Reihen im Theater zog. Die Mutter nahm das Mädchen kaum wahr, als sie sich beeilte, das Essen auf den Tisch zu bringen, und Emily, oder vielmehr ihr Geist, erkannte plötzlich, dass all die Farben, Gerüche und Klänge, die ihr mittlerweile so kostbar erschienen, ihr und ihrer Familie im Alltag gar nichts bedeutet hatten.

«Oh Erde, du bist zu schön, als dass irgendjemand dich begreifen kann. Begreifen die Menschen jemals das Leben, während sie's leben – jeden und jeden Augenblick?», fragt Emily in Wilders Stück.

Entsetzt, wie sorglos wir mit unserer Zeit auf Erden umgehen, bittet sie darum, wieder zu den Toten zurückkehren zu dürfen. Es schmerzt sie zu sehr, als sie sieht, wie wenig die Menschen ihre Umwelt wahrnehmen, wie wenig sie die flüchtigen Augenblicke des Lebens schätzen.

Ich habe die Aufführung in New York insgesamt dreimal besucht, und jedes Mal traten mir Tränen in die Augen, wenn Emily entdeckte, wie dumm und selbstvergessen wir sind und wie wir es versäumen, für das Geschenk des Lebens, für die Liebe und für gebratenen Speck dankbar zu sein.

Gelingt es uns, innezuhalten und die schönen Augenblicke im Alltag zu würdigen, oder werden wir ihnen eines Tages nachtrauern, wenn wir sie verloren haben? Viel zu oft waren die Wunder des Lebens bloß Kulisse für mich. Nun aber, ehe es zu spät war, wollte ich sie in den Mittelpunkt rücken. Mein Jahr in Dankbarkeit hatte mich in vielerlei Hinsicht verändert, doch vor allem hatte es mir die Fähigkeit geschenkt, mich über nahezu alles zu freuen. Ich hatte gelernt, diesen – und den nächsten – Augenblick wertzuschätzen und die herzlichen Umarmungen meiner Kinder und die Liebe meines Mannes zu genießen, für die Eiskristalle in den Bäumen und für meine Fußstapfen im Schnee dankbar zu sein.

Sie werden nicht von Dauer sein. Genauso wenig wie ich. Aber darauf kommt es nicht an. Was zählt, ist der Augenblick.

Epilog

... und wieder ein Silvesterabend

Dankbar für alles, was ich seit dem letzten Jahreswechsel gelernt habe

Glücklich, dass ein normales Jahr durch Dankbarkeit zum besten Jahr meines Lebens geworden ist

Voller Vorfreude auf mein neues Dankbarkeitstagebuch ... für das nächste Jahr

Als die Tage im Dezember immer kürzer wurden und Silvester näher rückte, stellte ich fest, dass ich mein Dankbarkeitsjahr nicht zu Ende gehen lassen wollte. Seit der Party, die ich im vergangenen Jahr besucht und auf der ich mir um Mitternacht den Plan zurechtgelegt hatte, war nichts Besonderes geschehen. Ich war immer noch mit demselben Mann verheiratet, wohnte im selben Haus, widmete mich demselben Beruf. Die vor einem Jahr noch gehegten Träume vom Lottogewinn oder einem Umzug nach Maui waren nicht in Erfüllung gegangen. Meine Ahnung von letztem Silvester hingegen, dass nicht die

Ereignisse über mein Jahr bestimmen würden, sondern meine Reaktion darauf, war richtig gewesen.

Durch ein Leben in Dankbarkeit zählten die letzten zwölf Monate zu den glücklichsten, an die ich mich erinnern konnte.

Auch Ron wunderte sich darüber, wie viel Spaß wir in diesem Jahr gehabt hatten, ohne etwas Besonderes zu unternehmen. Dankbar zu sein und einander wertzuschätzen hatte uns einander näher gebracht denn je.

An einem Montagmorgen auf der Rückfahrt von unserem Wochenendhaus ergab sich die Gelegenheit, unsere gute Laune auf die Probe zu stellen. Eisregen hatte auf der Autobahn für Chaos gesorgt, und die sonst 80-minütige Fahrt zu Rons Praxis dauerte mehr als zwei Stunden. Während wir im Stau festsaßen, sammelten sich im Wartezimmer die Patienten, und ich schrieb einem Verleger eine SMS, weil ich unseren Termin nicht einhalten konnte. Die Zeit lief. Wir hatten die Wahl, in Selbstmitleid zu versinken oder ...

«Ich weiß, dass es aussieht, als wäre heute kein guter Tag, aber hast du Lust, dir ein paar Dinge zu überlegen, für die wir jetzt dankbar sein können?», fragte ich.

«Fang du an», meinte Ron, die Hände fest am Steuer.

«Ich bin dankbar, dass mein Mann heute Morgen ein gutduftendes Rasierwasser benutzt hat. So ist es viel angenehmer, im Auto festzusitzen.»

Er lächelte. «Ich bin dankbar, dass ich heute ganz sicher keinen Strafzettel für zu schnelles Fahren bekomme.»

«Ich bin dankbar, dass du kein Benzin verbrauchst.»

«Oh doch», sagte er mit einem Blick auf das Armaturenbrett. «Aber ich bin dankbar, dass die Tankanzeige nicht aufleuchtet und du es deshalb nicht merkst.»

Wir lachten beide. In diesem Jahr hatten wir genügend Übung darin gewonnen, positiv und spielerisch mit unangenehmen Situationen umzugehen, dass es uns nun ganz leichtfiel. Die negativen Seiten eines Staus kannten wir zur Genüge, aber unsere Scherze über die positiven Aspekte bewahrten uns davor, frustriert zu sein.

Als wir endlich ankamen, umarmte ich Ron.

«Geschafft. Niemand ist zu Schaden gekommen. Keine Unfälle, trotz des schlechten Wetters. Ich weiß zu schätzen, dass du mich sicher hierhergebracht hast.»

«Danke für deine positive Einstellung. Sie hat dieses Jahr zu etwas Besonderem gemacht», antwortete er.

Als ich ausstieg und meinen Schirm aufspannte, wurde mir bewusst, dass dieselbe Fahrt noch vor nicht allzu langer Zeit unerträglich spannungsgeladen verlaufen wäre. Ich hätte die ganze Zeit über an Dingen herumkritisiert, die nicht mehr zu ändern waren *(wir hätten früher aufbrechen müssen, warum sind wir überhaupt bis Montagmorgen geblieben?)*, und Ron wäre immer nervöser geworden. In diesem Moment begriff ich, dass wir unser Möglichstes tun können, um dafür zu sorgen, dass alles nach Wunsch verläuft, aber dass es manchmal eben doch anders kommt. Meine Dankbarkeit hatte mir eine Möglichkeit verschafft, das Gute wie das Schlechte mit anderen Augen zu sehen.

Auch nach diesem Jahr bin ich nicht davon überzeugt, dass immer alles zum Besten geschieht. Unaufhörlich gibt es tragische, traurige, unerwartete oder ärgerliche Ereignisse, und unser Leben wird dadurch nicht unbedingt besser. Aber wir haben es in der Hand, wie wir darauf reagieren. Anstatt Meister des Unglücks zu sein, können wir zu Dankbarkeitsexperten werden. Nachdem ich mich zwölf Monate lang auf das Positive konzentriert hatte, wusste ich, dass es wesentlich befriedigender ist, dankbar zu sein, anstatt sich im eigenen Schmerz zu suhlen.

Anfang des Jahres hatte mir der Ehe- und Familientherapeut Dr. Brian Atkinson erklärt, die «kontinuierliche Zufuhr von Positivität» sei in der Lage, meine neuronalen Verbindungen zu verändern und automatisierte Reaktionen umzupolen. Wenn man sich die Zeit für liebevolle, großzügige und dankbare Gefühle nimmt, verändert sich die Hirnfunktion in jenen Arealen, die bei Emotionen aktiv werden – das hat eine ganze Reihe von Studien gezeigt. Ich hatte zwar keinen Hirnscan, um es zu beweisen, doch in meinem Kopf waren definitiv neue Verknüpfungen entstanden.

Meine Freunde, die mich immer wieder von Dankbarkeit hatten reden (und reden) hören, verzeichneten langsam auch die ersten Ergebnisse. Meine liebe Freundin Susan ist weiterhin gut im Geschäft und nach wie vor extrem kritisch und rücksichtslos offen (Gott sei Dank!). Aber nach einem Familienurlaub rief sie mich an und posaunte, ohne auch nur hallo zu sagen, heraus: «Du hattest recht damit, dass Dankbarkeit der Ehe guttut. Warum sind wir erst jetzt darauf gekommen?»

Susan hatte sich für diesen Urlaub vorgenommen, ihren Ehemann mehr wertzuschätzen – und plötzlich anders für den Menschen empfunden, mit dem sie schon ewig verheiratet war. «Weißt du, was mir aufgefallen ist? Um das zu schätzen, was man hat, braucht es ein gewisses Maß an Vertrauen. Es liegt viel näher, ständig darüber nachzudenken, was einem fehlt.»

Sie erzählte mir, ihr Ehemann sei ein helles Köpfchen, er habe sie zurück, und sie könne sich nun voll auf ihn verlassen.

«Dafür bin ich wirklich sehr dankbar. Wäre ich doch bloß schon früher darauf gekommen!»

Daraufhin erklärte ich ihr, dass Kritik im Nachhinein nicht erlaubt sei. Wo man früher gewesen sei, spiele keine Rolle, nur, wo man nun hinwolle.

Kurz nach der Autofahrt am Montagmorgen erinnerte ich Ron daran, dass an Silvester der letzte offizielle Abend meines Dankbarkeitsjahres sei. Das war für mich eine Gelegenheit, zu überlegen, was sich inzwischen verändert hatte. War mein Leben jetzt besser? Hatte mein Plan sich bewährt? War ich glücklicher als noch vor einem Jahr?

«Kein Stress, es muss kein perfekter Abend werden», neckte ich ihn.

«Ich bin nicht gestresst», versicherte er mir. «Aber wo sollen wir feiern?» Er schlug vor, in die Oper oder in ein Konzert zu gehen, im *Rainbow Room* zu tanzen oder beim Mitternachtsrennen im Central Park mitzulaufen. Als ich jedes Mal den Kopf schüttelte, machte er weitere Vorschläge. Ein Nachtclub in der Innenstadt? Eine Party mit Freunden?

«Ich will einfach nur mit dir zusammen sein. Am liebsten auf dem Land, vor dem Kamin und mit einer Flasche Sekt.»

«Okay, ich besorge eine Flasche Veuve Clicquot», bot er herzlich an, denn das war mein Lieblingschampagner.

«Ein Prosecco für zehn Dollar tut's auch», sagte ich.

Seit ich gelernt hatte, dass uns unsere Erfahrungen dankbar stimmen und nicht die Dinge, spielte die Marke des Blubberwassers keine Rolle mehr.

Ron musste am letzten Dezembertag noch arbeiten, und unsere Kinder waren verreist, ich aber holte mein schönstes Porzellangeschirr aus dem Schrank und ging beschwingten Schritts zum Lebensmittelladen. Ich spürte, dass eine gewisse Erwartung in der Luft lag, und mir war klar, dass sehr wohl große Veränderungen vor sich gehen können, wenn wir das letzte Kalenderblatt abreißen – allerdings nur, wenn wir selbst dafür sorgen. Indem ich aufmerksam war, positiv dachte und meine Erfahrungen in einen neuen Kontext setzte, hatte ich dafür gesorgt, dass ich am Ende dieses Jahres woanders stand als noch am Anfang. Ich war glücklicher geworden, wie ich es mir gewünscht hatte.

Zum Abendessen gab es etwas Einfaches: gegrillten Lachs und Spargel, und wir aßen bei Kerzenschein. Die Kristallleuchter hatten uns die Kinder zu Weihnachten geschenkt. Ron entfachte ein knisterndes Feuer im Kamin, und wir kuschelten uns mit Tee und Dessert (meinen Lieblingsschokokeksen, die mit der verblüffenden Dankbarkeitsdiät im Einklang standen) aufs Sofa. Nach einer Weile sahen wir uns *Magic in the Moonlight* mit dem eleganten Colin Firth und der bezaubernden Emma Stone ein. Am Ende hört der von Firth dargestellte wissenschaftsbesessene Magier mit der Nörgelei auf, wird optimistisch und glaubt allmählich auch, dass die Welt einen gewissen Zauber besitzt.

Während der Abspann lief, lehnte ich den Kopf an Rons Schulter und ließ die Tränen laufen.

«Ach, komm schon, so gut war der Film nun auch wieder nicht», sagte Ron, während er mir übers Haar strich.

«Ich weiß, aber er hat mich an dieses ganze Jahr erinnert. Auch ich habe den Zauber der Welt entdeckt. Letztes Silvester konnte ich es gar nicht erwarten, bis der Ball am Times Square fiel. Heute fürchte ich mich davor, weil ich nicht möchte, dass mein Dankbarkeitsjahr zu Ende geht.»

«Du kannst nächstes Jahr auch noch dankbar sein», schlug Ron vor.

«Ich will sogar noch dankbarer sein», erklärte ich entschlossen.

Ein paar Minuten vor Mitternacht schaltete Ron *New Year's Rockin' Eve* ein. Ich rief mir ins Gedächtnis, wie ich vor einem Jahr (weitaus besser gekleidet) auf der Party gestanden und die gleiche Show gesehen hatte. Damals war ich in düsterer Stimmung und skeptisch gewesen. Ich hatte mich gefragt, was ich bloß tun könnte, um nach Ablauf eines Jahres glücklicher zu sein.

Nun denn, das hatte ich inzwischen herausgefunden. Durch meine Dankbarkeit war aus einem gewöhnlichen ein großartiges Jahr geworden. Jeder, der heute Abend die Feier am Times Square verfolgte, fragte sich, was das neue Jahr wohl bringen würde. Ihnen allen hätte ich am liebsten zugerufen, dass diese Frage müßig sei, weil sie es selbst in der Hand hatten. Sie brauchten ihre Tage lediglich mit der richtigen Stimmung und dem richtigen Geist zu füllen, um die beste Zeit ihres Lebens zu haben. Das ist nun wirklich ein guter Grund, um zu Mitternacht begeistert aufzuschreien.

Die Dankbarkeit hatte mich verändert, und plötzlich malte ich mir aus, dass sie auch die ganze Welt verändern könnte. Wie trostlos die globalen Ereignisse auch sein mögen, wenn wir die hellen Seiten suchen, gelingt es uns zu überleben und weiterzumachen. Dankbarkeit springt rasch auf andere über. Charles Darwin war der Überzeugung, dass jene Gesellschaften am besten gedeihen, die am stärksten von Mitgefühl geprägt sind. Gute Taten werden registriert, vergolten und weitergegeben. ✗ Wenn wir Gutes in die Welt bringen, dann wird es vielleicht – nur vielleicht – nach und nach zu uns zurückkommen.

In der fünftletzten Sekunde des Countdowns wischte ich mir eine weitere Träne ab. Am liebsten hätte ich die Uhr angehalten, um all das Gute, das dieses Jahr gebracht hatte, für immer zu bewahren.

Aber die Zeit bleibt nicht stehen. Die Momente gehen vorüber, und das Gleiche gilt für die Monate und Jahre. Am meisten bedauern wir bei einem Rückblick jene Stunden, die wir damit vertan haben, unglücklich oder zornig zu sein. Ich will nicht beschwören, dass ich jede einzelne der 31 536 000 Sekunden dieses Jahres in voller Bewusstheit erlebt hatte. Aber ich hatte so viele wie möglich mit Dankbarkeit gefüllt. Nicht alle Seiten meines Dankbarkeitstagebuchs waren vollgeschrieben, doch nun würde ich mir ein neues kaufen und es immer bei mir tragen. Zwar hatte die Dankbarkeit in mir Wurzeln geschlagen, aber eine kleine Erinnerung kann nicht schaden.

Frohes Neues Jahr!

Die Waterford-Kugel erreichte ihr Ziel, Musik dröhnte, Konfetti flog. Bei uns zu Hause blieb es ruhiger.

«Ich liebe dich», flüsterte Ron und nahm mich fest in den Arm.

«Ich liebe dich auch. Und ich bin sehr dankbar, mit dir zusammen zu sein, hier und jetzt», sagte ich.

Wir küssten uns, und kaum war das neue Jahr ein paar Minuten alt, waren meine Tränen versiegt. Plötzlich war ich ganz heiter und lächelte. Neues Jahr, du kannst kommen. Ich bin bereit. Dankbarkeit hat kein Ende.

✗ Es gibt nichts Gutes,
außer man tut es!
E. Kästner

Danksagung

Eine tiefe, dankbare Verneigung vor der John Templeton Foundation, die dieses Buch und meine Recherchen zum Thema Dankbarkeit sehr unterstützt hat. Dr. Barnaby Marsh hat mir großzügig Zeit gewidmet, mich beraten und inspiriert, und es war ein großes Vergnügen, mit Christopher Levenick, Ayako Fukui, Earl Whipple, Clio Malin und all den anderen aus dem engagierten Team zu arbeiten. Ihre Freude über die Kraft der Dankbarkeit wirkte mitreißend, auch auf mich.

Alice Martell hat von Anfang an begriffen, worum es mir geht, und ich freue mich wahnsinnig, sie an meiner Seite zu haben. Eine bessere Lektorin als Jill Schwartzman kann ich mir nicht vorstellen. Sie hat sich um mein literarisches Baby gekümmert und es genährt, selbst in der Zeit, als sie ihren eigenen bezaubernden Sohn Owen zur Welt brachte. Die gesamte Belegschaft bei Dutton ist großartig, und ich empfinde es als Glück, dass ich mit Christine Ball, Ben Sevier, Liza Cassity, Kaitlyn McCrystal und Jess Renheim arbeiten durfte. Danke auch an Madeline McIntosh, Ivan Held und den hervorragenden Vertrieb.

Viele Experten, Ärzte, Wissenschaftler und Gelehrte haben mir während dieses Jahres großzügig ihre Zeit und ihr Wissen geschenkt. Ihre ausgezeichnete Arbeit wird in diesem Buch immer wieder aufgegriffen, doch einigen möchte ich an dieser

Stelle gerne zusätzlich anerkennend zunicken: Martin Seligman, Mark Liponis, Adam Grant, Yarrow Dunham, Paul Piff, Doug Conant, Brian Atkinson, Brian Wansink, James Arthur, Lord Alan Watson und Henry Timms. Ich fühle mich geehrt, dass Sie mir Einblick in Ihre Erkenntnisse und Ihre Weisheit gewährt haben. Vielen Dank auch dem Meinungsforscher Michael Berland für seine exzellente Arbeit an der nationalen Studie, auf der mein Projekt beruht und die ein unermüdlicher Quell kluger Ideen ist.

Meine Freunde haben mich nun seit gut einem Jahr über Dankbarkeit sprechen hören, und ich möchte Candy und Leon Gould, Karen und Jacques Capelluto, Lisa und Michael Dell, Leslie Barman und Fred Mintz, Ronnie und Lloyd Siegel, Karen und Barry Frankel, Marsha und Steven Fayer sowie Marsha und David Edell herzlich für ihren Zuspruch und ihre Unterstützung danken. Mein lieber Freund Robert Masello ist niemals mehr als einen Anruf entfernt, und die Telefonate mit ihm helfen mir über vieles hinweg.

Große Erkenntnisse zum Thema Dankbarkeit habe ich im Austausch mit Jim Miller, Jean Hanff Korelitz, Shana Schneider, Emily Kirkpatrick, Allan Silver, Stanley Lefkowitz, Margot Stein, Vicky Smith, Beth Schermer, Lynn Schnurnberger, Daryl Chen, Linda Stone, Anna Ranieri, Susan Fine und Ann Reynolds gewonnen. Sie alle zeigen exemplarisch, warum es sich lohnt, gut zu sein. Dr. Henry Jarecki war über lange Zeit hinweg mein Berater und Vertrauter, ihm gelten mein großer Respekt und meine Zuneigung. Meine Schwiegermutter Lissy Dennett ist nach wie vor mein Vorbild, wenn es um eine positive Lebenseinstellung geht, und ich bin sehr dankbar für das immer stärker werdende Band, das mich mit Nancy Kaplan, Robert

Kaplan und Chris Darwall sowie ihren wunderbaren Familien verbindet.

Dieses Buch ist in großen Teilen im Yale Club entstanden, und ich möchte mich bei dem hilfreichen Team dort bedanken, einschließlich des Leiters, der Bibliothekare und der verständnisvollen Mitarbeiter, die mir immer wieder Snacks vorbeibrachten.

Meine Kinder Zachary und Matthew finde ich so einzigartig, dass ich endlose Dankbarkeitstagebücher mit Einträgen darüber füllen könnte, wie klug, liebevoll und rundherum wunderbar sie sind. Und die schöne und talentierte Annie zu meiner Familie zählen zu dürfen macht mich überglücklich. Die Leser meines Buches wissen nun, dass mein Ehemann Ron Dennett gutaussehend, witzig, fürsorglich und achtsam ist und ich mit ihm großes Glück habe. Ich weiß es ebenfalls. Er findet hier zuletzt Erwähnung, weil er der einzige Mensch ist, der ganz sicher auch noch die letzte Zeile liest.

Zitatquellen

S. 32: William Shakespeare: Hamlet. Übersetzt von August Wilhelm von Schlegel, 1843/44

S. 59: Milan Kundera: Die unerträgliche Leichtigkeit des Seins. Übersetzt von Susanna Roth, 1984

S. 96 und 97: Marc Aurel: Selbstbetrachtungen. Übersetzt von G. F. Schneider, 1887

S. 115: Thoraton Wilder: Die Frau aus Andros. Übersetzt von Herberth Egon Herlitschka, 1931

S. 287: Saul Bellow: Herzog. Übersetzt von Walter Hasenclever, 1998

S. 292: David Steindl-Rast bei der Jahrestagung der Ordensgemeinschaften Österreich in Salzburg, St. Virgil, 2014

S. 296 und S. 311: Epiktet: Wege zum glücklichen Handeln. Übersetzt von Wilhelm Capelle

S. 314: William Shakespeare: Wie es euch gefällt. Übersetzt von August Wilhelm von Schlegel, 1843/44

S. 328: Adam Smith: Theorie der ethischen Gefühle. Übersetzt von Walther Eckstein, 1790

S. 366: Thomton Wilder: Unsere kleine Stadt. Übersetzt von Hans Sahl, 1955

Oliver Sacks
Dankbarkeit

Oliver Sacks hat mit seinen neurologischen Fallgeschichten
Millionen Leser weltweit erreicht und ihr Denken verändert: Was auf den ersten Blick als krank oder abweichend
erscheint, ermöglicht oft besondere Fähigkeiten der Wahrnehmung und des Fühlens. Und das sogenannte Normale
ist meist fragwürdiger, als wir es gern wahrhaben wollen.
Am 30. August 2015 starb Oliver Sacks in New York. In
seinen letzten Lebensmonaten hat er eine Reihe von Auf-
sätzen geschrieben und veröffentlicht, in denen er über
das Altern, über seine Krankheit, über den nahenden Tod
nachdenkt – und in denen er seine Dankbarkeit ausdrückt
für alles, was er in 82 Jahren erleben durfte. Es sind an-
rührende, meditative Texte über die grundlegenden Fragen
von Leben und Tod, Glauben und Wissen. Auch über seine
jüdische Herkunft und sein Verhältnis zur Religion legt
Oliver Sacks Zeugnis ab. Und er beschreibt, warum die
exakten Naturwissenschaften, vor allem das Periodensystem
der chemischen Elemente, ihn zeitlebens fasziniert und begeistert haben.

64 Seiten

Weitere Informationen finden Sie unter www.rowohlt.de

Marie Kondo
Das große Magic-Cleaning-Buch

«Die Unordnung im Zimmer entspricht der Unordnung im Herzen», sagt ein japanisches Sprichwort. Marie Kondo, japanischer Aufräum-Guru, weiß das und hat das Leben von Millionen Menschen weltweit verändert. Das Geheimnis ihrer Methode: sich auf die Dinge zu konzentrieren, die man mag, und die anderen loszuwerden. Ihre Schritt-für-Schritt-Anleitungen helfen beim Aufräumen von Kleidung, Schuhen, Büchern und Papieren, Kochutensilien, nervigem Kleinkram und sogar Dingen mit sentimentalem Wert. Außerdem zeigt sie, wie wir perfekt Schränke organisieren und durch die richtige Ordnung in unseren Wohnzimmern, Küchen oder Büros tatsächlich glücklicher werden können.

320 Seiten

Weitere Informationen finden Sie unter www.rowohlt.de